Luigi Carlo De Micco
Viorica Ancuţa Cîrcu

Cum obţii ce-ţi propui
Puterea sistemelor

Traducerea şi adaptarea: Şerban Căpăţână

Editură și tipar: BOD Norderstedt
ISBN pentru versiunea în limba română: 978-3732-23011-2

© Dr. Luigi Carlo De Micco, Monte Carlo, 2013
Toate drepturile rezervate 2013

„**Singurul criteriu util este eficacitatea unei abordări în comparație cu altele.**"

Prof. Dr. Paul Watzlawick

Cuprins

Pierdut în Africa (1) — 13
RĂPIREA — 13
SĂ ÎNCEAPĂ DANSUL — 16
KNOW-HOW-UL COMUNICĂRII — 19
În căutarea celor mai bune soluții — 20
GREȘEALA PRIMORDIALĂ — 23
Ce nu se știe despre psihologie — 26
PRACTICA — 26
TEORIA — 28
PSIHOLOGIE ȘI MANIPULARE — 30
SUGESTIE ȘI HIPNOZĂ — 30
Cercetarea comunicării — 32
MOȘTENIREA LUI WATZLAWICK — 34
În culise: Cum iau naștere războaiele — 37
MOTIVE DE RĂZBOI — 37
EXPERIMENTE ÎN DOMENIUL COMUNICĂRII — 38
STUDIEREA CONFLICTELOR ȘI STUDIEREA PĂCII — 39
RĂZBOIUL LUI BUSH — 40
Motivele nevăzute ale războaielor — 45
DOUĂ SISTEME — 46
MODUL DE COMUNICARE — 46
ÎNCĂ O DATĂ: SISTEMELE — 47
Puterea sistemului — 48
ADEVĂRUL ȘI NUMAI ADEVĂRUL — 49
ȘMECHERIA CU SISTEMELE — 50
REGULILE JOCULUI — 50
SISTEM VS. SISTEM — 51
SCENE DINTR-O CĂSĂTORIE — 53
Scandalul vălului și alte războaie de sistem — 55
CE AR TREBUI SĂ ȘTIȚI DESPRE ACTORII DIN CADRUL SISTEMULUI — 56
SĂ NU FURI — 57
PRESIUNEA SISTEMULUI — 59
O VIZITĂ ÎN INFERN — 59
ÎNCĂ O DATĂ: ACTORII SISTEMULUI — 62
ATÂT DE IMPORTANT ESTE FOSTUL/FOSTA? — 63
FORME ABSURDE ALE UNUI SISTEM — 64
Mafia – sau privind sistemele din exterior și din interior — 68
LUPTA RIGUROASĂ PENTRU REGULI ȘI PRINCIPII — 69
O JOACA PERFIDA — 70
GAFA UNUI TRAINER CUNOSCUT — 72
SISTEME CARE REZIDĂ ÎN LIMBAJUL TRUPULUI — 72
CUM SE RELEVĂ SISTEMELE — 73
SCENA GOTICĂ — 74

Atacarea unui sistem	**75**
REGULI PROPRII	75
VALORILE PERSONALE	76
SISTEME CARE SE AUTOPROTEJEAZĂ	77
Lupta pentru propria realitate	**79**
NEBUNIA CRIMINALĂ	80
CUNOAȘTEREA SISTEMELOR	80
PUBLICITATEA – BANI ARUNCAȚI ÎN FOC	81
Geniul lui Cristofor Columb	**87**
RETROSPECTIVĂ	88
ÎNVINGEREA SISTEMELOR	89
COLUMB, PETIȚIONARUL	90
STUDIEREA SISTEMULUI	91
PENETRAREA SISTEMULUI	92
Sistemul numit comunicare sau încercări de influențare în mediul politic	**96**
RĂZBOIUL DEMOCRAȚILOR	96
RĂZBOIUL REPUBLICANILOR	98
CAMPANIILE PREELECTORALE	98
CAMPANIA ELECTORALĂ	103
Utilizarea inteligentă a sistemelor	**105**
POZIȚIONAREA DEASUPRA UNUIA SAU MAI MULTOR SISTEME	105
Comunicarea și un nou mod de a gândi	**109**
EVALUAREA SUBIECTIVĂ	110
DIFERENȚE PE PLANUL RELAȚIILOR	111
ADEVĂRUL ADEVĂRAT	113
ÎNTREBUINȚARE	113
NECUNOSCUTUL	114
PROBLEME ȘI SOLUȚII	115
DESPRE ARTA DE A GĂSI SOLUȚII	116
NOUL MOD DE GÂNDIRE	117
Gândind în afara sistemului	**119**
ANALIZA SUCCESULUI	120
Nu putem să nu comunicăm	**122**
Fii spontan și iubește-mă	**124**
DESPRE SENSUL ȘI NONSENSUL PUBLICITĂȚII	126
DICTOANELE POLITICIENILOR	126
REZULTATUL	126
INFLUENȚAREA PRIN PARADOXURI	127
CUM GÂNDESC PROBABIL OAMENII	127
ANGAJATUL NEFUNCȚIONAL	128
UN CERC VICIOS	128
Dubla constrângere comunicativă	**130**
CUM SE NAȘTE DUBLA CONSTRÂNGERE	131
Cine conduce în cadrul unui sistem?	**133**
DESPRE ARTA INFLUENȚĂRII	134

ÎNCĂ O DATĂ: CAMPANIA ELECTORALĂ	135
PSIHOLOGIA ÎN PUBLICITATE	136
Femeile și bărbații sunt diferiți – unii chiar foarte diferiți	**138**
Atitudinea Pease...	**142**
SISTEMUL BĂRBAT-FEMEIE	143
NAȘTEREA IDEOLOGIEI GENETICE	144
DESPRE ARTA DE A DISTORSIONA REALITATEA	145
CÂTEVA DEFINIȚII	147
CE NU FUNCȚIONEAZĂ	147
CE FUNCȚIONEAZĂ	147
O ABORDARE COMPLET NOUĂ	148
Cum putem schimba părerile	**150**
DESCHIDERE PRIN IRITARE	151
POLITICA ȘI ISTORIA	151
Ce ne învață maeștrii Zen	**154**
CE POATE FACE O DEZORDINE PROVOCATĂ	155
RĂZBOIUL RECE, DIN PUNCT DE VEDERE SISTEMIC	156
RĂZBOIUL SISTEMELOR	158
O SCURTĂ ANALIZĂ	159
Soluționarea conflictelor	**160**
CUM SE INSTIGĂ LA RĂZBOI	161
O CRITICĂ LA ADRESA CRITICII	162
HEI, EU AM DREPTATE!	163
Fenomenul gelozie	**166**
DRAMA GELOZIEI	167
CONCEDIEREA	169
O CHINTESENȚĂ	171
O critică la adresa criticii	**172**
CRITICA ȘI SISTEMELE	173
MALLORCA, MALLORCHEZILOR	174
FASOLE CU CEAPĂ	176
REALITĂȚI SUBIECTIVE	176
Dominare prin subdominare	**178**
INTERVIUL DE ANGAJARE	179
VÂNZĂTORUL DE MAȘINI	180
GASTRONOMUL ARTIST	180
SENSUL ȘI NONSENSUL EXISTENȚEI	181
SITUAȚII LIMITĂ	182
BIETUL AL CAPONE	183
CUM NE RIDICĂM DEASUPRA SISTEMELOR	185
Comunicarea în istorie	**187**
CRIZA CUBANEZĂ	187
CÂND SUNTEM ATACAȚI	190
ÎNCĂ O DATĂ: BĂRBAȚII ȘI FEMEILE	191
O SOLUȚIE POSIBILĂ: METACOMUNICAREA	192

„DE CE SE ÎNTÂMPLĂ" E NEIMPORTANT	192
SEMENI NEPRIETENOȘI	193
RENUMITA VANITATE	195
CUM S-AR FI PUTUT EVITA AL DOILEA RĂZBOI MONDIAL	195
CELĂLALT MOD DE A PROCEDA	197
Cum ne folosim de critică	**198**
DE CE AR TREBUI ÎNTR-ADEVĂR SĂ IUBIȚI CRITICA	199
POSIBILITĂȚI DE INFLUENȚARE	200
LIBERUL-ARBITRU	201
REGULILE	201
EPOCA MCCARTHY	202
AKBAR – „MARELE REGE"	203
Teorie și practică	**206**
TREBUIE SĂ ȘTIM SĂ NE VINDEM?	206
CICATRICI, BĂTĂTURI ȘI ALTE POVEȘTI EROICE	207
STRATEGIE ȘI TACTICĂ	209
CUM SĂ ACȚIONAȚI TACTIC	212
Convingeți și influențați – Metode și aplicații	**215**
Aplicare practică și exemplificări	**216**
TEHNICA ÎNTREBĂRILOR POZITIVE	216
VIZUALIZAREA COMPORTAMENTULUI DORIT	216
OAMENII VOR SĂ FIE IMPORTANȚI	217
TEHNICI DE CONVINGERE	217
POSIBILITĂȚI DE APLICARE ÎN CAZUL ANGAJAȚILOR	218
PARTEA REALĂ ȘI CEA IDEALĂ A DECIZIILOR	220
ȘEFUL ÎNȚELEPT	220
CUM SĂ ABORDAȚI RECLAMAȚIILE	221
TACTICA COMUNICĂRII INDIRECTE	222
ÎN CHESTIUNI DE AMOR	223
EVITAȚI CERTURILE	223
ÎNTÂMPINAȚI CRITICA PRIN INIȚIATIVĂ	224
SIMPATIE PRIN EMOȚIONALITATE	224
DESPRE DECIZII	224
INTERES PRIN COMPASIUNE ȘI ÎNȚELEGERE	225
ÎMBRĂCAȚI PROPRIILE DVS. DORINȚE ÎN AVANTAJE	225
DESPRE DRAGOSTE	226
EDUCAȚIA	226
VISELE POT SCHIMBA LUMEA	227
Totul, doar manipulare?	**228**
REVOLUȚIA INDUSTRIALĂ	230
ȘTIINȚA DĂTĂTOARE DE ȘTIINȚĂ	232
MEDIUL POLITIC	233
MANIPULAREA MANIPULĂRII	233
Pierdut în Africa (2)	**236**
RĂPIREA	236
Mulțumesc frumos!	**243**
Autorul	**248**

DE MICCO & FRIENDS	249
CONSULTANȚĂ ÎN INVESTIȚII ȘI DERULAREA TRANZACȚIILOR	250
FUZIUNI ȘI ACHIZIȚII	250
INVESTIȚII, PARTENERI STRATEGICI ȘI CLIENȚI	250
CONSULTING SERVICES	251
CONSULTANT PENTRU GUVERNE ȘI INSTITUȚII	252
Listă bibliografică	**254**

Pierdut în Africa (1)

Aşternând această carte pe hârtie, am intenţionat să vă prezint o nouă metodă a comunicării, care vă poate oferi rezultate incredibile. Permiteţi-mi să mă entuziasmez un pic: ea poate chiar să redefinească întreaga viaţă, poate deschide orizonturi nebănuite în sfera privată şi poate ridica relaţiile la un nivel mult mai înalt. În acelaşi timp, mai ales în sfera profesională şi, sunt convins, chiar şi la nivel suprastatal, ea poate induce o serie întreagă de rezultate ale căror dimensiune nu a fost evaluată cu adevărat până în acest moment.
„Toate acestea să fie posibile numai şi numai prin comunicare?", aţi putea întreba sceptici.
Cred că da, iar dincolo de asta sunt convins că am dovedit prin numeroase exemple, că metoda funcţionează.
Această metodă vă oferă posibilitatea de „a obţine ce vă doriţi", după cum spune şi titlul acestui volum, şi cred că nu m-am întins prin asta mai mult decât îmi permite plapuma. Ea vă oferă mijloace şi posibilităţi de influenţare a atitudinii celorlalţi – de exemplu faţă de dumneavoastră – în caz ideal, exact aşa cum vă doriţi dumneavoastră. O forţă nu lipsită de importanţă!
După cum am spus, am avut posibilitatea de a verifica această metodă în repetate rânduri, chiar şi cu ocazia unui eveniment în care era vorba despre viaţă şi moarte; iată-mă astfel ajuns la un eveniment care m-a marcat profund şi, ca să fiu sincer, mă mai marchează şi în ziua de astăzi.

RĂPIREA

Permiteţi-mi să schimb subiectul, fără altă introducere.
Este doar aparent vorba despre un alt subiect, căci şi în acest caz *comunicarea* reprezintă esenţa întâmplării, mai bine zis o anumită metodă de comunicare.
Una dintre cele mai puternice şi mai tragice întâmplări şi totodată unul dinte cele mai bune exemple pentru faptul că elementul comunicării este o armă care poate înmuia chiar şi puncte de vedere „dintre cele mai ferme" şi care poate schimba modele comportamentale din cele mai rigide, a fost răpirea unui prieten foarte

drag. Vă rog să înțelegeți că din considerente de confidențialitate față de familia prietenului meu, voi renunța la numele reale ale persoanelor implicate, precum și la denumirea locațiilor în care s-au derulat evenimentele.

Prietenul meu – să-l numim pur și simplu *Thomas* – a ajuns să fie victima unei răpiri. În mod normal acesta este materialul unui roman polițist mai mult sau mai puțin bun, dar vă pot garanta că situația emoțională e cu totul alta, când ești confruntat tu însuți cu o asemenea situație. Thomas a fost ademenit prin prezentarea unor premize mincinoase, dar foarte credibile, într-un stat african. Permiteți-mi să nu divulg nici numele acestuia. Pe scurt, credea că va încheia o afacere foarte profitabilă. Familia prietenului meu a apelat imediat la ambasada locală, care a refuzat însă orice fel de ajutor, întrucât au considerat este vorba despre o situație de jurisprudență și nu de una umanitară. După două săptămâni de așteptări și de frică s-a concretizat în cele din urmă o discuție cu răpitorii, care semnalau că ar fi dispuși să negocieze. Cererea de răscumpărare se ridica la 500.000 USD. Răpitorii se arătau dispuși să negocieze cu doi avocați ai familiei prietenului meu, care, pentru un onorariu considerabil, s-au și întâlnit în Africa cu răpitorii. Cei doi avocați argumentau desigur juridic, adică făceau referire la dreptul internațional, amenințau cu consecințe importante și blufau argumentând că ar avea sprijinul guvernului... Întâlnirea nu a durat mai mult de 20 de minute. După care răpitorii sau reprezentanții acestora pur și simplu i-au dat afară pe avocați.

Abia la o lună după răpire am aflat de tragicul eveniment. Soția prietenului meu mă sună și îmi descrie situația. Prietenul meu Thomas se afla deja într-o situație medicală precară, deoarece răpitorii nu îi asigurau asistență medicală adecvată. După toate probabilitățile contactase o febră tropicală foarte puternică. Soția sa era foarte îngrijorată și mă ruga disperată să o ajut. Încercase cu adevărat absolut totul. La ultima convorbire telefonică care i se acordase, soțul ei îmi pronunțase de mai multe ori numele și o rugase să ia legătura cu mine. Mă ruga deci insistent să îi ajut și să încep negocierile cu răpitorii. În principiu era dispusă să-i plătească pe răpitori. Însă îmi semnala în același timp, că nu va reuși să strângă suma pretinsă de 500.000 USD. Cu ajutorul prietenilor și familiei reușise să adune 120.000 USD. Banii puteau fi utilizați imediat. Trebuia să excludem intervenția autorităților locale și a poliției, întrucât din păcate în această țară africană nu puteai conta pe ajutorul lor. Persoane din interior ne avertizau explicit să nu implicăm autoritățile, deoarece ar exista posibilitatea ca reprezentanții acestora să încerce să profite de pe urma tranzacției, fapt care ar fi făcut și mai dificil procesul de eliberare.

O situație groaznică pentru toți cei implicați! Pentru mine era dincolo de orice dubiu că trebuia să îmi ajut prietenul. Fără să-mi dau seama m-am văzut confruntat cu o responsabilitate cum nu-mi mai asumasem nicicând. Aici nu era vorba de o afacere oarecare, era vorba de viața unui om și, mai presus de toate, acest om îmi era prieten.

Pentru început am analizat atent ce se întâmplase până atunci și ce greșeli posibile se făcuseră. Apoi am purces la colectarea tuturor informațiilor posibile privind țara respectivă și situațiile de acest gen. Am purtat discuții îndelungate cu cei doi avocați, care, după cum am spus, fuseseră trimiși înapoi acasă. Ei recomandau, furioși pe evoluția evenimentelor, să implicăm autoritățile internaționale și eventual să informăm presa pentru a atrage atenția publicului asupra acestui caz, ceea ce ar putea duce chiar la mobilizarea unor politicieni. Ei pledau pentru sporirea presiunii asupra răpitorilor, care, în opinia lor, aveau sprijinul unor instanțe superioare.

Eu m-am exprimat hotărât împotriva acestui plan. În opinia mea, era clar faptul că răpitorii nu s-ar fi arătat impresionați de astfel de mijloace. Chiar din contră, pur și simplu au savurat momentul în care i-au trimis pe cei doi avocați elvețieni înapoi acasă. Prin acest act și-au demonstrat *puterea*. Un comunicat de presă, care ar fi atacat indirect întreaga țară și ar fi întărit prejudecățile deja existente, ar fi trecut neobservat și cred că i-ar fi lăsat rece pe răpitori. Mai mult! Nu puteam exclude posibilitatea ca răpitorii să-și savureze astfel chiar mai mult puterea, întrucât nu arareori gangsterii iubesc lumina reflectoarelor și își savurează brusc câștigata faimă la fel cum albinele savurează un borcan cu miere deschis.

Cei doi avocați se prezentaseră răpitorilor în calitate de juriști competenți, celebri și în mod evident extrem de scumpi. Singurul rezultat pe care-l obținuseră, era să reconfirme răpitorilor faptul că într-adevăr reușiseră să prindă un pește mare în năvod. Deoarece o persoană care își putea permite avocați atât de scumpi, trebuia să fie extrem de bogată.

Din păcate, tocmai contrariul era cazul. În ultimii ani, prietenul meu nu avusese o mână prea bună în afaceri, respectiv înregistrase pierderi importante. Probabil că presiunea financiară îl făcuse să se aventureze într-o situație atât de evident riscantă, pe care în mod normal ar fi evitat-o.

Situația era cu adevărat încurcată. Răpitorii plecau de la o premiză complet greșită în ceea ce privea situația financiară a victimei lor, care nu părea să poată fi corectată după evenimentele care avuseseră loc. Am putea spune că structurile erau înghețate. Pentru a mai pune paie pe foc, răpitorii anunțaseră că nu vor mai permite niciun fel de contact cu victima, până la achitarea întregii sume. Cunoscând situația financiară a prietenului meu, pretențiile erau complet iraționale, însă perfect plauzibile pentru răpitori. Pe de altă parte, timpul presa neîndurător, întrucât, după cum am mai spus prietenul meu era foarte bolnav. De fapt starea sa de sănătate se înrăutățea progresiv. Datorită situației generale din respectiva țară, nu se puteau folosi metode legale clasice. Într-adevăr, fără a exagera, era vorba de viață și de moarte.

M-am aruncat atunci cu adevărat asupra sarcinii mele şi am căutat nopţi întregi pe internet cazuri similare. În plus, am sunat tot felul de prieteni, pentru a afla care dintre ei se mai confruntase cu o astfel de situaţie, respectiv se preocupase cu acest subiect. Pe scurt, am strâns tot ce mi se părea a fi într-un oarecare fel important sau relevant. În cele din urmă m-am hotărât să zbor în acel stat african, pentru a-mi face o imagine despre oraşul în care fusese răpit prietenul meu. Aproape toţi cei cu care am discutat erau de părere că prietenul meu se mai afla încă acolo. Planul meu consta în primul rând în crearea unei imagini asupra locurilor şi oamenilor, dezvoltarea un eventual concept de evadare după eliberare, localizarea unor spitale şi medici privaţi şi informarea asupra unui serviciu de pază şi protecţie sau a unei eventuale gărzi de corp. Dar acest plan de călătorie eşuă, deoarece nu am reuşit să intru în respectiva ţară. La prima mea aterizare mi s-a spus că documentele mele de călătorie nu sunt în regulă şi că problema nu putea fi rezolvată în aeroport. După o scurtă discuţie, am fost însoţit de doi funcţionari înapoi în avionul cu care venisem. Era un coşmar. M-am întors în Spania, de unde operam pe atunci, şi m-am adresat imediat ambasadei din Madrid a respectivului stat african, unde am reuşit să discut însuşi cu ambasadorul. Acesta mi-a promis, în cadrul unei discuţii foarte confidenţiale şi prietenoase, că în termen de trei zile îmi va emite o viză nouă, valabilă.

Aşadar am aşteptat aceste trei zile în Madrid, stând parcă pe cărbuni încinşi. Apoi m-am reîntors la ambasadă, unde mi s-a comunicat că nu mi se putea emite viza, întrucât aparent lipseau informaţii. La întrebarea mea, ce informaţii lipsesc de fapt, mi s-a spus cu o atitudine nu prea prietenoasă, că ar trebui să transmit în scris respectivele informaţii. Am insistat, însă nu am putut afla ce informaţii lipseau. Se repeta în mod constant că aş face bine să transmit documentele lipsă. Ambasadorul cel prietenos se afla desigur într-o călătorie de serviciu şi nu putea fi contactat. Situaţia părea a fi lipsită de orice speranţă. Am strâns din dinţi şi mi-am încercat apoi norocul la ambasadele din Paris şi Berlin. Desigur, toate încercările mele s-au soldat cu acelaşi rezultat. Era evident că numele meu ajunsese pe o listă neagră, motiv pentru care mi se închideau toate uşile în nas. Şi nu mă înşelam. Am aflat ulterior că unul dintre avocaţi menţionase numele meu în discuţiile cu răpitorii. Providenţa mi-a sărit însă în ajutor.

SĂ ÎNCEAPĂ DANSUL

Nu mi-e ruşine să recunosc, că a existat un moment în care aproape capitulasem, când însă am dat din întâmplare peste un articol privind o răpire din America Latină. Datorită numeroaselor mele călătorii în regiunea respectivă, oamenii şi locurile de acolo îmi erau binecunoscute. Într-o oarecare măsură, răpirile sunt acolo la ordinea zilei. În articol era vorba despre o firmă, al cărei obiect de activitate este într-adevăr mijlocirea în cazuri de răpire, între răpitori şi familiile

victimelor sau firmele ai căror angajați fuseseră răpiți. Un birou de brokeraj în domeniul răpirilor!
Brusc am fost cuprins de o exaltare puternică, deoarece mi se părea a fi un mod de abordare foarte inteligent, demn de luat în considerare.
Bineînțeles că și scopul celor doi avocați fusese mijlocirea. Însă ei nu își asumaseră cu adevărat rolul de *mijlocitor*, ci – conform naturii funcției lor – de reprezentanți remunerați ai unei a dinte părți. Astfel, ei nu erau neutri, ci, din punctul de vedere al răpitorilor, *atacatori*.
Articolul relata faptul că majoritatea negocierilor decurgeau într-adevăr telefonic sau prin intermediul aparatelor de emisie recepție. Deja dinainte de aventuroasa idee a călătoriei în respectiva țară, luasem în considerare opțiunea de a stabili un contact telefonic cu răpitorii pentru a evita riscurile, dar renunțasem mai apoi la această idee, deoarece nimic nu poate înlocui prezența în carne și oase. Însă faptul că astfel de situații pot fi soluționate de la distanță îmi dădea din nou speranțe și am început imediat să analizez în gând posibilele convorbiri.

Astfel a luat naștere planul de a intra în contact verbal cu răpitorii și de a mă prezenta în rolul unui mijlocitor, pentru a ajunge în acest fel *între* cele două părți, fiind astfel într-o oarecare măsură și de partea răpitorilor. Premisa era – așa mă gândeam eu – că trebuia să câștig cât mai multă credibilitate, pentru a-i putea convinge apoi pe răpitori să accepte o înțelegere care nu se apropia nici pe departe de așteptările lor inițiale.

Am încercat să intru în pielea unui mijlocitor tipic, să înțeleg ce se așteaptă de la el. Avantajele rolului de simplu mijlocitor îmi deveneau tot mai clare. Mijlocitorii se află *într-adevăr* între cele două părți. Mijlocitorii au de obicei interese *proprii*, foarte clare, și anume obținerea unui comision (cât se poate de mare). Așadar, mijlocitorii au mare interes în reușita unei afaceri, întrucât în caz contrar nu există niciun comision. Prin urmare, mijlocitorii trăiesc – altfel decât avocatul, care emite o factură, indiferent dacă are succes sau nu, după cum știm din păcate cu toții – din *succesul* unei afaceri. Pentru a avea succes, mijlocitorul nu are voie să fie o parte implicată, însă trebuie să creeze ambelor părți impresia că susține respectiva parte.
După ce am analizat tot felul de posibilități și am mai parcurs încă o dată cu gândul conversațiile posibile, am reușit după câteva zile să intru într-un prim contact cu răpitorii. Cerusem avocaților să îi anunțe că se retrag din afacere, deoarece pe de o parte ar mai exista o factură neplătită, iar pe de alta, familia ar dori să apeleze la un mijlocitor profesionist, specializat în astfel de situații. Faptul că nu se negociase încă asupra unei sume concrete de răscumpărare, care ar fi putut fi plătită de către familie, era bineînțeles în avantajul planului meu. Pentru început, intenționam să folosesc această conjunctură pentru a mă poziționa cât mai bine ca mediator neutru.

În această primă discuție, pe care am purtat-o online, prin *Skype*, la fel ca și următoarele – pentru a evita localizarea numărului meu de telefon – nu le-am oferit răpitorilor nicio altă informație legată de persoana mea în afară de numele meu. Eram foarte simplu *Karl*, un neamț, care locuiește în mod normal în America Latină și care lucrează în domeniul intermedierii.

Nu a durat mult și am ajuns la întrebarea esențială. L-am întrebat pe interlocutorul meu – care vorbea spre mirarea mea o engleză foarte bună, lipsită de accent – despre ce sumă vorbim de fapt? Interesul meu se justifica prin faptul că lucrez pe bază de comision. În acest fel am câștigat foarte repede o anumită încredere din partea interlocutorului meu, despre care presupuneam că nu este unul dintre răpitori, ci doar fusese trimis la înaintare. Mi-a răspuns că „nota de plată" este de 500.000 USD. I-am replicat imediat că, din punctul meu de vedere, comisionul ar trebui calculat la 30%, pentru că altfel nu lucrez. În afară de asta am precizat că mă aștept să fiu plătit cash, cel târziu la predare. În replică, îmi spuse că trebuie mai întâi să clarifice acest aspect, la care i-am răspuns că pe viitor doresc să discut cu cineva care poate lua deciziile pe loc. În același timp, îl rugam să mă înțeleagă, întrucât nu ar fi eficient să pierdem timpul, timpul însemnând bani. În încheiere mă întrebă dacă nu vreau să știu cum se simte bărbatul (prietenul meu). Imediat i-am explicat că nu mă interesează cum se simte, căci nu îl cunosc și nici nu vreau să-l cunosc. Singurul lucru care m-ar fi interesat era dacă se mai afla în viață, pentru că, după cum știm, nu se plătește decât pentru marfă vie. Și deoarece plecam de la premisa că și ei (răpitorii) își puteau primi banii doar dacă era vorba despre „marfă vie", întrebarea ar fi inutilă din ambele puncte de vedere.

Am cerut un termen pentru următoarea convorbire și am închis.

Strategia funcționa. Pesemne acceptaseră poziția mea de negociator rece ca gheața, a cărui acțiuni se sustrag oricăror interese personale sau emoționale. Creasem impresia că mă interesează doar încasarea propriului comision. Au urmat alte trei discuții asemănătoare, în care aduceam în mod intenționat discuția asupra comisionului și modului de plată, precum și asupra acțiunilor ulterioare. La a doua discuție am avut într-adevăr parte de același interlocutor, însă acum putea să răspundă imediat la toate întrebările decizionale; fără dubiu se mai afla o altă persoană de față care avea competența necesară de a lua decizii pe loc. Până în acest moment evitasem să discut despre suma reală de răscumpărare. Adevărul gol-goluț era însă acela că la început nu aveam nici cea mai mică idee cum să cobor de la cei 500.000 USD solicitați, la 120.000 USD. În orice caz un pas important al planului meu reușise. În calitate de negociator rece ca gheața, mă aflam în aceeași barcă cu răpitorii, sau mai bine spus mă aflam în *sistemul* lor. Eram evident de partea lor; aveam aceleași interese, respectiv acela de a încheia în cel mai scurt timp afacerea, și anume în cele mai bune condiții. Din punctul de vedere al gangsterilor, era deci și în interesul meu personal, elementar, să obțin o sumă de răscumpărare cât mai mare, întrucât comisionul meu ar fi fost în mod corespunzător mai mare.

În ceea ce privește comisionul meu, l-am coborât cu intenție pas cu pas, prin negociere, până la 20%, oferind astfel un avantaj părții adverse și reconfirmându-i concomitent propria poziție de putere...

KNOW-HOW-UL COMUNICĂRII

În acest moment nu am cum să eludez subiectul concret al know-how-ului comunicării la care am făcut referire la început, fără de care continuarea poveștii nu ar fi decât o simplă istorisire și nu ar putea fi înțeleasă din punct de vedere al tehnicilor de comunicare utilizate.

Într-adevăr, pe parcursul acestei răpiri am folosit necontenit anumite cunoștințe acumulate prin studiul intensiv al comunicării și al *sistemelor*. Ani de zile m-am ocupat cu know-how-ul comunicării și am căutat soluții cu ajutorul cărora o persoană poate „obține ce-și propune". Am analizat diferite teorii ale comunicării, am depus muncă științifică și am verificat în mod repetat aplicabilitatea concretă a acestor teorii.

Tocmai acest mod de abordare mi-a permis să ajung la anumite concluzii care, în opinia mea, sunt foarte interesante și pe care trebuie să le prezint în detaliu, înainte de a continua povestirea.

În căutarea celor mai bune soluţii

Dintotdeauna m-a fascinat tema *comunicării*. Pentru a nu face *greşeli* de comunicare, aş dori să renunţ la unul din modele comportamentale obişnuite şi nu vă voi mai plictisi cu o a doua introducere. Introducerile în cărţi sunt o sabie cu două tăişuri. O carte se cumpără din cele mai diverse motive. Pe unii îi interesează subiectul, alţii doresc să-şi îmbogăţească cunoştinţele sau caută poate doar puţin divertisment, altora le este cunoscut autorul şi doresc să se ştie mai mult despre el, sau poate că pur şi simplu coperta şi titlul sunt atât de provocatoare, încât cartea *trebuie* cumpărată. Cu toate acestea, introducerile sunt în general deranjante, căci dorim cu toţii să ajungem cât mai repede la subiectul în sine. Aşadar, să purcedem!

În principiu, în această carte este vorba despre succese obţinute cu ajutorul unei anumite forme de comunicare.
Subiectul ultimei mele cărţi, „Kommunikationsmarketing" (Marketingul comunicării), a fost observarea anumitor strategii publicitare din perspectiva *comunicării* şi nu, cum se obişnuia până atunci, din perspectiva *psihologiei publicitare*. Rezonanţa acestei cărţi m-a surprins până şi pe mine. Nu făcusem altceva decât să analizez campanile publicitare din punct de vedere al impactului acestora, punând accentul pe *adresant*. Toate analizele anterioare se realizaseră din perspectiva întreprinzătorului sau a firmei de publicitate care, *doar prin mijloacele comunicării*, încercau să inducă anumite mesaje prin mediul (şubred) al *publicităţii* şi să influenţeze astfel comportamentul clienţilor. După ce am analizat şi am cercetat timp de mai mulţi ani acest fenomen interesant care este comunicarea şi întrebuinţarea ei în publicitate, era firesc, prin prisma cunoştinţelor astfel acumulate, să prezint totul dintr-o nouă perspectivă, şi anume din perspectiva *persoanei care-şi doreşte succesul*. Cu alte cuvinte: am căutat performanţe de înalt nivel, formule de succes ale comunicării, care încă nu fuseseră descoperite în acest fel, sau, exprimându-mă mai modest, nu fuseseră întrebuinţate încă în mod consecvent, atunci când se discuta despre acest cuvinţel magic: *succes*.

Succes, succes, succes! Cât de multe s-a publicat deja în acest sens! Dar, cititorule, fii pe pace: în paginile ce urmează nu este vorba despre una dintre multele lucrări de genul „*Fă aşa, atunci vei avea succes, vei fi bogat şi fericit*". Vă voi scuti chiar şi de reţete patentate după motto-ul: „*Desenaţi în fiecare zi un smiley pe oglinda din baie şi gândiţi pozitiv, iar câinele Dvs. nu numai că vă va iubi, dar şi partenerul Dvs. îşi va dori să faceţi mai des dragoste...*" Nu vă faceţi griji! Nu vom alerga peste cărbuni încinşi, nu vom face nici bungee-jumping împreună şi nu vom folosi nici ale metode similare – e drept spectaculoase, dar îndoielnice – ale „Noilor terapii ocupaţionale pentru manageri" şi nici terapii de grup pentru auto-descoperire. Totodată, voi renunţa în mod voit la exemplificarea didactică a unor dialoguri-model, care pot simula „discuţia optimală de vânzare" sau „comunicarea ideală" în situaţii conflictuale. Această metodă îşi are locul în grupuri mai mici, în cadrul seminariilor sau a workshop-urilor, dar ar depăşi cadrul *acestei* cărţi şi ar răpi utilitatea acestor seminarii atât de interesante. Chiar dacă folosesc numeroase exemple din viaţa cotidiană, din istorie, afaceri şi literatură, acestea au doar un rol de exemplificare şi de explicitare.

În „*Cum obţii ce-ţi propui*" este vorba despre mult mai mult decât subiectele publicităţii şi ale comunicării în publicitate. Dacă privim totul în lumină, este vorba despre puternicele instrumente ale comunicării, despre anumite *mecanisme* ale comunicării. În măsura în care le stăpânim, ele ne pot facilita în anumite cazuri obţinerea unor rezultate incredibile. Aceste mecanisme ne transpun în situaţia privilegiată de a înţelege mult mai bine întreaga dimensiune a comunicării *per se* şi, în definitiv, de a putea convinge şi de a câştiga de partea noastră într-un mod mult mai eficient, atât partenerii de afaceri, cât şi prietenii, membrii familiei, ba chiar orice persoană cu care intrăm în contact în viaţa privată sau profesională.
Rezultatul? Vă puteţi *atinge ţelurile* mai uşor.
A avea succes înseamnă totodată atingerea unor obiective clar definite. Vânzarea unui produs, popularitatea, recunoaşterea, schimbarea comportamentului altor oameni, atingerea ţelurilor financiare, obţinerea răspunsurilor la întrebări importante... toate acestea sunt succese. Însă de abia atingerea unui ţel *dinainte* stabilit, care a fost clar definit, înseamnă să avem cu adevărat succes. Evenimentele care au loc fără a fi definite anterior de noi înşine, sunt caracterizate de obicei ca întâmplare sau noroc. Însă pentru atingerea unui obiectiv este de regulă nevoie atât de un plan, cât şi de o strategie. Un plan cuprinde puncte de orientare, obiective subordonate şi adiacente, premise, factori materiali şi resurse, cum ar fi bani, parteneri strategici şi timp.
Să luăm ca exemplu un bărbat curajos, care se decide să înfiinţeze o firmă. Totul începe evident cu o *idee*. Dar adevărata forţă motrică şi motivaţia se află înaintea ideii: cine resimte dorinţa de independenţă vrea să schimbe ceva, poate anumite aspecte ale propriei vieţi, posibil chiar întreaga sa existenţă. Mulţi oameni

visează la țelurile lor. Nu consider că este o greșeală și în niciun caz nu e condamnabil, căci *visele pot schimba lumea*. Acest lucru l-am trăit mereu și mereu. Visul, deci imaginarea unui țel, a unei dorințe, este baza pentru ceva nou, pentru schimbare. La un moment dat, un vis poate domina întreaga viață, poate deveni un *master plan* și poate da naștere unor reprezentări cât se poate de reale, din care se dezvoltă strategii – până într-o zi, când se întâmplă cu adevărat. Astfel, înființarea firmei ajunge la un moment dat să capete o importanță majoră. Prin urmare, motivarea este urmată de o idee, care la rândul ei este susținută de un plan (concept de afaceri, *business plan*). Acest plan permite anticiparea tuturor situațiile posibile și simularea acestora, într-un mod foarte interesant, cu ajutorul unor instrumente adecvate, cum ar fi programe de planificare sau alte software-uri. Se naște un *sistem*. Toate cifrele sunt corecte și dau rezultatul scontat. Lumea este perfectă – cel puțin pe hârtie. Întreprinzătorul nostru ține în mâini *ideea, nișa* de afaceri, *conceptul genial* pentru firmă sau produs. Întreaga sa viață, acțiunile sale, existența sa, visele sale gravitează în exclusivitate în jurul ideii sale de afaceri. Prietenii săi, care la început îi sprijină și-i reconfirmă din solidaritate planul, se arată după o vreme puțin iritați, deoarece întreprinzătorul nostru foarte motivat nu mai vorbește despre nimic altceva. Dar aceste lucruri nu-l demoralizează pe proaspătul nostru antreprenor. Și astfel, într-o zi vine și ceasul cel mare.

După ce a planificat totul perfect, purcede cu fruntea sus într-un pelerinaj către bancă, pentru a prezenta bancherului, cu mândrie, conceptul său, sperând să obțină capitalul de start necesar. Nu în ultimul rând, tocmai banca sa este cea care se prezintă în permanență ca fiind inovatoare. Antreprenorul nostru se pregătește foarte bine pentru întâlnire. Pentru fiecare întrebare își pregătește un răspuns potrivit și foarte inteligent. Își alege un nou outfit, purtând acum un costum de marcă perfect croit. Frizura, progresivă la rândul ei, subliniază determinarea și forța sa de acțiune.

În cele din urmă, bărbatul nostru se află în fața omului cu banii. Începe discuția cu câteva remarci prietenoase și prezintă apoi ideea *sa* senzațională. Se depășește pe sine în perfecțiune oratorică – adevărul este că se surprinde pe sine însuși. Se poziționează *pe sine însuși*, mai bine ca niciodată, în centrul atenției. Vorbește despre calitățile *sale* neobișnuite. Relatează, că dacă s-ar putea materializa ideea, atunci doar *el* ar fi capabil să pună totul pe picioare. Cu alte cuvinte, antreprenorul nostru în devenire, prezintă motivat și cu toată vehemența logica și corectitudinea sistemului pe care l-a dezvoltat. S-a gândit chiar și la posibilii concurenți, este într-adevăr foarte bine pregătit! Va distruge pur și simplu concurența, mulțumită sistemului său genial. *El* este deja regele neîncoronat, este născut pentru a fi antreprenor. Iar ideea *sa* este pur și simplu genială...

Însă bancherul nostru îi explică antreprenorului nostru că este nebun și-l trimite acasă.

GREȘEALA PRIMORDIALĂ

Poate ați și intuit deja care a fost greșeala primordială.
Pașii și premisele care duc la atingerea unui țel sunt de naturi foarte diferite. Există însă și un element comun al aproape tuturor planurilor sau țelurilor mărețe: în centrul lor se vor afla mai devreme sau mai târziu *alți* oameni, care trebuie *convinși*. Trebuie motivați să adopte o anumită atitudine sau să renunțe la alta și trebuie manevrați către un accept sau un refuz. Chiar și un om de știință care evită comunicarea, care cercetează într-un laborator închis și steril, va ajunge în situația în care va avea nevoie de cineva într-un anumit scop, chiar dacă este vorba „doar" de femeia de serviciu, pe care trebuie să o convingă să nu se atingă de echipamentele sale sensibile sau să nu umble la aparate.
Și tocmai astfel ne aflăm deja în centrul subiectului *comunicării*. Nu contează dacă doriți să vă invitați prietenul la cinema, pentru a viziona un film care vă interesează foarte tare, despre care însă știți că prietenul dvs. nu-l va savura cu adevărat pentru că nu îi place genul, sau dacă trebuie să câștigați alegerile, să explicați fiului dvs. viața și valorile dvs., dacă trebuie să convingeți un colaborator să facă ceea ce-i cereți, dacă vreți să vă cotați firma la bursă sau să-i vindeți unui client produsele dumneavoastră. Pe parcursul *oricărui* plan care e menit să ducă spre un anume țel, va trebui mai devreme sau mai târziu să convingeți, sau mai bine zis să puteți convinge. Obstacole apar în special atunci, când nevoile dvs. nu prezintă un interes prea mare partenerului dvs. de comunicare – ceea ce, din păcate, se întâmplă aproape întotdeauna.
Această concluzie nu este esoterică: cunoașteți prea bine această situație, însă din cealaltă perspectivă. Există mereu oameni care doresc ceva, undeva, cândva de la dvs. – în fiecare zi, în fiecare săptămână. De obicei înăbușiți deja din fașă multe dintre încercările de comunicare.
Dar să ne întoarcem la dvs.: situația vă pare a fi complet lipsită de perspectivă atunci când un partener de comunicare important nu numai că nu dă dovadă de interes pentru problema dvs., ci are chiar opinii diametral opuse sau atunci când dorința dvs. ajunge să intre în conflict cu interesele *sale*.
Sunt sigur că astfel de situații vă sunt mai mult decât cunoscute.

Prin urmare, „morala poveștii" antreprenorului nostru este evidentă: greșeala domnului nostru a constat desigur în faptul că dezvolta totul mult prea mult pornind de la *propria* persoană. Greșeala sa mai profundă: nu vedea comunicarea ca *sistem* – vom ajunge să discutăm în detaliu și acest subiect. Pe scurt, comunicarea nu este doar un mod de transmitere a informațiilor – ea este totodată un instrument, pe care trebuie să-l înțelegem și la care trebuie să cântăm cât mai virtuos. Un *know-how* real în ceea ce privește comunicarea, oferă într-adevăr posibilități nebănuite. Vestea bună: pentru a le învăța și a le folosi, nu trebuie să aveți talent scriitoricesc și nici nu trebuie să fiți experți în retorică.

Fără a exagera, putem spune că prin intermediul *comunicării* sau prin intermediul unei comunicări bine *mânuite*, ne putem pune mult mai repede și mai eficient în practică propriile planuri. Cel mai mare obstacol în calea oricărui plan sunt însă oamenii, a căror comunicare nu o putem controla.

Prin urmare, este vorba despre *controlarea* comunicării, cuvântul control având în acest context un sens pozitiv. Și pentru a exercita acest control, trebuie să cunoaștem mecanismele *sistemice* ale comunicării. Cunoscând aceste mecanisme, veți fi – în adevăratul sens al cuvântului – *privilegiați*.

Pe scurt, abordarea comunicării umane, așa cum e prezentată în capitolele următoare, vă va oferi posibilitatea de a modifica cu adevărat comportamentul celorlalți!

Știu că este o afirmație foarte îndrăzneață! Dar mi-o asum. Iar pe dvs. vă rog să-mi mai acordați câteva clipe pentru analiza câtorva premise teoretice înainte de a vorbi apoi despre *practică*.

Recunosc că avem nevoie de exemple pentru a demonstra *cum* se controlează comunicarea și *cum* se pot evita anumite situații conflictuale. Însă în anumite condiții este chiar necesar să provocăm într-un mod adecvat conflicte, dacă ne putem apropia astfel de obiectivul nostru. Cu alte cuvinte, aveți nevoie de *diferite* metode de comunicare! Însă elementul esențial, a cărui importanță aproape că nu poate fi supraevaluată, este următorul:

Dacă vrem să schimbăm comportamentul altora – în favoarea noastră sau a unor terți – atunci, contrar filosofiei intrinsece a anumitor „ghiduri standard", nu trebuie să ne preocupe proveniența originară a comportamentului, de exemplu din punct de vedere psihologic.

Cu alte cuvinte: nu prea e înțelept, să coborâm în străfundurile sufletului uman pentru a ne lăsa pradă anumitor teorii, unele chiar foarte contradictorii, dar care se regăsesc în număr atât de mare în psihologie. Nu avem nevoie de motive *pentru* care cineva se comportă așa cum se comportă, ci avem nevoie de metode cu ajutorul cărora să modificăm opinia celui din fața noastră. Nu *De ce* este important, ci *Cum*!
O diferență majoră!
Parafrazând, am putea spune că nu trebuie să știți *de ce* merge o mașină, ci *cum* trebuie să o mânuiți astfel încât ea să ruleze.

Imaginea umană, respectiv comportamentală, prezentată în această carte, *nu* se bazează pe abordarea și analiza uzuală a *„profunzimilor lăuntrice ale motivațiilor psihice ale individului"*, care, după părerea mea, sunt aproape imposibil de atins. Mai degrabă este vorba despre numeroase mecanisme și

reguli obiective, care se nasc și acționează în timpul comunicării. Deci nu este vorba despre încercarea, oricum sortită eșecului, de a schimba psihicul uman.
Este vorba despre o nouă viziune asupra lucrurilor, asupra comportamentului și, bineînțeles, este vorba despre comunicare.
Haideți să facem în acest context o scurtă excursie în misterioasa lume a psihologiei.

Ce nu se ştie despre psihologie

Pentru prima oară în viaţa mea am fost provocat, pentru a nu spune hărţuit, cu problematica psihologiei în clasa a XII-a. Profesorul meu de etica şi filosofie de atunci, pe care îl respectam foarte mult, ne-a introdus timp de jumătate de semestru în lumea nebuna a lui Sigmund Freud şi a colegilor săi. Şi pot recunoaşte că toate acestea mi-au folosit într-adevăr la ceva. Ele mi-au oferit acele cunoştinţe de bază atât de necesare, pentru a nu mă mai limita doar la lungile plimbări romantice cu colegele de clasă, ci de a le transforma foarte repede, cu ajutorul acestui psiho-know-how, în tematizări ale interesantului subiect care este sexul şi a secretelor sale. Desigur, pur ştiinţific. Un avantaj imens. Recunosc!

PRACTICA

Reţinerile mele faţă de disciplinele psihologiei, psihanalizei şi ale psihiatriei nu s-au născut din nimic. Am adunat experienţele mele dureroase cu reprezentanţii acestora, care, însumate, m-au uimit de fiecare dată, dar m-au şi oripilat. În acelaşi timp, toate relatările tuturor cunoscuţilor care avuseseră de-a face într-un fel sau altul cu terapeuţi sau cu vrăjitoriile acestora, mi-au reconfirmat de fiecare dată dubiile faţă de această breaslă.
Într-o zi m-am decis să mă bag chiar eu „sub cuţitul" unor psihologi şi psihiatrii supracalificaţi, doar pentru a verifica pe pielea mea ce se află în spatele acestor vrăjitorii. Pentru a mă prezenta ca psiho-pacient demn de milă, am „adoptat" o sechelă care nu corespunde nicidecum realităţii fiinţei mele. Astfel, ajunsesem să povestesc psiho-tămăduitorilor că sufăr de ani buni de teama de a vorbi în faţa unui număr mare de oameni. Mulţimile îmi provoacă frică, iar să vorbesc în faţa lor, cerinţă impusă de noul meu loc de muncă, cea de profesor de economie, îmi provoca mari probleme, pornind de la accese de transpiraţie până la stări de vomă după prezentare. Permiteţi-mi să vă asigur că am susţinut numeroase prezentări în faţa unui auditoriu de peste o mie de oameni, prezentări care mi-au

făcut mare plăcere și în timpul cărora nici măcar nu mi-au transpirat palmele.
Atât în ceea ce privește realitatea.
Am mărșăluit foarte hotărât la mai mulți psihologi, psihoterapeuți și psihiatrii, pentru a le cere ajutorul. Nu vă puteți imagina ce mi-a fost dat să trăiesc pe parcursul acestor ședințe, pentru care am taxat fără jenă între 200 USD și 600 USD.
În primul rând, închipuiți-vă că toți terapeuții, fără excepție, au crezut fără nici un dubiu istoria bolii mele și fără a pune măcar o întrebare! Niciun terapeut nu a pus măcar un moment sub semnul întrebării propriul meu diagnostic, pe care îl prezentam pe parcursul a circa 10 minute. Și nu mă afișam nicidecum a fi reținut sau timid, ci foarte normal, sigur de mine și direct, ca întotdeauna. Toți au întrebat despre evenimente din copilăria mea și despre relația cu partenera mea de viață. De asemenea, chiar de la prima ședință, toți au început să-mi prescrie o oarecare terapie sau chiar un tratament medicamentos. Vă puteți imagina așa ceva? Vă duceți la un medic (un medic adevărat) și îi povestiți că aveți probleme cu apendicele, iar acesta vi-l operează numaidecât... Diagnosticul: ceea ce povestește sau crede pacientul sau ceea ce a citit într-un ziar de duzină. Exact aceasta s-a întâmplat în acest caz. De necrezut, dar adevărat! Dacă nu mă credeți, luați 300 USD, imaginați-vă o poveste cu iz psihologic și încercați totul pe propria dumneavoastră piele. Nu o să vă credeți ochilor și urechilor.
Ar fi cu adevărat hilar, dacă nu ar fi atât de tragic. Iar asta, pentru că aceeași „experți ai comportamentului sufletesc uman" emit expertize pentru instanțe, atestă aptitudinile soldaților, decid dacă infractori periculoși sau deranjați psihic pot fi repuși în libertate după ani lungi de închisoare (sau „terapie"). Asta e realitatea!
Perla a scăpat-o o terapeută, profesoară de psihologie și psihanaliză. Deja de la intrarea mea în „cabinet" (desigur *după ce* i-am prezentat problema mea) ea remarcase o „nesiguranță evidentă". Vă pot asigura că am fost descris în multe feluri. Dar, nesigur? După acest (pre-)diagnostic, m-am gândit că lucrurile ar putea deveni chiar interesante. M-a întrebat de nenumărate ori dacă am sau am avut vreodată probleme cu spațiile mici și închise. Poate în copilărie? A existat oare o experiență traumatică în decursul căreia am fost închis undeva pentru scurt timp? Poate uitase odată cineva să mă ia de la grădiniță? Am negat acest lucru de mai multe ori. La grădiniță nu fusesem niciodată. Însă ea insista și îmi oferea exemple din ce în ce mai puerile.
Nedorind să mă supun anamnezei ei, mi-a înfățișat următoarea situație, rugându-mă să închid ochii: „Imaginați-vă că într-o vineri seara sunteți ultimul vizitator al unui bloc turn. Pe coridoare nu a mai rămas nimeni. Intrați în lift și coborâți. Sunteți cu totul singur. (În acest timp vorbea tot mai încet). În timp ce coborâți cu liftul se stinge brusc lumina. Se aude o bubuitură și liftul se oprește. Nu vedeți și nu auziți nimic. Cum vă simțiți în această situație?"
După ce cu greu m-am trezit din ațipeala în care picasem ușor plictisit, am replicat „Rău, desigur, deoarece...". Dar înainte de a-mi continua explicația

legată de acest sentiment, care se referea la faptul că nimeni nu s-ar simți bine la ideea de a petrece un sfârșit de săptămână într-un lift, singur, pe întuneric, ea îmi strigă deja în față: „Aha! Vedeți...!". Diagnosticul, evident: claustrofobie, sau cel puțin porniri claustrofobe foarte puternice. Mi-a prescris un medicament numit Citalopram, un psihotrop puternic – cu efecte secundare majore – împotriva atacurilor de panică. Avea un sertar plin de asemenea medicamente. „Una dimineața, una seara", la fel ca siropul de tuse. Dincolo de aceasta mi-a recomandat ședințe de terapie de grup pentru manageri stresați, cu care avusese cele mai bune experiențe. „Dumneavoastră fumați?"
Incredibil, nu?
Un psihiatru și în același timp un profesor renumit la o universitate elvețiană, mi-a atestat în același fel foarte clar și limpede o fobie. A identificat și sindromuri puternice pentru începuturile unei depresii, pe care dorea să o trateze cu „terapie comportamentală cognitivă" sprijinită de un medicament numit Reboxetin. Acest medicament e un fel de ciocan psihiatric, ale cărui efecte secundare inevitabile ajung de la uscarea gurii, constipație, insomnie, accese de transpirație, tahicardie, amețeli, trecând prin probleme de micțiune, până la impotență totală!
Nici unul dintre terapeuți nu a avut niciun dubiu în ceea ce privește prezentarea bolii mele! Toți vroiau imediat să treacă la tratament și – cu excepția unei terapeute puțin esoterice, îmbrăcată aidoma unui membru al trupei Kelly Family, care se jura pe efectele ceaiului de sunătoare și a terapiei prin pendul – toți vroiau să îmi prescrie o oarecare psiho-chestie. Cam atât cu privire la experiențele mele practice, oricând repetabile și verificabile, cu psihologi, terapeuți și psihiatrii.
Fără comentarii!

TEORIA

Teoretic, „psihologie" înseamnă „știința despre suflet", chiar dacă există totuși un număr mare de psihologi care neagă cu vehemență existența sufletului. Prin urmare, mulți dintre domnii și doamnele psihologi studiază un domeniu a cărui definiție nu o acceptă, ceea ce ar trebui să ne pună puțin pe gânduri.
Dacă ar fi să asistăm astăzi la „cursurile de psihologie" predate la o universitate oarecare, cursuri cărora m-am supus în mod repetat ca student, uimirea vă va fi și mai mare. Aici se prezintă teorie după teorie – dar cu puține excepții (renumite), toate aceste teorii par foarte greu de demonstrat! Veți întâlni chiar și psihologi care folosesc catedra pentru a-și rezolva propriile lor probleme personale – fără glumă! Docenții aflați pe drumul auto-regăsirii nu reprezintă regula, dar este totuși la ordinea zilei, ca studenții să fie folosiți ca animăluțe de laborator pentru testarea unor „joculețe psihologice" dubioase – de obicei cu rezultate destul de slabe.

Anumiți critici au catalogat psihologia ca fiind chiar inumană, cel puțin în ceea ce privește încercările de influențare, prezentate ca fiind iresponsabile și nedemne uman.
Există într-adevăr sute de școli de psihologie care conviețuiesc astăzi, în mod nostim, în paralel, școli care nu rareori se contrazic vehement și ajung chiar să se lanseze în lupte crâncene între ele.

Sigmund Freud, părintele psihologiei și, într-o oarecare măsură, prototipul psihologului prin excelență, galionul psihologiei, a fost o perioadă de timp foarte modern, până când unii dintre discipolii săi s-au opus interpretării sale unidimensionale și în general sexiste.
Să ne fie permis să menționăm faptul că de exemplu C.G. Jung l-a contrazis pe Sigmund Freud în anumite puncte esențiale, iar Alfred Adler a ales un cu totul alt drum decât C.G. Jung.
Lupta a continuat dintr-un tranșeu în celălalt.
Dacă privim „cercetarea aspectelor motivaționale", o ramură a psihologiei, de la care ne-am aștepta să dea dovadă de ceva mai multă rigoare științifică, vom intra definitiv în ceață.
Eroul eroilor a fost mult timp Maslow. Sandler, care s-a dedicat aspectelor motivaționale, l-a contrazis și l-a respins pe Maslow, psihologul Herzberg a luptat împotriva amândurora, McGregor l-a înlocuit pe Herzberg, Vroom la rândul său pe McGregor, iar Proter și Lawler l-au combătut pe Vroom.
Consider că putem ignora toate aceste teorii. În absolut toate cazurile este vorba despre „mari" psihologi, care la un moment dat își dictau opiniile în sălile de curs și în „știință"!
Astăzi sunt însă muți ca niște pești!

Diferența dintre unii psihologi și boxerii de talie mondială, care astăzi sunt „on top of the world", iar mâine sunt deja K.O. la pământ, este minimă. Probabil că boxerii duc o viață mai interesantă și mai cinstită și sunt probabil puțin mai fericiți. În orice caz produc mai puține daune.
Altfel spus: orice nouă teorie psihologică cu ceva tupeu ajunge astăzi să fie celebră, doar pentru a fi uitată mâine.
„Psihologia" se coboară chiar la nivelul hobby-psihologiei, așa cum este prezentată și oferită în reviste și în presa bulevardieră, pierzând orice pretenție de seriozitate.
Așadar, permiteți-mi să vă avertizez să nu căutați în „psihologie" izbăvirea sau răspunsuri academice – în mod evident este vorba despre un labirint, în care te poți rătăci foarte ușor. Există însă ceva, ce – cu siguranță – nu putem găsi în acest domeniu: un punct de plecare, adică o *soluție*, care să poată fi adaptată, aplicată și utilizată și care funcționează atunci când discutăm despre cea mai puternică dintre toate armele – comunicarea.

PSIHOLOGIE ȘI MANIPULARE

Bineînțeles că există școli de psihologie care încearcă să manipuleze oamenii prin „trucuri psihologice". Pe de altă parte, există o multitudine de consilieri de management, care își vând cu mare artă strategiile demagogice – context în care fac cu mare drag abuz de termenul „psihologie".

Aici trebuie să subliniem însă următorul fapt:

Dacă, pe viitor, va încerca cineva să *vă* influențeze prin trucuri fine, studiate, retorico-psihologice sau prin metode subtile, după ce veți fi parcurs următoarele câteva capitole, veți fi capabili să vă apărați cu mult mai multă strășnicie. Mijloacele retorice de exemplu, care se bazează pe încercarea sugestiei psihologice, sunt un instrument prostesc și foarte slab în comparație cu *adevăratele* mijloace ale comunicării!

Doar ca observație secundară, trebuie să amintim că mulți maeștrii ai retoricii se află într-o adevărată dilemă. În timpul prelegerilor pe care le organizează sunt ei înșiși parte a *sistemului*. Dar le lipsește exact conștiința acestui fapt. *Dumneavoastră* veți putea însă, pe viitor, să vă apărați de la un *nivel mult superior* și veți putea opera din afara *sistemului*. Adică: veți putea părăsi *sistemul* pentru a-l putea stăpâni.

Vom reveni la acest subiect puțin mai târziu! Un singur lucru aș vrea să menționez acum: studierea comunicării deschide într-adevăr noi orizonturi, care vă facilitează o superioritate nebănuită în fața oricărui războinic psihologic!

Nici aceasta nu este o afirmație lipsită de importanță, știu, însă vă rog să judecați aceste cuvinte după lecturarea prezentului volum.

SUGESTIE ȘI HIPNOZĂ

Dar cum stă treaba cu tehnicile de sugestie și hipnoză? – ați putea obiecta sau întreba. Nu sunt ele atât de impresionante și de puternice?

Și nu oferă ele o posibilitate de influențare a oamenilor?

Bun, de acord, câteva cuvinte la final despre sugestie și hipnoză, două domenii atât de iubite în psihologie și în psihiatrie, pentru a începe apoi „cu adevărat":

De fapt toate tehnicile de sugestie și hipnoză sunt mai mult decât discutabile. Numeroase cercetări au dovedit deja faptul că în multe situații „hipnoterapiile" nu numai că nu au nici un efect, dar pot cauza daune semnificative persoanei în cauză. Nu mă refer doar la iresponsabilii hipnotizatori de divertisment care, pentru un efect ieftin, pot provoca o nevroză permanentă, ci chiar la medici „cu studii", ai căror pacienți pot suferi handicapuri în modul lor comportamental!

Motivul ar putea fi următoarea premisă: sub hipnoză, omul renunță la responsabilitate și nu își mai folosește cea mai puternică armă din dotare, intelectul.

Sfatul meu ar fi să nu renunțați să priviți cu scepticism asemenea mecanisme de influențare și asemenea tentative imature de hipnoză ale „experților" autoproclamați. Totodată, nu renunțați nici la scepticismul sănătos față de terapeuții care vor să vă trateze și care vă promit marea cu sarea. Cu alte cuvinte, din punctul meu de vedere, toate „hipnoterapiile" sunt mai mult decât îndoielnice. Ca o mică paranteză, permiteți-mi să va spun că asemenea terapii erau cunoscute deja în Grecia antică, unde erau combinate cu o porție consistentă de superstiție, droguri și cu șmecherii preoțești.

Dar să rămânem pozitivi. Toate aceste eforturi ilustrează faptul că omul caută deja din cele mai vechi timpuri metode care să-l ajute să își atingă țelurile și să modifice stări de fapt, ceea ce implică bineînțeles abilitatea de a-i convinge și de a-i influența pe ceilalți.
Așadar, care este alternativa?
Și care sunt premisele care stau la baza metodelor mele?
De acord! Permiteți-mi să mă confesez!

Cercetarea comunicării

Bazele științifice și concluziile teoretice multiple ale cercetării moderne ale comunicării se bazează pe *elemente concrete*, nu doar pe supoziții, ceea ce, tocmai în comparație cu haosul din psihologie, nu este un detaliu lipsit de importanță. Pionierul acestor studii și indubitabil reprezentantul lor cel mai de seamă este psihoterapeutul și cercetătorul comunicării *prof. Paul Watzlawick*, care a lucrat împreună cu echipa sa la *Mental Research Institute* (MRI) din Palo Alto, California. Din păcate, *Paul Watzlawick* ne-a părăsit în 2007. Pentru mine a fost însă cel mai important profesor în domeniul comunicării. El a studiat deja din anii șaizeci, alături de colegii săi *Don D. Jackson* (psihanalist și fondator al MRI), *Gregory Bateson* (antropolog și cercetător al comunicării), *Milton H. Erikson* (terapeut cunoscut la nivel mondial) și biociberneticianul *Heinz von Fosters*, *cauzele și efectele* comunicării umane și a manifestărilor acesteia. „Grupul Palo Alto", după cum deveniseră cunoscuți acești cercetători, a fost cel care ridicat într-o oarecare măsură *comunicarea* la rang de știință general recunoscută. Cel puțin, este unul dintre părinții ei fondatori. Grupul a prezentat o serie de concluzii fundamentale privind comportamentul uman în cele mai diferite forme de apariție și manifestare.

Cititorul atent a remarcat probabil că *profesorul Watzlawick* a fost și psihoterapeut, către a cărei breaslă ne-am îndreptat cel puțin indirect armele. Nimic mai corect: Watzlawick a ajuns la multe dintre concluziile sale din cercetarea celor „*bolnavi psihici*", dar tocmai *Paul Watzlawick* și colegii săi au fost cei care au problematizat explicit bazele clasice ale *psihologiei, psihanalizei* și *psihiatriei*. Punctul lor de plecare? Studierea și înțelegerea omului în starea sa intrapsihică, pentru a putea trece, prin „concluziile" astfel obținute, la analiza *comportamentului* său și la *influențarea* acestuia.

Exprimat ceva mai simplu: Watzlawick a refuzat în mod consecvent să soluționeze mai întâi misterele psihicului, pentru a putea apoi, folosindu-se de această trambulină, să manipuleze comportamentul.

Cu alte cuvinte: un important reprezentat al psihologiei a condamnat modalitățile uzuale de abordare a acesteia, ceea ce a reprezentat o adevărată revoluție!

În cele din urmă Watzlawick & Co. au mers atât de departe, încât au pus sub semnul întrebării bazele întregii discipline! Watzlawick a fost atât de sincer, încât a putut accentua faptul că în psihologie „...*totul trebuie regândit*". În cartea sa despre psihoterapie și realitate (2), intitulată „*Münchhausens Zopf*" („Coada lui Münchhausen"), declara:

„*Se investește o perioadă aproape nelimitată de timp și se publică nenumărate cărți și articole, doar pentru a găsi dovada indubitabilă că o anumită teorie este corectă și că implicit toate celelalte sunt greșite. Dar scopul cercetării științifice nu este și nu poate fi descoperirea adevărului. Adevărul veșnic nu poate fi subiect al științei – mai ales într-un domeniu atât de incomprehensibil, cum este trăirea sufletească și spirituală a omului.*"

Și, mai departe:

„*Singurul criteriu util este eficacitatea unei abordări în comparație cu altele.*"

Exprimat într-un mod simplist: o teorie trebuie să funcționeze, trebuie să poți face ceva cu ea, trebuie să aibă o utilitate!
O teorie trebuie să se poată prezenta cu rezultate și nu are voie să se ascundă în spatele unor cuvinte pompoase, care doar maschează faptul că de fapt nu se știe nimic.
Ca terapeut, Watzlawick a respins astfel abordarea care dorește să influențeze sau chiar să schimbe *psihicul uman*. Scopul său (terapeutic) a constat doar în faptul că dorea să „*diminueze suferința*", ceea ce a conferit Grupului Palo-Alto și abordării sale comunicative un asemenea succes, încât în anumite cazuri a reușit să trateze cu succes chiar și o boală considerată a fi incurabilă, și anume *schizofrenia*.
În cartea sa „*Vom Unsinn des Sinns oder vom Sinn des Unsinns*" („Despre nonsensul sensului sau despre sensul nonsensului") (3), Watzlawick scria:

„*Atâta timp cât realitățile noastre construite corespund, ducem o viață suportabilă. Când percepțiile realității se prăbușesc, putem ajunge la acele stări pentru care se simte responsabilă psihiatria: nebunie, disperare, suicid și altele asemenea. Nu îmi închipui că transmit adevărul absolut acelor oameni pe care îi pot ajuta. Tot ce pot face este să le transmit o altă reprezentare, care poate se potrivește mai bine. Nimic mai mult.*"

Prin urmare, este vorba despre o abordare mult mai modestă, care a îndepărtat însă deodată întreaga muncă a lui Watzlawick de domeniul psihologiei și, ca ultimă consecință, de psihiatrie – deoarece, să nu uităm, chiar și psihiatria eșuase de fapt într-un mod lamentabil. În acest context putem doar să amintim că lagărele de exterminare naziste erau conduse printre altele și de psihiatrii și că întreaga „igienă a rasei", care a atras după sine milioane de crime, se baza pe teorii psihiatrice. (4) Chiar și astăzi, metodele psihiatriei sunt foarte contestate. Medicamentația psihotropă este criticată din ce în ce mai des, ca să nu mai vorbim de metoda barbară a șocurilor electrice cărora îi sunt supuși bolnavii și pacienții, cu urmări uneori catastrofale. Nu e o glumă! Nu vorbesc de metode învechite, care mai pot fi văzute în filme de groază. Nu, astfel de metode mai sunt folosite și în ziua de astăzi. Combătute sunt și metodele „psihochirurgiei", cărora le face plăcere să se complacă în proceduri lipsite de jenă de extirpare a unor părți ale creierului, totul sub pretextul că „tratează". Și aici, daunele sunt inimaginabile!

Dar să încercăm din nou să rămânem pozitivi. Nu exclud faptul că la un anumit moment dat nu doar psihologii, ci și psihiatrii vor putea profita de metodele comunicaționale cu caracter uman ale lui Watzlawick, asta în măsura în care vor putea să se deschidă către nou și vor fi dispuși să se regândească pe ei înșiși.

MOȘTENIREA LUI WATZLAWICK

Dimensiunea teoriilor lui Watzlawick încă nu a fost percepută la întreaga ei valoare, iar posibilitățile de întrebuințare ale metodelor sale nu au fost analizate încă în mod corespunzător. Grupul Palo Alto a aplicat aceste concluzii în cadrul tratamentului clinic, uneori cu rezultate incredibile. Cred că multe discipline și domenii de specialitate ar putea și ar trebui chiar să facă uz de concluziile acestui savant al comunicării. Pe de altă parte, știu că, până și în sfera cea mai privată, elementul cheie este comunicarea, respectiv comunicarea corectă. Consider că posibilitățile de aplicare sunt numeroase chiar și la cel mai înalt nivel, în sfera diplomatică și politică.

Iar în ceea ce privește cariera și viața profesională, posibilitățile de utilizare sunt imense.

Poate ne aflăm doar la începutul unei noi revoluții. Pentru că este clar: fiecare dintre noi dorește să-și atingă țelurile.

Fiecare dintre noi vrea să își vadă visele materializate și să-și transforme dorințele în realitate.

Cu alte cuvinte:

Dacă vrem să avem succes, trebuie să atingem țeluri. Dacă vrem să atingem țeluri, trebuie să-i atragem pe ceilalți de partea planurilor noastre. Dacă vrem să-i atragem pe ceilalți de partea noastră, trebuie să îi influențăm. Dacă vrem să îi influențăm pe ceilalți, trebuie să le schimbăm modul de gândire și de acționare în cadrul sistemelor lor. Iar acest lucru ne reușește numai dacă înțelegem faptul că atât gândirea, cât și comportamentul iau naștere într-un mod clar prestabilit, adică sunt construite.

Vom analiza în detaliu cum se „*construiesc*" gândirea și comportamentul. Dar permiteți-mi să accentuez mai întâi următoarele: dacă vrem să atingem un țel, nu e prea eficient să ne întrebăm *cum* și *de ce* se naște comportamentul. Într-adevăr, e o întrebare academică tare drăguță, despre care putem discuta la nesfârșit. Mai degrabă important ar fi să ne întrebăm care este scopul urmărit de partenerul nostru de comunicare prin comportamentul său. În ce context se află el, în cadrul cărui sistem operează? Și cum pot modifica eu acest sistem, cum îl pot modifica în mod eficient?

Permiteți-mi să încerc o scurtă detaliere a acestei abordări:
Înainte de apariția unei cercetări moderne a comunicării, care a fost impulsionată în mod decisiv de Paul Watzlawick și de colegii săi, imaginea omului era definită de următoarele discipline: *medicină, antropologie, etnologie, psihologie* și *filosofie*. Nu trebuie să uităm *marile religii ale lumii*, care au marcat bazele etnice și morale ale diferitelor *sisteme culturale*, pe care încă le influențează și astăzi. Toate aceste discipline științifice și ideologice se preocupă cu individul și cu mediul său. Bazându-se pe observații și pe presupuneri autoimpuse, ele postulează *reguli* și *legi*.

Teoretic vorbind, până aici nimic nu e greșit. Însă abordarea mea, din perspectivă comunicațională, neagă cu fermitate această formă ideologică dualistă. Din punct de vedere comunicațional nu există doar individul și mediul în care trăiește acesta, asemenea a doi antipozi care se privesc față în față. Un aspect mult mai important și definitoriu îl reprezintă ceea ce *se întâmplă între individ și mediul său înconjurător*. Cred că ați înțeles deja unde bat, e vorba despre *comunicare și despre regulile sale*. Și astfel nu ne mai aflăm în sfera metafizică sau mistică a creativității și fanteziei științifice, cum este cea a psihicului uman. Deodată lucrurile devin *reale, măsurabile* și *verificabile*, după cum vom vedea imediat.

Așadar, dacă dorim să-i influențăm pe ceilalți, ar trebui să lăsăm încercările de schimbare a psihicului în seama doamnelor și domnilor psihologi și psihiatrii, care sunt convinși că sunt capabili să o facă. În opinia mea, ar fi mai înțelept să ne preocupăm cu legile comunicării, adică să ne concentrăm pe ceea ce se întâmplă între oameni.

Nu dorim să dezbatem din nou problematica psihologilor și psihiatrilor care afirmă pe bună dreptate sau nu că ar putea schimba sufletul; acest subiect nu trebuie să devină elementul-cheie al celor de mai jos. Noi ne vom concentra pe elemente reale, care au loc *între* oameni și *între* individ și mediul său. Doar în acest context ni se relevă *interacțiunea* evidentă dintre aceștia. Așadar, nu ne vom concentra asupra întunecatelor procese intrapsihologice ale fiecărui individ, ci tocmai asupra interacţiunii care are loc întotdeauna când există comunicare *între* indivizi.

Dacă vom înţelege acest lucru cu adevărat, vom putea realmente schimba comportamentul.

Destul cu teoria! Să punem ceva „carne pe oase", după cum spune proverbul, şi să adăugăm puţină substanţă. În acest sens, vom analiza una dintre cele mai interesante subiecte care există şi vom descrie cum iau naştere războaiele – şi cum pot fi teoretic evitate. Cu alte cuvinte, vom verifica „pe teren" teoria noastră a comunicării, oferind în acelaşi timp primele modalităţi de întrebuinţare practică.

În culise: Cum iau naştere războaiele

Ce frumos ar fi dacă am putea da naştere, chiar acum, unei ştiinţe care să analizeze modul în care se pot evita războaiele! Dacă am putea, aidoma unui prestidigitator, să atingem cu o baghetă fermecată borurile unei pălării la fel de fermecate, pentru a scoate din ea o teorie anti-război, care ar schimba brusc imaginea lumii...
Ne-am afla cu adevărat în cea mai bună companie. Întreaga istorie este plină de încercări de îmblânzire a acestei bestii numite război. Cele mai nobile spirite şi cele mai inteligente minţi, filozofi, pacifişti, politicieni şi scriitori s-au întrecut unii pe alţii în încercări în acest sens, la fel ca şi omul obişnuit de pe stradă, care nici astăzi nu înţelege care este de fapt utilitatea războaielor.

MOTIVE DE RĂZBOI

Într-adevăr, numeroşi istorici şi-au pierdut multe nopţi pentru a identifica şi pentru a postula fără doar şi poate motivele care stau la baza războaielor.
Un lucru este clar: războaiele se numără printre cele mai tragice evenimente din istoria omenirii. Războiul este cel mai dramatic, mai trist şi mai brutal rezultat al escaladării unui întreg lanţ de interacţiuni comunicative – pentru că despre asta este de fapt vorba, despre *interacţiuni*! De obicei, un lucru duce la celălalt. Însă foarte puţine războaie pot fi explicate din punct de vedere obiectiv, întrucât războiul, cu toate valenţele şi efectele sale prolifice, nu se află de obicei în nicio relaţie raţională cu dificultăţile care stau de fapt la baza sa. Toate regulile şi principiile sunt înlocuite cu reguli speciale formulate în cadrul stării excepţionale *generate, construite artificial* şi denumită „război". Deja după Primul Război Mondial, dar în special după cel de-al Doilea Război, majoritatea ţărilor acestei planete au fost de acord ca asemenea evenimente nu mai au voie să se repete niciodată. *Sistemul omenire* a început să se protejeze faţă de asemenea escaladări, prin *construirea* celor mai diferite structuri. A luat naştere Liga Naţiunilor, iar apoi ONU.
Dar cum s-au manifestat aceste strădanii?

EXPERIMENTE ÎN DOMENIUL COMUNICĂRII

Să privim puțin înapoi și să analizăm evenimentele puțin mai îndeaproape:
Între 1914 și 1918 a avut loc Primul Război Mondial, care s-a încheiat cu bilanțul inimaginabil de 10 milioane de morți. Una dintre cele mai importante decizii ca urmare a acestui război a fost crearea *Ligii Națiunilor*, menite să concure la evitarea unor astfel de conflicte pe viitor.
Un efort constructiv și semnificativ!
Liga Națiunilor a luat ființă pe 14 februarie 1919, în cadrul Conferinței de Pace de la Paris și a funcționat între 1920 și 1946. Liga a promovat cele mai diverse proiecte culturale și economice comune, cu scopul de a aduce diferiții săi membri la aceeași masă și de a intensifica astfel *comunicarea*.
Din nou, o idee inteligentă!
Însă, cu toate că președintele SUA de la acea vreme, Wilson, a susținut cu vehemență ideea unei Ligi a Națiunilor, Statele Unite ale Americii nu au aderat la această formațiune. Pe de altă parte, impunerile dure împotriva Germaniei nu au promovat tocmai detensionarea situației din Europa.
„Aceasta nu este o pace, este doar un armistițiu pentru douăzeci de ani", a concluzionat un mareșal francez. (5)
Din punctul meu de vedere, Liga Națiunilor a eșuat pentru că nu a existat o comunicare *reală* între toate părțile implicate.

Și astfel, totul s-a întâmplat așa cum trebuia să se întâmple. După nebunia Republicii din Weimar, Germania s-a lăsat înlănțuită în al Doilea Război Mondial. Pe 02.05.1945, Imperiul German capitula la Berlin, iar pe 06.08.1945 a urmat capitularea împăratului Japoniei, după ce țara sa fusese lovită de două bombe atomice lansate de trupele americane.
Rezultatul? Aproximativ 60 de milioane de morți!
Din nou s-a încercat, în disperare, după încheierea celui de-al Doilea Război Mondial, o relansare a ideii de pace și comunicare.
La doar câteva săptămâni după capitularea Germaniei, 51 de țări au semnat la San Francisco constituția Națiunilor Unite. Se născuse ONU (Organizația Națiunilor Unite). Principala ei sarcină: asigurarea păcii mondiale și promovarea cooperării între statele lumii. ONU a înlocuit Liga Națiunilor. De data aceasta s-a raliat și SUA. În cadrul primei Adunări generale a ONU, din 01.02.1946, a fost stabilit orașul New York ca sediu permanent. În Carta sa, Națiunile Unite au formulat valorile pe care doresc să le reprezinte. Printre acestea se numărau asigurarea păcii mondiale, militarea pentru respectarea drepturilor primordiale ale omului, egalitatea în drepturi a bărbaților și femeilor, progresul social și sporirea calității vieții, și multe altele.
În cazul unor divergențe între două sau mai multe națiuni, ONU ar fi urmat să negocieze și să joace un rol de tampon între ele. Mijloace pașnice urmau să fie folosite pentru a asigura mai multă dreptate în lume. În continuare, se dorea

întărirea relațiilor dintre popoare prin utilizarea dialogului. Aici erau incluse și consolidarea structurilor economice, sociale, culturale și umanitare ale tuturor țărilor. Toate statele membre erau egale, cel puțin formal, și își împărțeau în aceeași măsură drepturile și obligațiile. Națiunile Unite nu numai că înlocuiseră, după cum am mai spus, vechea Ligă a Națiunilor, care fusese fondată după Primul Război Mondial, dar a preluat și mare parte din valorile acesteia. (6)

Dar cum arată astăzi acest succes al ONU, la peste șaizeci de ani după sfârșitul războiului? Vestea bună: nu a mai existat un al Treilea Război Mondial. ONU pare să facă tot ce poate pentru a transforma lumea într-un loc puțin mai sigur. Aproape toate țările lumii, 192 de națiuni, fac astăzi parte din Națiunile Unite. Toate s-au obligat să accepte și să transpună în realitate Carta ONU. Multe dintre inițiative au fost încununate cu succes, eforturile anumitor personalități fiind legendare. Cu toate acestea, în ciuda existenței ONU, au continuat să izbucnească numeroase războaie – fapt aflat de fapt în contradicție cu obiectivele ONU, conform cărora, din punct de vedere teoretic, n-ar mai trebui să existe niciun război.

STUDIEREA CONFLICTELOR ȘI STUDIEREA PĂCII

Ca urmare, mii de condeie cu har și fără har au purces la „studierea conflictelor" sau la „studierea păcii", ajungând uneori la rezultate uimitoare, pe care însă nu dorim să le aprofundăm aici.
Însă, din punctul meu de vedere, s-a omis de fiecare dată un element foarte important: conflictele nu izbucnesc niciodată doar pentru că există ideologii diferite. Atunci când se războiesc două țări, este foarte dificil, dacă nu chiar lipsit de speranță, să căutăm cauzele războiului într-o ideologie, adică în însăși sistemul respectiv.

Să discutăm puțin despre războiul civil din Irlanda, aparent interminabil, în timpul căruia protestanții au luptat cu adevărat împotriva catolicilor, s-au terorizat și s-au omorât reciproc cu o regularitate aproape ritmică – cu toate că erau cu toții creștini. Nu s-au dat înapoi nici de la uciderea copiilor. „Diferențele" ideologice – în acest caz, religioase – ale celor două grupări rivale au jucat însă un rol mai degrabă marginal. Și cu toate astea, acești oameni își săreau la beregată în cel mai crunt și mai nemilos mod cu putință. De necrezut, protestanții împotriva catolicilor! Încercați puțin să formulați diferențele de viziune asupra lumii ale acestor două biserici. Veți avea dificultăți în a identifica diferențe semnificative. În special asemenea diferențe, care să justifice un război sau masacrarea copiilor!

Un alt exemplu îl reprezintă nebunia istoriei noaste recente. Locul acţiunii: Golful Persic, anul 2003, când Statele Unite ale Americii – în ciuda obiecţiilor şi chiar a rezistenţei majorităţii populaţiei globului – a invadat Irakul.

Orice război aţi analiza, nu ideologiile sau viziunile diferite ale părţilor implicate au dus la escaladarea situaţiei, ci întotdeauna *comunicarea bilaterală* dinaintea şi din timpul izbucnirii războiului. Fiecare a considerat că are „dreptate". O afirmaţie naşte o altă afirmaţie şi aşa mai departe. Interacţiunile interactive au condus la izbucnirea majorităţii războaielor pe care le-am putea analiza.

Dar, în special în aceste vremuri, în care mass-media ne oferă „privilegiul" de a asista aproape live la dramaticele evenimente ale războiului şi de a participa aproape fizic la dimensiunea brutalităţii acestuia, n-ar trebui de fapt să ne întrebăm cum s-ar fi putut evita respectivul conflict armat?

Lăsaţi-ne să analizăm puţin mai îndeaproape războiul din Irak – este mult prea interesant, iar nebunia lui ne este tuturor mult prea prezentă în conştiinţă.
Să analizăm mai întâi evenimentele exterioare, adică aspectele de relaţii publice. Şi în acelaşi timp, să ne uităm şi la modul în care, de ambele părţi, *sistemele* s-au rigidizat şi s-au izolat din ce în ce mai mult.

RĂZBOIUL LUI BUSH

După cum am spus, trebuie să analizăm acest război şi din punctul de vedere al propagandei.
Aşadar, cum a fost vândut acest război? Cum a reuşit George W. Bush să convingă o mare parte a populaţiei SUA?
Scriitorul Frank Fabian a analizat această situaţie în cele mai mici detalii. Lăsaţi-ne să urmărim, pentru început, expozeul său. (7)
Propriul partid, cel Republican, nu a reprezentat o problemă şi nici chiar Democraţii (cu puţine excepţii, cum ar fi actualul preşedinte american Barack Obama) nu s-au dat iniţial înapoi de la dansul războiului.
Însă: cum s-a putut crea o astfel de „atmosferă" în SUA? Cum a putut un popor, pe a cărui stindarde tronau valori precum libertate, bunăstare, democraţie şi dreptate şi care dispunea probabil de cea mai avansată formă de guvernământ din lume, să se dedea unei asemenea isterii a războiului?
Răspunsul: 11 septembrie! Toată lumea ştie ce s-a întâmplat în această zi. Terorişti, aclimatizaţi în special în Arabia Saudită, cum s-a dovedit ulterior (nu în Afganistan sau în Irak), au transformat World Trade Center în praf şi pulbere, câteva mii de oameni pierzându-şi viaţa.
Intriganţii au fost identificaţi de către serviciile secrete ca fiind terorişti Al-Qaeda. A început o vânătoare mondială după Osama Bin Laden şi după

talibani și a fost inițiat războiul din Afganistan. Și astfel a pornit prima avalanșă de PR:
Brusc, toți oamenii de presă povesteau că întreaga lume ar fi amenințată de teroriști. Trebuia să ne fie frică tuturor. Fiecare dintre noi era o prezumtivă victimă.
Interesant a fost faptul că până în acel moment aproape întreaga opinie publică mondială se afla în totalitate de partea SUA (în calitate de victimă). Războiul din Afganistan tocmai fusese aprobat de întreaga lume. Însă la un moment dat, „reprezentanții binelui" din Washington, în frunte cu familia Bush, vicepreședintele Dick Cheney și ministrul apărării Donald Rumsfeld, s-au aruncat asupra *Irakului*.
Nu au existat niciun fel de motive „logice". Războiul din Afganistan era aproape încheiat, în orice caz era în fază terminală. Dintr-o dată, SUA se afla în fața problemei de a trebui să vândă războiul împotriva Irakului. Și exact în acest punct a început o gigantică manipulare a maselor, pe care doar cu greu ne-o putem închipui.
S-au pus pe tavă toate argumentele posibile:

- Membri Al-Qaeda ar trebui anihilați (ițele trase de aceștia întinzându-se peste multe țări, dar cu siguranță fără a fi concentrate în Irak).

- Ar trebui atacată „Axa Răului", „Țările Răuvoitorilor" (printre care se numărau Coreea de Nord, Libia, Siria, etc. Dar de ce a trebuit Irakul să fie prima țara care trebuia să plătească?).

- Existența armelor de distrugere în masă ar fi un pericol pentru omenire. Ministrul de externe Powell a fost împins în avangardă pentru a vinde poziția SUA, întrucât, conform sondajelor de opinie efectuate înaintea războiului, acesta se bucura de suportul a 65% din populația americană, fiind văzut mult mai bine decât George W. Bush.

- În același timp, războiul a fost transformat într-un spectacol televizat de dimensiuni inimaginabile.

- 600 de jurnaliști americani transmiteau non-stop! Războiul a fost prezentat aidoma unui joc video. Luând în considerare superioritatea tehnologică infinit mai mare a americanilor, finalul războiului era deja prestabilit, întregul joc video putând fi prezentat în permanență din punctul de vedere al „învingătorului".

- Însă, până în ultimul moment, s-a menținut iluzia celui mai mare pericol asupra omenirii.

Garda Republicană a lui Saddam era descrisă ca fiind mai periculoasă decât un coş cu vipere – în realitate, doar o mână de soldaţi, complet neputincioşi în faţa supremaţiei numerice incomparabile a americanilor şi britanicilor!
Cel mai gigantic spectacol de PR pe care ni l-am putea închipui se desfăşura astfel fără pauză, pe toate canalele posibile din Statele Unite şi din întreaga lume.

Pe scurt: Războiul din Irak a fost cel mai mare spectacol de PR pe care l-a văzut această planetă de la Războiul Rece încoace. Astfel, s-a reuşit îngenuncherea aproape întregii populaţii a Americii, cu câteva renumite excepţii, care-şi puteau permite să se opună, şi a unei părţi a populaţiei care protesta în anumite oraşe. Dar chiar şi protestatarii americani au fost demontaţi de către presă şi înfieraţi ca trădători.

Nu trebuie să mai descriem evoluţia evenimentelor şi nici dificultăţile, sunt binecunoscute, cu toate că este atât de tentant să amintim din nou aspectele de PR.
Atât e cert: acest război a fost dus în special pe câmpul de bătălie al *propagandei*.
Cine crede că aceste cuvinte sunt menite să blameze SUA, se înşală. Pentru că şi Irakul a utilizat întregul său arsenal de „relaţii publice".
Prin urmare ar fi fatal să ne uităm numai la jocul de poker PR al SUA şi al europenilor. Saddam Hussein însuşi *trăia* efectiv din tehnici negre de propagandă. Şi bineînţeles că mesajele şi acţiunile sale reconfirmau în permanenţă *sistemul său*:

o La început: Saddam şi-a impus regimul în exclusivitate *demonstrând public* violenţă brută. Fără să-i tremure o fibră, şi-a eliminat cei mai apropiaţi membri ai familiei sau „prietenii", de îndată ce aceştia dădeau doar semne ale unei posibile trădări. Dezertorilor le tăia urechile.
o Chiar şi astăzi, puţin ştiu cum arăta cu adevărat Irakul. Existau numeroase grupări opozante: clerici şiiţi, soldaţi din propriile rânduri, aparatcici comunişti şi kurzi. În special kurzii, care se războiau între ei destul de puternic, erau foarte periculoşi, pentru că îşi jertfeau viaţa fără tăgadă dacă puteau astfel să-i facă felul lui Saddam. Chiar şi contradicţiile religioase reprezentau o problemă în Irak. Iar soldaţi transfugi existau din plin. În propria sa ţară, Saddam era departe de a fi acceptat.
Însă dictatorul a reuşit să-i canalizeze pe toţi, într-o oarecare măsură, pe *sistemul Irak*. Cele mai diverse forţe şi-au dat mâna pentru a lupta împotriva noului adversar prezentat: SUA.
Aşadar, şi aici este vorba despre o tehnică de impunere a unui sistem!

- Însă nu am terminat încă cu subiectul Saddam: A fost mai mult decât revelator ce a putut propovădui în timpul războiului mașinăria propagandistică a dictatorului. Imamii săi invocau în permanență *religia*. Se discuta despre „Războiul Sfânt". Termenul „Dumnezeu" a fost vehiculat până la refuz. S-a invocat comunitatea tuturor „credincioșilor adevărați".

- Pe de altă parte, poporului îi erau servite informații complet false, care sugerau faptul că americanii ar bate în retragere și că de fapt Irakul ar fi la un pas de a câștiga războiul. Chiar și în momentul în care Bagdadul era înconjurat, iar aeroportul fusese deja ocupat, se mai aclama încă cu obrăznicie, fără tact și îndrăzneț, victoria iminentă. „Dușmanii" erau descriși prin cuvinte de ocară, prin termeni precum „câini" sau chiar mai rău.

- Se repeta în permanență faptul că americanii și englezii tratau populația irakiană cu brutalitate. Se prezentau răniții – copii mutilați, picioare amputate. Chiar și în ultimele clipe ale regimului lui Saddam, „ministrul informării" continua să spună că inamicul se află într-adevăr în Bagdad, dar că a trebuit să-și retragă trupele din alte orașe pentru a putea realiza acest lucru, motiv pentru care victoria Irakului este iminentă.

- În timp ce americanii încercau totul pentru a distruge sistemul dictatorului – ulterior au fost distruse statuile și pozele lui, iar *Saddam International Airport* a fost redenumit *Baghdad Airport* –, aparatul propagandistic al lui Saddam continua să alimenteze poporul cu informații false, până în ultima clipă. S-a încercat menținerea impresiei de victorie până în ultimul moment. Atunci când un soldat irakian trăgea cu o pușcă veche asupra unui elicopter, totul era prezentat propagandistic ca următoarea etapă către victoria finală.

„Relațiile publice" a altor țări a fost fundamental diferită de PR-ul din SUA sau din Irak. În țările preponderent musulmane, cum ar fi Siria, Egipt, Iran etc., sălășluia o teamă pentru propriul regim. Parțial s-a continuat propaganda lui Saddam, care propovăduia „Războiul Sfânt".
Brusc, nici chiar „prietenii" SUA, cei mai apropiați afiliați ai săi, membrii NATO, nu se mai prezentau atât de necondiționat ca fiind de partea superputerii. Națiunile Unite și Europa făceau propria politică. Toată lumea se întreba de ce ar trebui să ne închinăm în fața baronilor țițeiului și de ce CIA nu l-a oprit pe

Saddam mai demult, ceea ce ar fi fost cu siguranță posibil, în special având în vedere însemnata opoziție din propria lui țară.

Ce putem învăța de aici? Pe scurt, putem spune următoarele:

Războaiele se fac (se construiesc) și se înscenează.

Prin urmare, nu este niciun dubiu apropo de existența unor persoane care proliferează războiul, care iubesc războiul și care instigă la război. Orice altceva ar fi doar praf în ochi și ar ignora cercetările a sute de istorici.
Însă totodată trebuie să înțelegem faptul că aici au colidat două *sisteme*.
Iar aceste sisteme nu puteau fi mai diferite.
În acest detaliu rezidă de fapt adevăratul motiv.
Haideți să facem încă un pas înapoi și să analizăm situația și mai atent.

Motivele nevăzute ale războaielor

Istoria și în special cunoștințele noastre asupra comportamentului uman, dovedesc faptul că războiul cu un „potențial" adversar nu poate fi evitat prin analizarea, criticarea, chestionarea sau chiar prin încercarea de a schimba într-un fel sau altul *ideologia* adversarului, din simplul motiv că *se presupune* un potențial de violență argumentat ideologic.
Chiar din contră! Tocmai aici rezidă adevăratele motive ale controverselor militare. O critică directă și masivă la adresa unei ideologii străine îl face pe *cel criticat* să se simți amenințat, întrucât consideră că *cel care critică* dorește să-i schimbe ideologia. Iar acest lucru echivalează bineînțeles cu o amenințare evidentă, împotriva căreia trebuie să se apere cu tot arsenalul din dotare. Acesta este în special cazul atunci când cel care critică pare a fi mai puternic (din punct de vedere militar, economic etc.).
Fostul președinte american, *George W. Bush*, și-a justificat planurile de război împotriva Irakului în discursul adresat Congresului American – întâmpinat de altfel cu o rezistență destul de mare – cu argumentul, că el, „*...în calitate de președinte al poporului american are obligația, de a proteja națiunea...*", aici este vorba despre poporul american, „*...împotriva terorii care pornește din Irak și în special de la persoana lui Saddam Hussein...*"

Reprezentarea acestui lanț cauzal este foarte interesantă și concomitent paradoxală. Însă atitudinea este caracteristică și explicabilă prin prisma celor tocmai descrise. Adică: de-a lungul istoriei nu există aproape niciun război în care *ambele* părți să nu-și fi justificat în permanență acțiunile prin faptul că, în cele din urmă, „nu fac decât să se apere". Și astfel nu e de mirare că cealaltă parte, cea a Irakului, se justifica prin exact aceeași argumentare a posesiei de arme sau prin ample acțiuni împotriva adversarilor interni ai regimului.

Același principiu se aplică și în cazul teroriștilor motivați politic sau religios, care sting printr-o singură acțiune sute sau mii de vieți omenești. Argumentarea și justificarea propriilor acțiuni va fi întotdeauna *apărarea* persoanei lor sau a *sistemului* lor. În același fel iau naștere și războaiele. În același fel iau naștere și conflictele, dacă facem abstracție de la instigatorii profesioniști la război.

DOUĂ SISTEME

Multă lume nu știe că Islamul este de fapt o religie care îndrăgește tare mult pacea. Același lucru îl putem spune și despre Creștinism. Cu toate că în numele acestor două religii au fost purtate cele mai groaznice războaie, nu trebuie să condamnăm religiile însăși.
Bineînțeles că nu putem acuza SUA, atunci când se apără împotriva unui *atac*. Sistemul politic din SUA, care și-a scris pe bannere valori precum libertate, prosperitate economică, toleranță religioasă și așa mai departe, este cu siguranță unul dintre cele mai bune sisteme politice din lume. Vă rog să nu mă înțelegeți greșit. Sunt un prieten declarat al United States of America și al oamenilor care trăiesc acolo, a acestei asocieri de state a cărei idealuri se bazează pe randament, pace și libertate.
Dar și în cealaltă tabără au existat mulți califi, regi și guvernanți ai Orientului Apropiat, care au avut realizări grandioase. La o analiză mai atentă a celor două lumi și religii diferite, vom observa mult mai multe asemănări decât contradicții. Ceea ce face de obicei diferența este modul diferit în care sunt trăite, celebrate și în special comunicate respectivele valori.
Nu este vorba în niciun caz despre „corect" sau „fals" – ambele fiind categorii destinate eșecului, dacă dorim să identificăm soluții reale.
Este vorba despre următorul lucru:

Motorul dificultăților nu este faptul că există un psihic, o ideologie și o viziune diferite. Acestea iau naștere de abia în cadrul sau prin intermediul respectivului mod de comunicare (ales).

MODUL DE COMUNICARE

Haideți să părăsim pe moment mediul politic și să ne îndreptăm atenția asupra unui exemplu dintr-o sferă complet diferită.

Gândiți-vă puțin la ultima ceartă cu colegul dvs., cu superiorul, cu fiul sau cu partenerul de viață. Oare *subiectul* discuției a fost cel care a transformat o conversație foarte normală într-o adevărată *ceartă*? Sau a fost mai degrabă vorba despre întrebările, afirmațiile, răspunsurile și ipotezele *posibile* cu privire la *posibilele* reacții ale partenerului de discuție, adică pur și simplu *modul* în care s-a discutat despre un anumit lucru? Răspunsul îl puteți găsi foarte ușor: închipuiți-vă că discutați despre același lucru cu o persoană complet diferită, de exemplu cu cel mai bun prieten al dvs., care poate că vă ascultă cu adevărat.

V-ați comporta la fel, ați utiliza aceleași argumente? V-ați enerva în aceeași măsură, ca de exemplu în cazul partenerului dvs. de viață? Puțin probabil.

Așadar, elementul definitoriu este *modul de comunicare*, cel puțin în majoritatea cazurilor. Tocmai acesta este unul dintre motivele pentru care politicienii iscusiți, care își aleg cuvintele cu mare atenție și cu multă cugetare, se bucură de o apreciere atât de mare.

ÎNCĂ O DATĂ: SISTEMELE

Atunci când ne aflăm în fața unor asemenea „probleme", ele rezidă într-o proporție uimitor de mare în *modul de comunicare* și în faptul că există *sisteme* diferite.
Am putea da numeroase exemple în acest sens:
Țări aflate în gâlceavă permanentă între ele, parteneri de viață care par să nu mai poată comunica între ei, vânzători cărora le este imposibil să vândă unui client avantajele unui anumit produs, profesori care nu se mai înțeleg cu proprii elevi – peste tot este vorba despre sisteme diferite, care par să nu se potrivească unul cu celălalt sau cel puțin par să nu dispună de interfețe comune.
Dar care ar fi soluția, care *este* soluția?

Puterea sistemului

Privit dintr-un anumit punct de vedere, peste tot avem de-a face numai cu *sisteme*. Ah, cât iubim sistemele, le iubim până la idolatrizare! Acolo unde nu există încă, le creăm noi. Cunoaștem sisteme matematice, sisteme de guvernământ, sisteme de partid, sisteme de comandă, sisteme familiale, sisteme asociative, sisteme tehnice, sisteme de împăturire, sisteme meteorologice, sisteme biologice, sisteme energetice, sisteme de trafic, sisteme de război... iar lista ar putea continua la nesfârșit. Dorința, principiul sau necesitatea de a cuprinde lucrurile și conexiunile în sisteme definite pare să fie unul dintre instinctele primare ale omului. Când întâlnim dezordine, vrem să facem ordine, să sistematizăm. Și e de înțeles. Pentru că în haos nu ne putem orienta, ne pierdem. În schimb, un mediu sistematic, ordonat, ne oferă senzația de dominanță, de siguranță.

Prin urmare, omul încearcă – se pare că dintr-un instinct primar – să organizeze totul în și prin sisteme. Astfel este cu atât mai evident că trebuie ne preocupăm mai îndeaproape cu sistemele, dacă dorim să influențăm și să convingem.

Știați că un studiu comun (8) al *V&M-Service* și *Microsoft* indică existența a 544.701 de asociații doar pe teritoriul Germaniei? Iar acest număr include numai asociațiile înregistrate oficial. Putem porni de la premisa că există cel puțin încă o dată pe atâtea asociații și grupe de interese neînregistrate. Asta înseamnă că la fiecare 1000 cetățeni germani există cca. 12 asociații. Asociațiile înregistrate au fost catalogate (în scopul evaluării) în rubricile mediu, cultură, binefacere, grupuri de interese, sport, timp liber și profesional/ economic/ politic. Studiul relevă faptul că dintre cele 544.701 asociații înregistrate, numai un singur procent îl reprezintă asociațiile al căror obiect de activitate este mediul înconjurător. Aproape fiecare a noua asociație activează în domeniul cultural. Interesele cetățenilor sunt reprezentate de 42.510 asociații de interese. În domeniul socio-caritabil sunt înregistrate 72.530 asociații. Peste o treime a tuturor asociațiilor înregistrate sunt asociații sportive. Activitățile de recreare se desfășoară în cadrul a 95.044 asociații de timp liber înregistrate. Aproximativ o zecime a tuturor asociațiilor înregistrate se dedică subiectelor economice, profesionale și politice, aici fiind incluse asociații profesionale, asociații economice și partide politice.

Cauzele acestui fenomen par a fi foarte diferite. Din punctul meu de vedere, această „necesitate" sau această tendință de a organiza totul în sisteme, chiar și procesele cele mai complexe, rezidă într-o *necesitate instinctivă de siguranță* a omului, întrucât unul dintre avantajele primordiale ale sistemelor este posibilitatea de a crea și de a formula *reguli*. Iar regulile, după cum bine știm, conferă o anumită siguranță, ele reprezintă o convenție acceptată în mod direct sau tacit. Regulile oferă cel puțin un mijloc semnificativ de ajutor în luarea deciziilor. Un sistem și regulile definite în cadrul acestuia își creează propriul *adevăr în cadrul sistemului*. Și astfel ajungem la un alt subiect exploziv care trimite la una dintre necesitățile primordiale ale omului, și anume subiectul *găsirii adevărului*, atât de strâns legat de această tematică.

ADEVĂRUL ȘI NUMAI ADEVĂRUL

Cu toții căutăm în permanență un adevăr sau chiar *adevărul* adevărat. Și numai în *interiorul* unui sistem avem într-adevăr posibilitatea de a defini adevărul. Fiecare sistem își creează propriile reguli specifice și astfel propriile adevăruri specifice, în limitele cărora se poate opera și argumenta cu termeni precum „*adevărat*" sau „*fals*", „*mai bun*" sau „*mai rău*".

Situațiile în care nu știm exact ce e corect și ce e greșit, ne induc un sentiment de nesiguranță. Nu ne simțim tocmai bine în pielea noastră. Și întrucât „adevărul obiectiv" nu poate fi stabilit, sau poate fi stabilit doar cu mare dificultate, noi ne creăm propriile noastre sisteme. Asociațiile menționate anterior ne oferă puncte de reper, linii directoare și jaloane care ne conduc către acest sentiment de bine, pe care îl căutăm și pe care îl descriem prin termenul de „adevăr". Aici purcedem veseli și nestingheriți la formularea propriilor noastre reguli, o serie de adevăruri intrinseci, în cel mai bun caz subiective, ne formulăm regulile și ne simțim dintr-o dată mai măreți. Sentimentul de siguranță este accentuat de către un grup care se reconfirmă pe sine și se protejează în permanență în contextul dat al existenței sale. Într-o relație asociativă se regăsesc cei cu aceleași interese, care își reconfirmă în mod colectiv valorile și le apără față de exterior. Este complet neimportant dacă ne asociem în calitate de pasionați de iepurași cu urechi scurte, dacă ne tundem părul sau dacă ni-l vopsim verde și ne alăturăm unui grup de punkiști sau dacă activăm în calitate de funcționari în cadrul unui partid politic, pentru a ajunge la un moment dat cancelar sau președinte... mecanismele și premisele sistemice aflate la baza acestor acțiuni sunt întotdeauna aceleași: grup, reconfirmare, roluri și siguranță.

ŞMECHERIA CU SISTEMELE

Enciclopedia Brockhaus (9) descrie *sistemul* ca fiind „*o unitate mai mare, compusă din elemente individuale – obiecte, procese, termeni etc.*". Un sistem este deci întotdeauna un ansamblu, respectiv este privit ca fiind o *totalitate* în sine. Este întotdeauna înrădăcinat într-un *mediu* şi este compus din elemente de obicei diferite (obiecte, roluri), care se află în diferite relaţii între ele şi care se influenţează reciproc.

Sistemele formează baza coexistenţei umane. Cu toţii ne naştem în cele mai diferite sisteme culturale, politice, etice şi de viziune asupra lumii. Primul lucru pe care îl învăţăm este să distingem ce e *corect* şi ce e *greşit*, ce e *adevărat* şi ce e *fals*. Jocul începe deja cu *sistemul educaţional* al părinţilor, care va defini funcţia şi rolul nostru ulterior în cadrul *sistemului familiei*. De obicei, ţelul sistemului familiei este acela de a ne educa pentru a deveni un „om bun", capabil de a funcţiona într-un grup, de a înţelege valorile şi de a interioriza *regulile* transmise de către părinţi. După aceea pătrundem în *sistemul şcolii*, care încearcă să ne transforme în persoane cât mai inteligente şi mai bine adaptate social. Suntem îmbuibaţi cu informaţii, pe care s-ar putea să le utilizăm ulterior, la un moment dat, sau poate nu. După aceea ajungem în *sistemul de formare*, care doreşte să ne transforme în specialişti şi mai inteligenţi. În cele din urmă, ne străduim să devenim parte a unui *sistem antreprenorial*, pentru a putea câştiga bani şi a căpăta renume. În paralel învăţăm să ne relaţionăm la multe alte sisteme. Ne implicăm în asociaţii, devenim membri sau chiar şefi în cadrul unor organizaţii. Mulţi încep la un anumit moment dat să-şi construiască propriul *sistem familial*.
Sisteme, sisteme, sisteme, oriunde ne-am uita.
Şi care este rezultatul?
Ce ne inducem nouă înşine prin toate aceste sisteme?

Probabil că v-aţi dat deja seama: în cazul războiului din Irak, acest lucru înseamnă că la primul semn al unui posibil conflict cu un sistem advers, învăţăm să urâm şi să dispreţuim din toată inima respectivul sistem diferit. Orice sistem concurenţial este imediat perceput ca o ameninţare. Uneori ajungem chiar să-l urâm şi ne apărăm vehement împotriva oricărui atac. Simpla existenţă a unui sistem concurenţial, adică a unui sistem care nu este conform sistemului nostru, poate fi privită deja ca un atac.
Şi care sunt urmările?

REGULILE JOCULUI

O altă urmare este bineînţeles faptul că învăţăm tot mai multe „reguli de joc", pe care le adoptăm nolens volens.

Foarte devreme, și anume în sistemul familiei, trebuie pe de o parte să învățăm regulile sistemului, iar pe de altă parte, trebuie să le și respectăm și să le urmăm. De obicei ne este greu la început, întrucât nu cunoaștem nicio altă regulă de joc și niciun alt sistem cu excepția acestui mediu (familia). Ni se alocă un rol predefinit în cadrul sistemului. De obicei este vorba despre un rol secundar în cadrul acestui spectacol. Pe de altă parte, alții joacă rolul de *gardian al sistemului*. Acest rol permite exercitarea controlului și definirea, uneori aleatorie, a regulilor.

Observăm foarte repede că un sistem funcționează numai în măsura în care fiecare element al sistemului își joacă rolul prestabilit și funcționează bine în cadrul sistemului. Dacă acest lucru nu se mai întâmplă, apar aproape întotdeauna dificultăți. Asemenea unui motor, fiecare componentă are funcția sa bine definită. Atunci când o componentă se defectează sau nu mai funcționează corespunzător, ajungem tocmai la aceste dificultăți. Motorul pierde din putere sau se oprește complet.

Doar ca observație: utilizez în mod foarte conștient termenul *dificultate* și nu discut despre *probleme*, pentru că *problemele* implică în anumite situații și *imposibilitatea* unei soluționări. Pe de altă parte, *dificultățile* pot fi întotdeauna soluționate. Tocmai asupra acestor soluții raportate la dificultățile comunicative ne vom îndrepta imediat atenția, atunci când vom discuta despre provocarea de a influența alți oameni în sensul obiectivelor noastre.

Dar haideți să revenim la text: Numai după ce cunoaștem alte sisteme, apropiate nouă, cum ar fi prietenii sau alte culturi, înrădăcinate într-un alt context, putem începe să punem la îndoială regulile învățate. Vom recunoaște atunci, uneori fără a fi parte a acestor sisteme noi și diferite, că și acestea funcționează, chiar dacă se supun bunăoară unor reguli complet diferite.

În cazul sistemului familiei putem observa acest lucru atunci când copii vizitează la un anumit moment dat familia prietenilor lor. Deseori, ei observă că acolo există cu totul alte reguli, pe care nu le cunosc din propriul lor sistem. Sau poate că există reguli asemănătoare, pe care le cunosc din familia lor, dar care sunt trăite și prezentate într-un mod complet diferit. Atunci când copilul se întoarce acasă după o asemenea vizită și declară că „acolo copii pot sta seara treji până la o oră mult mai târzie", părinții se vor lovi cu siguranță de anumite dificultăți. Prin urmare, se impun explicații.
Și tocmai aceasta este esența întregii chestiuni.

SISTEM VS. SISTEM

Adevăratele probleme își fac apariția cel târziu atunci când sisteme diferite intră ireparabil în coliziune.
Această situație ar putea apărea deja din sistemul familiei.

Orice încercare de a adapta regulile altor sisteme, sau fragmente ale acestora, și de a le impune asupra propriului nostru sistem, va declanșa în scurt timp o adevărată „revoluție" în cadrul acestuia. Într-o asemenea situație ne vom confrunta cu adevărate probleme.

Dacă un singur element al sistemului nu acceptă o singură regulă, necazurile vor veni de la sine. Astfel, fiul unei familii catolice conservatoare va întâmpina mari dificultăți și o lipsă totală de înțelegere din partea sistemului familiei sale, dacă va încerca la un anumit moment dat să boicoteze regula participării la slujba duminicală, conform exemplului practicat de întreaga familie a prietenului său.

Sistemul familiei poate însă colida și cu sistemul școlii, care se bazează pe un alt set de reguli.

Asemenea conflicte pot fi cu adevărat dramatice.

Iată un exemplu autentic, în care sistemul educațional casnic se lovește de sistemul școlii:

În familia F. s-a pus întotdeauna accent pe tratarea egală a celor trei odrasle, trei băieți în vârstă de unsprezece, opt și șase ani. Niciunul dintre aceștia nu sunt privilegiat în vreun fel. Tatăl F. cumpără noii adidași în trei mărimi și trei culori: verde, albastru și negru. Chiar și de Crăciun, cei trei frați F. pot conta pe aceleași cadouri, care se disting între ele numai prin culoare. Pe de altă parte, familia F. este în fericita situație de a putea angaja o menajeră, motiv pentru care niciunul dintre băieți nu este nevoit să participe la treburile casnice. Numai atunci când nu se poartă corespunzător, sunt condamnați la activități minore ca spălatul mașinii sau tăierea ierbii, pentru a-și spăla păcatele.

Fratele F1, cum îl vom numi în continuare, mezinul asociației, merge deja de câteva luni la școală, când, dintr-o întâmplare părinții află că de aproape o săptămână chiulește de la școală. Tras la răspundere, F1 izbucnește în lacrimi, fără a da dovadă de vreo dorință de a se explica părinților îngrijorați. În cele din urmă, motivele ies la iveală. Printre sughițuri, le spune părinților că învățătoare îl urăște.

Dar de ce?

Situația se clarifică numai în urma unei discuții cu învățătoarea. Începutul dramei l-au reprezentat noile bănci cu care fusese dotată clasa lui F1. De fapt, fuseseră livrate cu cinci bănci prea puțin și întrucât F1 întârziase puțin în ziua respectivă, a trebuit să se mulțumească în continuare cu vechea sa bancă. El însă nu a putut accepta situația, obișnuit fiind cu principiul egalității din familie. Protestele și argumentele sale nu fură primite cu înțelegere de către învățătoare. Însă întrucât restul de bănci urmau să fie livrate în curând, F1 se liniști. Iar apoi, învățătoarea îl rugă să curețe tabla scrisă până la refuz! Iar asta puse bineînțeles capac! F1 consideră totul a fi o șicană, pentru că nu se simțea în niciun fel vinovat, motiv pentru care nu se justifica în niciun fel această muncă

suplimentară. Ștergerea tablei = pedeapsă! Se hotărî să păstreze distanța de mediul educațional, pentru a nu se expune din nou unei asemenea nedreptăți.
Acest mic episod ar putea fi considerat exemplificator pentru modul în care sistemul casnic poate diverge de sistemul școlar.
Dar chiar și un sistem casnic poate conține în sine diferite sisteme contradictorii.

SCENE DINTR-O CĂSĂTORIE

Dificultățile se pot ivi chiar și, sau mai bine zis în special, atunci când gardienii sistemului utilizează sistemul în parametri diferiți sau, pentru a mă exprima puțin mai concret, atunci când părinții nu au aceeași părere despre educația copiilor și organizarea casnică. Situația se poate accentua atât de dramatic, până la situații precum cele prezentate de Igmar Bergman în *Scene dintr-o căsătorie*. Dar chiar și viața matrimonială „foarte normală" este presărată cu destule capcane care alimentează în permanență prezentul cu material pentru tragedii și pentru comedii.

Un alt exemplu autentic:

M. provenea dintr-o familie americană mic-burgheză în care se punea preț pe maniere, familia considerând aparențele foarte importante chiar și în vremuri negre. M. adoptă o carieră comercială, totul decurgând inițial într-un sistem perfect. În cele din urmă, M. se căsători – chiar și acest lucru ținea într-o oarecare măsură de sistem. Rezultatul acestei căsnicii fură doi copii, tocmai cifra perfectă din punct de vedere statistic – totul perfect!

Pentru copii săi, M. își dori să adopte și ei, la un anumit moment dat, o carieră mic-burgheză. Însă consoarta sa era educată diferit. Și doamna M. își dorea bineînțeles tot ce era mai bun pentru copiii comuni. Avea însă o idee foarte concretă despre ce era mai bun pentru copiii ei. Principial, ea era *împotriva* tuturor sistemelor și se declarase pentru o educație antiautoritară a copiilor, fără a bănui și în neștiința de cauză, că până și această atitudine reprezenta la rândul ei tot un *sistem*. Doamna M. era așadar implicată în permanență într-o luptă împotriva sistemelor recunoscute, trăgându-și copii după sine într-un sistem care refuza sistemele. Totul se petrecea spre marea mâhnire a domnului M., care nu le-ar fi îngrădit copiilor nicio oportunitate și care avea cu totul alte ideale.

Aici au colidat așadar două lumi. Cu toate că ambii părinți se îndreptau către același obiectiv, părerile lor divergeau în permanență. În timp ce doamna M. predica renunțarea la consum și distanțarea de tot ce este standardizat, domnul M. finanța tocmai acest consum prin serviciul său „standard", care oferea toate cele trebuincioase pentru întreținerea familiei.

O problemă aparent imposibil de soluționat! Indiferent de acțiunile sale, cădea întotdeauna în dizgrația jumătății sale mai bune. Când avea succes, i se reproșa colaborarea cu inamicul instituționalizat – dacă nu avea succes, își risca subzistența și fondurile necesare educării copiilor.

Discuțiile erau interminabile în casa M, în special atunci când venea vorba despre viitorul copiilor. Doamna M. continua să insiste asupra conformismului ei nonconformist și respingea aproape orice tip de profesie ca fiind prea instituționalizată, în timp ce domnul M. analiza orice profesie din prisma posibilității asigurării unui trai mic-burghez și a unui viitor sigur.

Lipsiți complet de o îndrumare stabilă, copiii s-au orientat către alte direcții și au acceptat prima slujbă care li s-a oferit sau pe care au acceptat-o și colegii lor de clasă.

Prin urmare, după cum observăm aici, urmărirea a două sisteme diferite poate paraliza complet sistemul familiei și poate îngreuna sau chiar bloca atingerea obiectivelor comune.

Asta este realitatea, sistemele se lovesc în permanență unele de celelalte.
Chiar și sistemul sau mediul social se poate ridica împotriva unui sistem de familie.
Prin astfel de experiențe trec toate fetele educate în familii turce, musulmane, care locuiesc în Europa de Vest sau în SUA și care decid la un moment dat, pe baza exemplului oferit de colegele lor creștine, să nu mai respecte regula (existentă în propria familie) de a avea în permanență capul acoperit.
Această fată va declanșa acasă un asemenea război, încât până și cucerirea Troiei va părea doar o simplă dispută între vecini!
Dacă renunță ulterior la această idee și se supune din nou sistemului familiei, ea va declanșa în aceeași măsură un alt război.
Adică: purtarea vălului este în contradicție cu „sistemul Europa/SUA" (preponderent creștin), care postulează că în public ai face bine să te îmbraci într-un anume fel, pentru a-ți demonstra astfel implicit apartenența la orientarea religioasă a sistemului.
Indiferent de calea pe care o aleg, aceste fete vor fi întotdeauna în dezavantaj.
Poate vă aduceți aminte de așa-numitul „scandal al vălului" care a ocupat luni de zile primele pagini ale ziarelor.
Lăsați-ne să analizăm mai îndeaproape această farsă.

Scandalul vălului şi alte războaie de sistem

În Germania, care pe plan internaţional nu prea este considerată o ţară tolerantă din punct de vedere religios, SUA admonestând-o de mai multe ori din cauza lezării drepturilor omului în ceea ce priveşte toleranţa religioasă, o femeie a luptat în instanţă timp de mai mulţi ani, pentru a-şi câştiga dreptul de a purta vălul într-o şcoală publică (creştină). Profesoara născută şi formată în Afganistan a înaintat în cele din urmă o plângere constituţională, primind – condiţionat – câştig de cauză. Ea a primit dreptul de a purta vălul în timp ce predă, cât timp parlamentul Landului nu va emite o reglementare clară în acest sens. Cu toate acestea, postul de funcţionar pe perioadă de probă nu i-a fost aprobat, deoarece o hotărâre a Curţii Constituţionale din Mannheim, emisă în iulie 2001, interzice profesoarelor musulmane să poarte vălul în timp ce predau pe teritoriul Landului Banden-Würtemberg. Putem doar să aşteptăm cu interes pentru a vedea, cât le va trebui instanţelor Landului pentru a lua o decizie cu privire la purtarea vălului.
Două sisteme!
Doar ca observaţie secundară: în spaţiul islamic, vălul este un simbol al conduitei modeste, religioase, care în respectivul context are un sens bine definit şi este foarte respectat.

Pe de altă parte, tot în Germania a existat o situaţie în care s-a insistat pe purtarea baticului. Nu se mai striga „jos vălul", ci „purtaţi vălul". În Landul Bavaria, patru femei iraniene, care ceruseră azil, au fost obligate să-şi facă pozele pentru paşaport purtând batic, cu toate că nu erau militante din punct de vedere religios. Motivul: femeile urmau să fie deportate în Iran, ţară care nu le permitea însă accesul fără o poză corespunzătoare în paşaport. Una dintre femei a fost chiar forţată de către poliţie să facă această poză controversată, după cum a relatat săptămânalul „*Freitag – die Ost-West-Wochenzeitung*". Femeile s-au apărat şi au pornit, asemeni profesoarei, un lung război judiciar, care trebuia să clarifice dacă vălul este sau nu un simbol religios.
Cu alte cuvinte: purtarea vălului îngrădeşte sau nu îngrădeşte libertatea religioasă?

Una dintre consecințe ar fi că, pe viitor, expulzarea azilantelor iraniene ar deveni mult mai dificilă...
În orice caz, aici s-au ciocnit din nou două *sisteme*.

Trebuie să fii foarte stăpân pe tine, pentru a nu continua aici cu nenumărate comedioare. În orice caz, acesta este materialul din care se nasc glosele. Odată se cere purtarea vălului, apoi este din nou interzisă! Și totuși: vălul a devenit un motiv de indignare pe plan național și internațional. O bucățică de cârpă, desigur plină de substrat simbolic, a fost cauza discuțiilor și luptelor duse în sânul familiilor, cauza pentru care s-a ajuns să se vorbească de „dinamită socială", de faptul că fronturile s-au întărit, că s-au solicitat expertize juridice, că s-a dezbătut problema chiar și în fața celor mai înalte instanțe de judecată, că nervii erau deodată întinși la maxim.

Cu alte cuvinte: niciun subiect nu ar putea fi mai interesant decât cel a *sistemelor*, dacă suntem într-adevăr interesați de soluționarea problemelor.

Prin urmare, lăsați-ne să detaliem puțin subiectul, abordându-l cu suspiciune și imparțialitate, cu maxim de interes și plini de curiozitate.

CE AR TREBUI SĂ ȘTIȚI DESPRE ACTORII DIN CADRUL SISTEMULUI

De îndată ce se reunesc o serie de indivizi, ia naștere un *sistem*, care se supune anumitor legi și anumitor forme ierarhice (de obicei, aflate în strânsă legătură între ele). De obicei, regulile sunt create și controlate, pentru a asigura deopotrivă respectarea lor. Așadar, au nevoie de o instanță de control. Chiar și o formă de viață anarhistă, care respinge orice formă de dominare și orice sistem, își construiește propriul ei sistem. În acest caz, sistemul constă tocmai din *respingerea oricărui sistem de conducere și a legilor sale conexe*. Însă tocmai această lege (unică), respectiv cea de a nu crea și de a nu accepta nicio formă de dominare, conferă sistemului un caracter paradoxal. Probabil că tocmai din acest motiv anarhiile nu au reușit să se impună de a lungul istoriei. În sistemul social *anarhie*, problema rezidă pur și simplu în paradoxul unicei sale legi care neagă orice altă lege.

Ca și când i-am spune unui copil: „Să nu asculți!"

Este însă indubitabil, că în absența unor legi și unor reguli clare, cât mai puțin contradictorii, în absența unor forme regulatorii sau de dominare, starea unui sistem este instabilă. Conceptul anarhiei este un bun exemplu în acest sens. Tocmai acea siguranță, reglementată prin legi și organe de control, conferă caracterul stabil al unui sistem.

Cu toții iubim sistemele stabile – ele ne protejează, ne oferă posibilitatea unei identificări și implicit ne oferă siguranța. Întrucât sistemele capătă un sens numai prin elementele din care se compun și care sunt intercorelate, ajungem să adoptăm anumite funcții, respectiv *roluri* în cadrul diferitelor sisteme umane (familie, firmă, țară, comunități sociale, comunități religioase...). Aceste roluri ne sunt alocate fie pe cale „naturală" (familie), fiind implantate prin sistemul însuși în colecția sa de reguli, fie le dobândim noi înșine prin muncă, escrocherii, alegeri, merit sau prin luptă (funcții de conducere, posturi, poziții...). Rolurile și funcțiile sunt importante întrucât ne *conferă* importanță, ne dau un sens. Funcția în cadrul unui sistem ne legitimează ca indivizi. Dobândim astfel un loc clar și uneori chiar evaluabil, dobândim o poziție în cadrul respectivului sistem.

Dacă analizăm individul ca parte a diverselor sisteme în care activează, în cadrul celor mai diverse roluri pe care le joacă (tată, finanțator al familiei, politician, gangster, forță de conducere...), vom constata că își formează – pentru sine însuși, ca individ – același tip complicat de sistem, compus din mai multe subsisteme. Pe de o parte, omul este un sistem *organic*, tratat de medici sau de alte bresle similare. Pe de altă parte, el include și un sistem *psihic*, care este subiectul cercetării și speculațiilor psihologice, religioase și spirituale. Dacă sistemul om nu funcționează din punct de vedere psihic, este catalogat ca fiind *bolnav* clinic. Dacă se comportă subiectiv, adică – din perspectiva altor membrii ai sistemului general denumit *mediu* – în mod *diferit* decât ceea ce prevede sistemul, atunci va fi considerat *nebun*. Dacă îi lipsește capacitatea de a explica propriul său comportament, atunci va deveni un *caz patologic* sau *bolnav psihic*.

Cât de diferite pot fi regulile unor sisteme aparent înrudite, putem observa uitându-ne la un bărbat care dansează în jurul unui foc. Asistând la o asemenea scenă într-un oarecare sat african sau amerindian, nimic nu va părea neobișnuit – în acest „context" este normal. Însă un manager de top sau un primar care dansează în Times Square în jurul unui foc de tabără, va fi declarat indubitabil ca fiind nebun.

După cum observați, sistemele dispun într-adevăr de o forță atât de mare, încât același comportament este considerat perfect normal într-un anumit sistem, iar în altul reprezintă o încălcare a legii sau este considerat bolnav.

SĂ NU FURI

Haideți să analizăm un nou exemplu pentru a ilustra această teză. Actorii poveștii noastre sunt membrii unei familii obișnuite Z., ai cărei șase membrii locuiesc într-un mic oraș la fel de obișnuit. Familia este formată din tată, mamă, soacră, cumnat și doi copii. Adulții apți de muncă au un serviciu regulat, copii merg la școală, în timp ce bunica Z. ține gospodăria. Cele trei surse de venit au permis obținerea unui anumit standard de viață, motiv de mândrie în special pentru cei trei bărbați ai familiei. Familia este unită precum marca de scrisoare. Credoul ei (regula): *Trebuie să fii mai viclean decât ceilalți!*

Tânărul Z., în vârstă de 12 ani, observă cu interes cum se mândresc cei mari cu realizările lor. Tatăl Z. povestește la o bere, cum a reușit de curând, ca urmare a unui accident ușor de mașină, să escrocheze o vopsire completă a mașinii, precum și un spoiler spate complet nou. Detaliind, el spune că întotdeauna se recomandă să „umfli" daunele unui accident cu daune deja existente. În definitiv, autorul accidentului nu trebuie să plătească nimic din buzunar, întrucât este asigurat.

Intrând în joc, cumnatul său povestește cu un zâmbet cinic, cum „împrumută" scule și materiale de la firma la care lucrează ca electrician, scule pe care le folosește apoi în interes propriu la sfârșit de săptămână, ajutând prietenii cu tot felul de mici reparații prin casă. În definitiv, toate aceste lucrări reprezintă cine știe ce, iar pe de altă parte nu strică să mai faci un ban în plus. Doar nu dăunează nimănui!

Plină de energie, bunica Z. își aduce aportul la bugetul casei, adăugând câteva mere în punga pe care o cântărise deja angajata supermarketului. La fel, nu i se pare greșit să schimbe cu șiretenie etichetele de preț, pentru a plăti mai puțin pentru anumite produse. În definitiv, marile concerne câștigă mult prea mult! Mama Z. nu se lasă cu nimic mai prejos, ea aprovizionând familia cu bunătăți pe care le aduce din bucătăria restaurantului în care lucrează. Ce să facă, dacă tot se aruncau...

În scopul prezentei discuții, nu vom analiza dacă este vorba despre o familie de infractori sau nu. Jongleriile prezentate sunt importante numai în măsura în care fiecare membru al acestui „sistem" privește furtul ca pe un delict cavaleresc, la fel cum încadrează unii oameni maturi o aventură amoroasă.

Puteți intui deja sfârșitul poveștii: copii învață destul de devreme să nu trateze reglementările legale cu prea multă strictețe. „Proprietatea" nu pare să aibă o importanță aparte. Mult mai important este: Trebuie să fii mai viclean decât ceilalți! Așadar, ei cresc cu o mentalitate de tip Robin Hood, pentru a mă exprima delicat și eufemistic. Însă în momentul în care sunt prinși, intră desigur în conflict cu legea. *Să nu furi!* spune aici regula. Prin urmare, aici avem de-a face cu două sisteme, care mai devreme sau mai târziu vor intra în conflict.

Un alt exemplu: Închipuiți-vă că vă aflați ca european în Siria. Sunteți un vizitator european, care nu dorește nimic mai mult decât să admire frumusețea moscheii din Damasc. Nu vreau să alimentez anumite prejudecăți, dar în Siria un european poate deveni foarte ușor victima unui furt. Încă mai pulsează vechiul sânge al beduinilor în venele sirienilor.
Cândva era de bon ton să ataci și să jefuiești cu cai mult mai rapizi călătorii care treceau cu cămilele lor prin deșert. Se considera a fi un mod cinstit de a-ți câștiga pâinea! Un beduin cu un bogat palmares de străini pe care îi atacase, cărora le

tăia beregata şi le fura bunurile, se bucura de cel mai mare respect, avansând de obicei până în funcţia de conducător.

De aceea, chiar şi în ziua de astăzi, în anumite ţări este perfect legitim să furi de la *străini*. Şi acum urmează poanta: este aproape o infracţiune să *nu* furi de la un străin! Cu alte cuvinte, dacă ratezi şansa de a fura portofelul unui european, în special atunci când întrunesc toate condiţiile în acest sens, vei fi certat şi îţi vei pierde respectul familiei.

Pe de altă parte, doar ca observaţie secundară, păgubitul nici măcar nu face apel la poliţie sau la organele „statului". „Statul" nu va acorda nicio importanţă unui asemenea furt.

Statul însuşi permite existenţa acestui sistem – *regulile* istorice, vechi de mii de ani, sunt la ordinea zilei.

Doar ca observaţie secundară: dacă însă păgubitul ar fi fost un sirian, infractorul ar fi riscat chiar să i se taie mâna.

Însă în anumite cercuri e de bon ton să furi de la europeni sau de la americani! Dacă nu furi, rişti să-ţi atragi dispreţul celorlalţi. Eşti exclus din sistem.

PRESIUNEA SISTEMULUI

Acest lucru ne dovedeşte faptul că orice sistem uman exercită într-un fel sau altul o presiune imensă asupra tuturor actorilor care joacă vreun rol în cadrul respectivului sistem. De regulă, sistemele dispun de un *mecanism de autoreglare*, care împiedică purtătorii de funcţii să încalce regulile scrise şi nescrise ale sistemului. O încălcare a regulilor este sancţionată cu diferite pedepse, care în ultimă consecinţă pot să ajungă până la excluderea din sistem. Fiecare membru se obligă să respecte regulile, acestea putând fi existenţiale pentru sistem.

Fiecare sistem de drept se bazează pe acest principiu. Dacă ne comportăm „necorespunzător" trebuie să plătim o amendă. Când încălcarea regulilor este de gravitate mai ridicată – situaţie definită de asemenea prin sistemul însuşi – ajungem la închisoare, după care la carceră sau, după cum încă se mai practică în anumite ţări, suntem executaţi şi astfel expulzaţi din sistemul uman.

Exact aşa funcţionează şi coabitarea umană.

Şi exact în acelaşi fel stau lucrurile chiar şi în închisoare. Să ne permitem o scurtă vizită în infern.

O VIZITĂ ÎN INFERN

Bineînţeles că în cadrul diferitelor bande de stradă sau în închisoare nu este niciodată vorba despre dreptate sau nedreptate „obiectivă". Să ne gândim la diferitele bande de stradă din New York, Los Angeles sau alte oraşe ale SUA: probabil că niciun alt sistem nu exercită o presiune sistemică atât de brutală. Şi

nicăieri nu există atâta „nedreptate". Probabil că numai o închisoare mexicană ar putea fi mai brutală.
Să încercăm totuși, doar pentru o clipă, să privim totul din perspectiva unui tânăr mexican minor, care, din diverse motive, a ajuns pe un drum greșit, poate doar pentru a supraviețui. Să-l numim Pedro. La 13 ani este deja membru într-o bandă de stradă. Mai întâi trebuie să treacă diferite teste și „probe de curaj", pentru a fi acceptat în *sistem*. Este autorul câtorva infracțiuni destul de nesemnificative. Însă la 14 ani Pedro face deja trafic de droguri. La 15 ani omoară primul om – de abia acum este un membru „adevărat" al bandei, un membru căruia i se acordă respect.
Sistemul o cere.

Bineînțeles că într-o bună zi Pedro este prins și ajunge la închisoare. Aici se întâlnește din nou cu lumea drogurilor, precum și cu fenomenul corupției și a crimei. În fiecare zi dată de Dumnezeu trebuie realmente să lupte pentru supraviețuire. La orice semn de slăbiciune va fi lovit, bătut sau violat. Dacă va avea ghinion, va da ortul popii. Nu are niciun prieten, pentru că în închisoare nu poți avea încredere în nimeni. Peste tot se ascund arme, în special cuțite. În ziduri, în pământ, în apropierea toaletelor și în orice alt loc posibil sau imposibil.
În general, „jocul" din închisoare este destul de unilateral: Cum îmi fac rost de următoarea doză? Cum obțin drogurile zilnice? Al doilea „joc" se cheamă: cine este cel mai puternic lider și care bandă din închisoare este cea mai tare?
Drogurile sunt traficate în mod regulat de vizitatori. Metodele de a introduce droguri în închisoare sunt aproape incomensurabile. În ciuda tuturor controalelor, paznicilor și camerelor de supraveghere, metode există întotdeauna. Chiar și prin intermediul cărților poștale color poți trafica drogurile. Trebuie să îndepărtezi cu mare grijă folia de protecție a cărții poștale, să sufli praful de droguri dedesubt, iar apoi să lipești atent folia înapoi.
Mână în mână cu traficul de droguri este crima, care într-o închisoare mexicană se prezintă ca fapt cotidian. În unele închisori mexicane, anumiți deținuți dispun chiar și de puști și pistoale – este de neimaginat!
Revolte există în mod regulat.
În fiecare zi, unul dintre deținuți este bătut măr.
Aproape întotdeauna este vorba, după cum am spus deja, despre droguri, deoarece ele te ajută să uiți o perioadă de sistem și de constrângerile sale.
Drogurile se ascund în mâncare, în teniși, în haine, pe corp, în orificiile corpului sau în alte locuri „sigure".
Băiatul nostru, Pedro, în vârstă de 15 ani, ia cele mai dure lecții de supraviețuire. El învață tot mai bine sistemul și regulile acestuia. S-a obișnuit deja cu ideea că în mod regulat cineva este „redus la tăcere".
Trei bande controlează închisoarea, care bineînțeles că este suprapopulată, întrucât nu există bani pentru construirea unor închisori care să ofere condiții decente de detenție.

Guvernul mexican este îndatorat dincolo de orice speranță.
O bandă iese în evidență în mod special, motiv pentru care Pedro i se alătură, întrucât altfel nu ar avea nici cea mai mică șansă de supraviețuire.
Desigur trebuie să se supună șefului bandei. Din nou trebuie să presteze anumite servicii, cu un grad de dificultate tot mai ridicat. O mică crimă desigur – viața nu are mare preț aici.
Pedro comite a doua sa crimă.
Tot sistemul te obligă să te mândrești cu crimele tale – cu alte cuvinte: există un limbaj secret al tatuajelor. O mică lacrimă sub ochiul drept indică o crimă comisă, două lacrimi două crime, trei lacrimi trei crime și așa mai departe.
Pedro este foarte mândru, la 15 ani a omorât deja doi oameni, are voie să se împodobească cu două lacrimi.
Urcă pe scara ierarhică a sistemului, dar există încă mulți deținuți care se află mult deasupra sa.
Întrucât închisoarea este suprapopulată, nu există paturi pentru fiecare deținut. Majoritatea dorm direct pe podea. Un pat este deja o chestiune de lux și de un anume prestigiu. Doar deținuții cei mai brutali și mai puternici au privilegiul de a avea un pat.
Celulele sunt minuscule, putoarea greu de suportat. Atmosfera e plină de ură, mânie, nervi, apatie, frică și brutalitate. Un cuvânt greșit poate duce la ceartă, la luptă și la crimă.
Tânărul nostru mexican descoperă tot mai mult cine are un cuvânt de spus în închisoare. Există ierarhii foarte bine diferențiate, ordine exacte de supunere. Le învață de abia acum, după ce a petrecut doi ani în închisoare și a omorât un om. Conjunctura este mult mai dură decât afară, într-o bandă normală de stradă.
Dimineața devreme se dă trezirea. Lacătele se deschid și se distribuie puțină hrană. Cei mai puternici deținuți, care se află cel mai sus pe scara ierarhică, mănâncă primii, restul trebuie să aștepte. Este o lege nescrisă, despre care nu se vorbește. Dacă ai comenta ceva, ți-ai risca viața. După „micul dejun" la care în nici un caz nu participă toți, se admite o scurtă plimbare în curte. Aici începe lupta pentru droguri – practic, fiecare deținut se droghează.
Mâncarea adusă de familie sau de vizitatori deținuților este repede schimbată pe droguri. Ea ajunge la șefii cei mai puternici și bogați ai bandelor, în schimbul căreia aceștia oferă puțină heroină. După care începe „viața frumoasă" din închisoare, indusă prin injectarea sau înghițirea drogurilor.
Însă unii deținuți nu pot plăti. Și astfel, câteva lame de cuțit își croiesc repede drumul către diferite burți.
Prin urmare, și aici există o lege, care postulează: „Cel mai brutal, crud, violent și viclean nelegiuit este rege". Iar regele face legea, el *este* legea.
Și nu ai nicio posibilitate de a te sustrage acestor legi sau acestui sistem. Dacă încerci să supraviețuiești în afara unei bande, ți-ai semnat singur condamnarea la moarte, întrucât nicio bandă nu-ți va sări în ajutor atunci când ești la ananghie.
Devii vânat liber, neocrotit.

Chiar și paznicii sunt corupți. Regele închisorii îi are demult în buzunar. Paznicii nu câștigă mai mult decât câțiva peso amărâți pe lună, însă cel ce domnește de fapt în închisoare îi poate recompensa regește. Așa că închid ochii. Legea și dreptatea, așa cum sunt ele definite de instituția statului, se opresc la porțile închisorii.

Pedro învață să-l servească pe regele închisorii și să accepte cuvântul său ca literă de lege. El învață că există un singur sistem – sistemul închisorii. Paznici îl acoperă și îl protejează pe domnitorul secret al închisorii, iar termenul „onoare" este doar o glumă bună.

„Iertare" nu există – ar fi un semn de slăbiciune. Iar *sistemul* nu permite slăbiciunea.

În comparație cu o închisoare mexicană, iadul este probabil un loc minunat...

ÎNCĂ O DATĂ: ACTORII SISTEMULUI

Cred că exemplul anterior este mai mult decât elocvent, pentru a demonstra cât de puternice pot fi sistemele și ce forțe domnesc în ele. Nu exagerez nicidecum: situațiile descrise anterior sunt o realitate nemiloasă, care se regăsește tot mai des în penitenciarele din Statele Unite.

Indiferent de sistem, actorii acestuia se simt protejați de sistemul în care se află. Sunt protejați de orice ar putea amenința funcționarea sau chiar existența sistemului.

Unul dintre cele mai elementare roluri este tocmai cel de protejare a sistemului însuși. Astfel, anumite figuri ale sistemului sunt într-o oarecare măsură însărcinate sau își asumă ele însele rolul de reprezentanți sau de simboluri ale sistemului.

Familia, care de obicei este primul nostru mediu sistemic și care astfel ne definește în mod semnificativ comportamentul în cadrul sistemelor și abordarea altor sisteme, ne oferă un bun exemplu în acest sens. Deseori putem observa cum membrii unei familii, care se ceartă în permanență și sunt de păreri diferite în majoritatea discuțiilor, dau brusc dovadă de cea mai puternică solidaritate și coeziune atunci când însăși instituția lor este relativizată sau atunci când unul dintre membrii familiei este atacat. Orice atac din exterior este blocat.

În cadrul unor interviuri organizate, un grup de copii au fost puși să-și critice frații și surorile și s-a putut observa faptul că uneori răspunsurile erau încărcate de furie atunci când copii explicau tot ce-i deranjează sau la frații și surorile lor. Uneori nu exista absolut nimic pozitiv.

Însă în momentul în care, în prezența respectivilor copii intervievați, frații erau confruntați în public cu reproșurile tocmai exprimate, copiii care inițial se arătaseră atât de vehemenți adoptau imediat o poziție defensivă.

Acum, brusc, același copil își apăra tocmai frații pe care îi criticase atât de înverșunat puțin mai devreme. Această atitudine defensivă devenea extrem de pregnantă, atunci când însăși familia era criticată sau pusă sub semnul întrebării.

ATÂT DE IMPORTANT ESTE FOSTUL/FOSTA?

Subiectul fostul/fosta se potrivește de minune în acest context. Cunoașteți probabil situația din propria experiență. La un moment dat, de obicei la început, atunci când se conturează o nouă relație și dorim să aflăm mai multe despre celălalt, ajungem la subiectul „fosta/fostul". La început auzim numai lucruri negative, cât de plictisitor/plictisitoare a fost, că nu s-a îngrijit de partener, că era atât de stângaci/stângace și lipsit(ă) de fantezie în pat, că avea numai serviciul în cap sau că era o mincinoasă / un mincinos... În cazuri extreme, el/ea chiar și-a înșelat partenerul, nesimțitul... Ascultați cu atenție, clătinați neînțelegători din cap și resimțiți un fel de satisfacție, pentru că, în definitiv, dvs. sunteți cu totul altfel. Dumneavoastră sunteți Asul de treflă! Și bine-înțeles că persoana despre care vă povestește partenerul / partenera de viață, a fost pur și simplu partenerul greșit. Cât timp ascultați, totul e bine. Partenerul / partenera dvs. plutește în amintiri (negative) și confirmă astfel în mod indirect, ce om minunat sunteți. Pentru că: alături de dvs. va fi totul altfel. Povestitorul simte că acesta este momentul ideal de a transmite noului partener în mod direct sau indirect, cât de limpede și indubitabil se poate, ce *nu* îi place, ce *nu* acceptă sau ce *nu* tolerează. „Imaginează-ți, în fiecare duminică o vizita pe mă-sa, doar pentru a mânca tâmpenia aia de prăjitură cu brânză..., în fiecare duminică, ce tâmpit...!" Până aici, e bine. Ascultați toate acestea și învățați tot mai multe despre noul dumneavoastră partener. Însă, vai și-amar să confirmați spusele sale cu privire la comportamentul fostului/fostei! Pentru că dacă ați îndrăzni să formulați chiar dumneavoastră o critică la adresa fostului/fostei, comportamentul, respectiv abordarea partenerului dvs. se va schimba fulgerător. De-odată va comuta: „Mă rog, n-a fost totul chiar așa de rău. Au existat și momente frumoase, în definitiv am fost câțiva ani împreună cu acest om. De ex. el/ea m-a respectat întotdeauna...!" Și dacă veți răspunde, „...Hmm, mai devreme te-ai exprimat puțin diferit..." – ei bine, cel târziu acum, situația s-ar putea escalada necontrolat, ajungând până la reproșul, „că nu ați avea nici măcar dreptul de a judeca viața sau trecutul noului dvs. partener (ceea ce faceți de fapt, atunci când îl/o criticați pe fostul/fosta). Nici măcar nu l-ați cunoscut..."

Ați recunoscut situația? Ma gândeam eu! Subiectul „fostul/fosta" este întotdeauna puțin mai delicat. Fostul partener prezentat ca mega-idiot cu doar câteva minute mai devreme, este de-odată stilizat ca erou și apărat până în pânzele albe. Cine să înțeleagă așa ceva? Pentru persoane înclinate spre gelozie, subiectul fostul/fosta, respectiv apărarea fostei relații poate deveni o problemă reală, dureroasă, cu toate că în majoritatea cazurilor, fostul/fosta reprezintă cu siguranță cel mai nesemnificativ dintre toți rivalii. Și totuși, brusc se nasc îndoieli. Deci, ce facem?

Ei bine, o explicație posibilă este faptul că respectivul partener nu își apără personal fostul/fosta sau comportamentul acestuia/acesteia, ci sistemul de relații în care a trăit, adică implicit pe sine însuși. Oare cui îi placă să recunoască că a pierdut timp prețios cu un idiot / o idioată. Însă *dreptul de a judeca propriul trecut și eventualele greșeli comise îi revine în exclusivitate celui în cauză.* Acesta este un aspect foarte important, dacă dorim să înțelegem sau să chiar să influențăm sistemele interumane. Așadar fiți avertizați în ceea ce privește criticarea fostului/fostei. Bineînțeles că vă mirați sau vă supărați pentru că partenerul își apără fostul/fosta, chiar îl/o acuzați că ar mai exista sentimente în această direcție și, brusc, totul devine confuz... Când de fapt, în acest moment, partenerul dvs. se apără doar pe sine însuși.

Acest frumos exemplu al comunicării în chestiuni de relații personale anterioare, ne dovedește faptul că aceste *foste* sisteme (în cazul nostru relațiile) sunt apărate în momentul în care se percepe o amenințare.

FORME ABSURDE ALE UNUI SISTEM

Nevoia de a apăra sau măcar de a proteja acele sisteme, pe care le-am „părăsit" deja de mult, se poate accentua până la extrem și, în mod evident, la absurd, după cum dovedesc multiplele exemple ale femeilor abuzate de partenerii lor de viață. Din punct de vedere obiectiv nu se poate explica și nici înțelege, cum o femeie care a fost bătută și chinuită, uneori timp de mai mulți ani, poate să revină de bună voie și aparent nesilită de nimeni, în deplinătatea forțelor și facultăților ei mintale, la torționarul ei. Oricât de mult am analiza problema, oricât de mult am discuta-o cu toți cunoscuții și prietenii, nu vom reuși să identificăm o explicație plauzibilă. Tentative de explicații care vociferează o dependență materială sau de altă natură, cum ar fi copii „care, în definitiv, au nevoie de un tată", presiunea religioasă sau etică a familiei, frica de represalii corporale, posibilul șomaj, frica de un viitor necunoscut, frica de singurătate sau pur și simplu nesiguranța de a duce o viață fără respectivul partener (abuziv), par hilare și prea neînsemnate în fața durerii și fricii căreia îi este expusă în mod constant o femeie abuzată. Pe de altă parte, lumea civilizată dispune de atâtea mijloace de asistență statală sau caritativă, care oferă protecție și sprijin femeilor aflate într-o astfel de situație. Nu de puține ori, în asemenea familii cresc copii. Te întrebi dacă o astfel de femeie, chiar dacă nu reușește să găsească puterea de a-și părăsi torționarul în propriu ei interes și din proprie voință, oare de ce nu o face din responsabilitate față de copii, care de multe ori devin și ei victime ale acelorași violențe. O astfel de analiză tinde deseori să catalogheze astfel de femei ca fiind pur și simplu bolnăvicios de masochiste și nebune, deoarece nicio altă explicație nu pare a fi plauzibilă.

În cadrul unui contract de consiliere am avut de câteva ori posibilitatea să vorbesc cu femei abuzate și cu consilierii lor. Ceea ce relatează aceste femei despre experiențele și fricile prin care au trecut, este mai mult decât groaznic și parțial chiar incredibil. Însă cele care se întorc mereu la partenerul lor violent și degenerat, își *apără* comportamentul și partenerul mereu în același fel:

„Am sperat mereu că se va schimba ceva.
Am sperat că a învățat din greșelile sale.
Nu am pe altcineva, în care să am încredere.
De fiecare dată mi-a promis că și-a înțeles greșelile și că se va schimba.
Mi-a jurat mereu că mă iubește (pe mine și pe copii) mai mult decât orice.
De fapt, nu este un om rău..."

Nu are rost să căutăm explicații la astfel de femei și la motivațiile lor aparent șubrede – nu vom găsi niciodată nicio explicație. Doar în Spania, în anul 2009, au fost maltratate circa 18.000 de femei de către membri ai familiei, 55 de femei fiind astfel ucise (26)... Iar acestea sunt doar cazurile cunoscute, soluționate sau semnalate! Cifra reală este probabil mult mai mare. Chiar dorim să catalogăm toate aceste femei ca fiind pur și simplu nebune sau bolnave psihic?

Explicația se află mai curând în puterea și stabilitatea unui sistem. Formele de manifestare pot fi chiar și perverse, absurde sau inexplicabile, după cum ne arată exemplul femeilor maltratate.
Psihologii explică fenomenul „ștergerii sau relativizării din conștient" a experiențelor negative din trecut prin „mecanisme de refulare" psihologice. Nu cred în această teorie. E adevărat că de obicei ne aducem aminte mai degrabă de experiențele frumoase, pozitive, însă nu cred în acest sistem de refulare, deoarece consider că omul este o ființă conștientă, ba chiar mai mult, care învață din greșeli și mai ales din evenimente tragice, ceea ce în mod evident contrazice această teorie a refulării. Aici mi-aș permite să mă aventurez în a afirma că într-o asemenea situație, în care ne amintim mai degrabă detaliile plăcute decât cele neplăcute, nu acționează mecanisme de refulare, care oricum nu pot fi probate, ci dimpotrivă, tocmai acea forță a sistemului, care împinge chiar și o femeie maltratată, să-și apere mereu și mereu torționarul.
Situația este probabil similară cu cea a fenomenului așa-numitului Sindrom Stockholm. „Sindromul Stockholm" s-a născut în contextul unei răpiri care a avut loc în Suedia în 1973. Atunci a fost atacată banca suedeză „Kreditbanken". Patru angajați au fost luați ostatici. Au urmat mai mult de cinci zile, în care mass-media a prezentat pentru prima dată într-un mod foarte expresiv sentimentul de frică prin care trec ostaticii într-o asemenea situație. S-a dovedit

atunci că ostaticii dezvoltă o frică mai puternică față de poliție decât față de răpitori.
În ciuda sentimentelor de frică pe care le-au trăit, după eliberare ostaticii nu au resimțit ură față de răpitori. Ba chiar le-au fost recunoscători pentru că aceștia i-au eliberat. Mai mult, ostaticii au cerut milă și clemență pentru răpitori și chiar i-au vizitat în închisoare, de parcă ar fi fost prieteni.

În situația excepțională a unei răpiri am putea discuta despre un fel de distorsionare a percepției realității, care duce la apariția acestui Sindrom Stockholm. Percepția subiectivă a victimei poate recepta doar o parte a întregii situații, respectiv acea parte pe care o trăiește direct. Victimele percep șovăiala echipelor de intervenție de la fața locului și, pe măsură ce trece timpul, se simt din ce în ce mai părăsite. Pe de altă parte, întreaga agitație a răpitorilor este percepută supradimensionat. Chiar și cele mai mici concesii, cum ar fi o cană cu apă sau o farfurie cu mâncare, permisiunea de a folosi toaleta sau de a telefona acasă, slăbirea cătușelor, sunt percepute ca o mare ușurare și ca semne de solidaritate. Victima trece prin numeroase situații în care experimentează lucruri exclusiv bune și umane din partea răpitorilor. Situația, mai curând sistemul, de a fi răpit este acceptată la un moment dat și se ajunge la acea urmare inexplicabilă pentru cei din exterior: victimele dau dovadă de mai multă simpatie față de răpitorii, decât față de echipele de intervenție salvatoare.
Bineînțeles că agresorii se comportă deseori binevoitor cu victimele lor, văzând în acestea o valoare pecuniară sau o posibilitate de a evita o escaladare a situației. Iar acest lucru poate da naște unei legături emoționale și chiar unor sentimente de mulțumire a victimelor față de atacatori.
A fi luat ostatic echivalează cu pierderea absolută a controlului individual. Victimele se află complet la mila agresorilor. Nimeni nu poate lupta cu ușurință împotriva acestei privări de control. Însă atunci când victima acceptă faptul că este parte a acestui sistem, totul devine mult mai suportabil, mai ales dacă victima se autoconvinge că într-o anumită măsură se află din proprie voință în această situație.
Nu cunoaștem motivele sau motivațiile care, într-o situație concretă, stau la baza acestui fenomen al solidarizării cu agresorii brutali ai femeilor sau cu răpitorii.
În orice caz, suntem înțelegători cu un astfel de acest comportament ilogic, deoarece este vorba despre situații existențiale excepționale în care nimeni nu poate afirma cu siguranță cum s-ar fi comportat dacă ar fi fost el însuși pus într-o asemenea situație. Ceea ce este mult mai greu de înțeles și de explicat este glorificarea retrospectivă a situațiilor negative. Această putere, stimate cititorule, nu o are niciun om, niciun tiran, niciun orator, niciun dictator și niciun politician. Această putere o au doar sistemele și complexa lor interacțiune.

Permiteți-mi să mai evidențiez încă odată următorul aspect: chiar dacă un membru al sistemului este criticat și răstignit pe cruce din cele mai diverse motive, această critică va fi imediat retrasă și relativizată, ba chiar transformată într-o apărare, în momentul în care întregul *sistem* este pus din exterior sub semnul întrebării.

Această atitudine poate fi analizată mult mai detaliat, dacă punem sub lupă instituția mafiei. Haideți să mai întreprindem încă o scurtă excursie în „Lumea de Jos".

Mafia – sau privind sistemele din exterior şi din interior

Pentru început, câteva cuvinte despre termenul „mafie", care continuă să fie utilizat de cele mai multe ori într-un mod ambiguu. Mafia, această asociaţie învăluită în mister, există de la începutul secolului al nouăsprezecelea. Ea a fost adusă la viaţă pe minunata insulă Sicilia. Din punct de vedere istoric, am putea-o descrie ca un fel de antipod negativ al puterii de stat. Într-o oarecare măsură, ambele sunt feţe ale aceleiaşi monede.

Semnificaţia şi provenienţa concretă a termenului „mafia" rămâne până astăzi neelucidată. Există multe speculaţii şi interpretări, cel mai veridic fiind termenul italian *mafia*, care se apropie de semnificaţia *îndrăzneală*, dar şi *lăudăroşenie*. În arabă, *mahyah* înseamnă de asemenea *lăudăroşenie*. Însă nimic nu e sigur. La fel de misterioasă ca societatea în sine, este şi numele ei.

Mafia este structurată într-o ierarhie strictă. Membrii ei dobândesc putere şi influenţă prin şantaj şi violenţă, mergând până la implicarea în structurile politice ale ţării. De-a lungul timpului, mafia s-a extins peste graniţele Italiei, ajungând astăzi să activeze pe plan mondial.

Doar ca observaţie secundară, nu prea putem vorbi despre „o singură" mafie. Pe lângă mafia siciliană există mai multe aşa-zise „familii" – un termen revelator, întrucât trimite la ideea de *sisteme*. Cea mai cunoscută este *Camorra* napolitană, *'Ndrangheta* calabreză şi *Sacra Corona Unita* din Apulia. Pe de altă parte, în decursul timpului au luat naştere şi alte grupări în afara Italiei. Printre acestea se numără *Cosa Nostra* din America, mafia rusească, *Yakuza* (mafia japoneză) şi *Triadele* (mafia chineză).

Convieţuirea în cadrul unei organizaţii mafiote este extrem de complexă şi aproape imposibil de înţeles, în orice caz complet străină unui observator neiniţiat. Pe de o parte, diferitele organizaţii mafiote se războiesc fără milă între ele, cel puţin din când în când, iar pe de altă parte colaborează pentru a combate un pericol comun. Şefii respectivelor familii se întâlnesc în mod regulat pentru discuţii. Principalul obiectiv al mafiei este bineînţeles de a „câştiga" cât mai mulţi bani. Se vorbeşte însă întotdeauna numai despre onoare.

În 1962 a avut loc primul mare război al mafiei, care s-a desfăşurat în mare parte în Palermo. Se pare că eşuarea unei afaceri cu droguri a reprezentat declanşatorul acestui război. O altă teorie spune că mafia siciliană a vrut să-și dovedească independența față de mafia americană și să arate că nu are nevoie de ajutorul acesteia. Motivul real al războiului este considerat de mulți a fi mult mai complex, însă și sensul acesta există numai presupuneri. Războiul a durat până în 1963 și s-a finalizat în anul 1969 cu o serie de procese, în urma cărora majoritatea acuzaților au fost însă achitați.

În 1981 a izbucnit în Sicilia al doilea mare război al mafiei. În Italia este cunoscut și astăzi sub denumirea de „Recoltele sângeroase". Peste o mie de oameni i-au căzut victime. În principiu a fost vorba despre o luptă pentru putere între două fracțiuni, după cum ne asigură experții. Însă chiar și pentru standardele mafiei, războiul a fost unul foarte brutal. Mai multe clanuri, inclusiv asociații acestora, au fost aproape complet șterse de pe fața pământului. Războiul a durat până în anul 1983. (10)

Pentru subiectul discuției noastre este important să observăm că în această situație avem de-a face în mod evident cu diferite sisteme în cadrul unui sistem mai mare. Diferite organizații mafiote se luptau la cuțite – însă „dușmanul" comun era statul, cu legile și autoritățile sale judiciare, și în special poliția.

Însă chiar și în cadrul aceluiași clan mafiot au existat asasinate și omucideri. În vechile familii mafiote din anii treizeci și patruzeci, fenomenul s-a extins atât de mult, încât participanții la o ceartă de familie din cadrul aceleiași „Familii" se împușcau reciproc. Însă chiar și aici a fost întotdeauna vorba despre „onoare". În același timp, instituția propriei Familii era apărată până în pânzele albe împotriva grupărilor rivale.

Putem observa un comportament similar și în pușcăriile mexicane, americane sau germane: prizonierii se ucid fără milă între ei – însă atunci când este vorba de a sprijini *sistemul* și de a acționa de exemplu împotriva unui paznic, unei gărzi, unui supraveghetor sau unei alte autorități, toți își reunesc forțele ca și cum ar fi o singură ființă.

La fel cum ne protejăm sistemul propriului corp prin reflexe și prevenție activă, în același fel ne protejăm și sistemele sociale. Această concluzie – faptul că *ne protejăm propriile sisteme* – este un detaliu de foarte mare însemnătate. Ea duce către o altă concluzie, de-a dreptul frapantă.

LUPTA RIGUROASĂ PENTRU REGULI ȘI PRINCIPII

Am început să înțelegem mult mai bine sistemele, adepții acestora și regulile lor de funcționare. Sistemele pot fi vizualizate și reprezentate foarte simplu pe o foaie de hârtie, așa cum demonstrez uneori în cadrul prezentărilor mele. Permiteți-mi să atrag însă atenția asupra riscului de a percepe sistemele ca fenomene *statice*.

Întotdeauna și peste tot gândim și operăm în sisteme, lupta între diferitele sisteme fiind acerbă și uneori atât de brutală, încât ar trebui să-i transmitem omagiile noastre domnului Darwin, care a definit existența ca o luptă pentru supraviețuire, în care numai cei puternici ajung la linia de sosire.
În fapt, șansele cele mai mari de supraviețuire nu le au cei puternici, ci mai degrabă speciile cele mai inteligente și care se adaptează cel mai bine la sisteme cu care se confruntă – cel puțin acesta este cazul lui *homo sapiens*.

Prin urmare, trăim în sisteme și în subsistemele acestora. Omul se definește prin sisteme fizice și mentale, sisteme psihice și sociale, pe care le protejează, întrucât îi par a fi existențiale. Ele îi susțin, în mod real sau aparent, supraviețuirea – în orice caz, sunt considerate a fi extrem de importante. Dacă privim *existența în sine*, cum ar spune filozofii, vom observa că suntem cu toții prinși într-un număr aproape incomensurabil de sisteme. Cu alte cuvinte: dacă ne uităm în jurul nostru, vom observa cu ușurință nenumărate sisteme, cu o multitudine de subsisteme adiacente.

Să ne gândim la pământ, la continente, la ape, la sistemele biologice, la țări, la culturile etnice, la comunități, la partide politice, la sisteme estetice, la orașe, la organizații infracționale, la bande de familie sau la orice altă formă de asociere, ba chiar și la omul însuși!
Însă cum relaționăm cu toate aceste sisteme? Și, chiar mai important, cum ne ajută cunoștințele noastre în mod concret? Cu alte cuvinte, cum ne putem poziționa *în afara* unui sistem, astfel încât să îl putem aborda „de sus", „plutind deasupra apelor", după cum se exprima atât de plastic Thomas Mann? Cum ajungem să stăpânim sistemul – sau, altfel spus, cum evităm să devenim sclavii acestuia?
Aceste întrebări ne apropie de adevărata cunoaștere.

O JOACĂ PERFIDĂ

Dacă reușim să studiem în mod sistematic ce se întâmplă atunci când se întâlnesc două sisteme, putem învăța enorm de mult.
Să presupunem că vă aflați într-o țară a cărei limbă nu o vorbiți. Vă uitați la doi copii care se joacă. În acest fel, vă aflați într-o poziție privilegiată. Și anume, vă aflați *în afara unui sistem* și îl observați. Cu toate că nu înțelegeți niciun cuvânt și nu cunoașteți regulile, capacitatea dvs. de abstractizare vă permite, după o anumită perioadă și pe baza unei observări atente, să învățați *regulile* jocului. Iar în acest sens nu vă ajută nici jucătorii în sine, nici schemele de joc utilizate. Reușiți să învățați jocul numai după ce ați dedus regulile acestuia prin observarea *comportamentului* jucătorilor. Acesta este principiul gândirii *sistematice* și *pragmatice*.

Secretul este următorul: *observați* un sistem, îi analizați *interacțiunile* și îi înțelegeți astfel, mai devreme sau mai târziu, regulile. Limba – specialiștii în comunicare o denumesc partea *digitală* a comunicării – nici nu joacă vreun rol într-o asemenea situație. Iar starea psihică a jucătorilor, copilăria lor fericită sau nefericită, nu are nicio importanță la înțelegerea regulilor jocului. Dimensiunea, culorile și materialul figurilor sunt la fel de irelevante. *Concluziile* observării comportamentului de joc cu privire la regulile de bază, nu rezidă în întrebarea: *de ce* se întâmplă un anumit lucru, ci numai în faptul că pur și simplu *se întâmplă*! Astfel, privim comportamentul în *totalitatea* sa și tragem concluzii privind *sistemul de ordine* aflat la baza acestuia. Această ordine presupune că toate componentele se află în anumite *raporturi reciproce* între ele. Pentru a înțelege regulile jocului, dvs., în calitate de spectator care nu înțelege limba, trebuie să purcedeți în mod *pragmatic*. Adică veți studia *comportamentul comunicațional* al jucătorilor, și anume acțiunile din cadrul jocului lor, utilizarea *semnelor* stabilite (figurile de joc), precum și *efectele* (*reacțiile*) pe care le au acestea asupra utilizatorilor lor, respectiv asupra jucătorilor.

În comparație cu abordarea *monadică*, în care căutăm *motive, cauze* și *surse*, adică întrebăm „*de ce*", pe noi, în calitate de oameni pragmatici, ne interesează *ce* se întâmplă *aici* și acum. Termenul *monadic* este un termen de specialitate, împrumutat de la filozoful Leipniz – care definea astfel o anumită „unitate" și trimitea către ceva „inseparabil" – și sugerează o *cauzalitate* unică, identificabilă, teorie care însă nu ne interesează pe moment.
Ce înseamnă asta?

Ei bine, în exemplul de mai sus nu ne-ar ajuta prea mult dacă am încerca să înțelegem regulile jocului concentrându-ne în mod individual pe un anumit jucător și studiind comportamentul său în mod izolat. Răspunsul la întrebarea *de ce* se comportă tocmai așa cum se comportă, ar putea fi chiar imposibil de găsit, în special în absența unei observări sincrone a comportamentului partenerului său de joc raportat la acesta. Poate că am reuși să interpretăm din gestica, mimica sau din strigătele și înjurăturile sale nervoase, că îi este frică sau foame, că este curajos sau laș. Însă n-am fi nicicând în stare să învățăm *regulile* jocului și să înțelegem astfel *realitatea acestui sistem*.
Iar acest lucru ne aduce la o concluzie chiar foarte importantă:

*Atunci când încercăm să influențăm oamenii sau să le modificăm comportamentul, trebuie să învățăm să înțelegem **regulile jocului** lor. Trebuie să înțelegem sistemul, care se definește prin anumite **reguli de joc**. Și trebuie să dispunem de abilitatea de a putea observa aceste reguli de joc într-o oarecare măsură din exterior și relativ imparțiali și neimplicați.*

Vom discuta puțin mai târziu despre *modul de utilizare* al acestei concluzii, întrucât ea ne oferă cu adevărat uimitoare posibilități – pe moment, permiteți-mi să ilustrez puțin mai concret subiectul diferitelor reguli de joc.

GAFA UNUI TRAINER CUNOSCUT

Să utilizăm în acest sens un exemplu simplu, dar elocvent:
Anthony Robbins este un trainer american de renume mondial, specializat pe echipe manageriale și vânzători. Este cunoscut pentru seminariile cu peste 3000 de participanți, pe care le organizează în întreaga lume. Arta sa retorică este legendară. Însă chiar și acest om, căruia trebuie să-i acordăm respectul cel mai profund, s-a lovit la un moment dat de acest aspect al diferențelor dintre sisteme, comportamentul său fiind exemplificator în acest sens.
Încă o informație preliminară: în cadrul prezentărilor sale, care implică o doză ridicată de emoționalitate, fiind uneori chiar demagogice, Robbins utilizează un limbaj al trupului foarte extrovertit și antrenant. În cadrul unui seminar din Venezuela a încercat să sublinieze o teză provocatoare, pe care o repeta la nesfârșit, prin lovirea puternică și fermă a palmelor. În majoritatea țărilor industrializate, lovirea palmelor una de cealaltă este un gest de accentuare, de subliniere a unui enunț. Însă în Venezuela această mișcare indică o solicitare provocatoare univocă la relații sexuale. Bineînțeles că gestica utilizată, de o simbolistică similară americănescului *„Fuck you"* (arătarea degetului mijlociu) nu a putut atrage simpatizanți pentru tezele vorbitorului, din contră, a provocat oroare. (11)

Cu alte cuvinte: chiar și un guru de primă clasă pentru manageri de top și un vorbitor extrem de iscusit nu este scutit de posibilitatea de a face greșeli atunci când ignoră sistemele cu care se confruntă. În special limbajul trupului oferă foarte multe exemple de situații în care este atât de ușor să o dai în bară.

SISTEME CARE REZIDĂ ÎN LIMBAJUL TRUPULUI

În lumea noastră, strângerea puternică a mâinii denotă o puternică conștiință de sine. Pe de altă parte, o strângere ușoară a mâinii este considerată a fi un semn de slăbiciune, denotând o capacitate redusă de impunere. Însă în majoritatea țărilor asiatice, o strângere puternică de mână este considerată a fi extrem de nepoliticoasă. Pe de altă parte, în SUA nu prea se utilizează strângerea mâinii, ea fiind totuși tolerată și utilizată numai în cercuri restrânse.
Doar ca observație: în țările islamice ar fi o adevărată gafă să-i întinzi unui cunoscut mâna stângă, atunci când te întâlnești cu el. Mâna stângă este considerată a fi necurată, întrucât se folosește la curățarea anumitor părți intime ale corpului.

În yoga indiană, anumite poziții ale degetelor și ale mâinii au simbolistică cultă, fapt valabil în anumite situații și în mediul creștin. De exemplu în renumita mănăstire Cluny – aflată în Franța, la scurtă distanță de Dijon – a existat la un moment dat un adevărat limbaj al degetelor! Numai cuvântul „pâine" putea fi exprimat în opt feluri diferite prin poziția degetelor, întrucât acolo existau opt tipuri diferite de pâine.

Pe de altă parte, numai despre utilizarea degetului arătător s-ar putea scrie o lucrare de doctorat. Atunci când arătătorul descrie un cerc pe lateralul capului, înseamnă: „Ești nebun!", dacă lovește tâmpla sau fruntea, înseamnă același lucru. Arătătorul așezat pe buzele închise sugerează liniște. Arătătorul care lovește buza de jos, indică faptul că se insistă asupra unui anumit aspect.

Rotirea degetului arătător pe obraz are însă alte semnificații. În Italia înseamnă „bine!", în Spania sugerează însă homosexualitatea.

Poziția în „V" a degetului arătător și a celui mijlociu, înseamnă „victorie". Iar în Australia, dacă dosul mâinii este îndreptat către partenerul de discuție, înseamnă: „Tai-o de-aici, piss off, dispari!"

CUM SE RELEVĂ SISTEMELE

Bineînțeles că am da dovadă de o atitudine foarte limitată, dacă am dori să reducem manifestarea sistemelor la limbajul trupului. Sistemele se impun prin mii de elemente, cum ar fi îmbrăcămintea, tatuajele, coafura, aspectul, preferința pentru anumite vocale, comportamentul, punctele de vedere, ideologiile, viziunile asupra lumii, modul de a vorbi și numeroase alte detalii.

Tot ce este însă important în acest moment este faptul că oamenii își apără de obicei „propriul" sistem până în pânzele albe.

Cât de puternice pot fi sistemele, am demonstrat deja pe baza exemplelor anterioare. Este în natura sistemelor ca membrii acestora să se apere împotriva oricărui atac. Motivul? Fiecare atac are potențialul intrinsec de a dăuna sistemului sau chiar de a distruge complet sistemul, motiv pentru care membrul sistemului – din punctul său de vedere – se simte sustras bazei sale existențiale sau cel puțin unei baze greu înlocuibile.

Formele individuale ale unui sistem, care individualizează fiecare persoană, cum ar fi părerile, dorințele, necesitățile, bazele etice, părerile politice, dar și aspecte banale, cum ar fi simpatia pentru un anumit club de fotbal, iau naștere *în cadrul* fiecărui sistem de ordinare individual și sunt fixate în acesta pe o perioadă mai scurtă sau mai lungă. Este extrem de important să înțelegem că până și arbitrarul, dacă se manifestă în mod intensiv sau atunci când este înzestrat cu o semnificație ridicată, devine o *regulă în sine*.

Însă nu e de ajuns: dacă o regulă se menține pe o perioadă lungă de timp, adică dacă a fost *reconfirmată* în mod repetat, de exemplu prin alți membri ai sistemului, ea se poate ridicat la rangul de *principiu* incontestabil.
Cu alte cuvinte, există reguli de sistem cu valoare mai redusă și reguli de sistem cu valoare mai ridicată.

SCENA GOTICĂ

Pentru a înțelege despre ce vorbim, vă invit să observați măcar o singură dată un simpatizant al mișcării „gotice". Aici este vorba despre o „cultură" care și-a atins apogeul în anii 1980 și 1990, dar care se mai regăsește și astăzi în anumite țări, în special în Europa și în SUA. Fiecare dintre noi o cunoaște: atunci când întâlnim oameni îmbrăcați complet în negru, care idolatrizează moartea și au un aspect foarte ponosit, ieșit din tiparul normal, este foarte probabil să avem de-a face cu un „gotic". *Gotic* înseamnă în acest context *obscur* sau *înfiorător*, nu are nimic de-a face cu poporul goților de acum 2000 de ani sau cu stilul arhitectonic gotic din Evul Mediu.
Un gotic tipic respinge cu vehemență filistinismul, care în accepțiunea sa este orientat mult prea tare către consum și este mult prea conservativ. În același timp, goticul se află într-o cursă disperată de auto-căutare. Nu există o ideologie comună supraordonată, goții regăsindu-se atât în rândul naziștilor și comuniștilor, cât și în rândurile democraților și anarhiștilor. Nu se favorizează nici o anumită religie. Atitudinea de bază este pasivă, deseori resemnată, goticul tipic fiind melancolic și introvertit. În centrul atenției sale, după cum am mai spus, este moartea, slăvită prin îmbrăcămintea neagră, ieșită din comun, buze negre, unghii negre, păr negru – orice ar fi, dar negru să fie.
Se romanțează Evul Mediu, se adoră romanele care-ți dau fiori și se preaslăvesc anumite formații de muzică.
Pentru a fi acceptat în cadrul acestui sistem, este complet neimportant faptul că romanțezi în mod special o anumită epocă istorică – chiar dacă fiecare gotic purcede la asemenea romanțări. Însă această orientare către trecut este de fapt doar pe locul 10. Locul nr. 1 îl ocupă într-adevăr idolatrizarea morții. De aici derivă locul nr. 2: predilecția pentru culoarea neagră.
Acesta este numai *un* exemplu pentru modul în care sisteme diferite dispun de relevanțe complet diferite în ceea ce privește regulile impuse de către sistem. Adică: un sistem se impune câteodată prin caracteristici exterioare și elemente aparent neimportante, care îi sunt însă extrem de importante omului înrădăcinat în respectivul sistem.
Putem observa cu mare ușurință acest lucru, dacă ne gândim la tot ce s-ar putea întâmpla atunci când un sistem este pus la îndoială din exterior.

Atacarea unui sistem

Remarcabil este faptul că atacul asupra întregului sistem este receptat de membrul sistemului ca un afront personal. Astfel, fanul genului Goth s-a chinuit luni de zile să arate cât mai lugubru, outfit-ul său fiind receptat salutar și apreciat de toți membrii grupului. Al treilea inel de aur din nas, reprezentând un cap de mort, a fost sărbătorit ca atingere a unui nou nivel al existenței sale ca membru al mișcării gotice. Mai poartă probabil un pantalon negru din latex, cu trei fermoare, inscripționați cu litere reflectorizante „Memento mori" – „Nu uita că ești muritor". O altă Tipă Tare poartă colanți negri din plasă cu găuri largi și are umerii armați cu țepi, fiind probabil costumată ca vampir, însă poartă totuși un ursuleț de pluș în brațe, căruia însă îi lipsește un ochi, acoperit acum cu un batic de pirat. Ursulețului îi mai lipsesc piciorul drept și brațul stâng. Piciorul a fost înlocuit cu unul de lemn, brațul cu un cârlig de fier. Totodată, Tipa Tare este posesoarea primei pisici gotice din lume, un motan negru ca smoala, căruia îi atârnă un lanț greu în jurul burții. Este vopsit alb în spatele urechilor și poartă la una din lăbuțe un inel de argint pe care este gravată o pentagramă.

Toate acestea și multe altele fac inima unui gotic adevărat să jubileze de fericire. Să urle de fericire. Însă întreaga sa lume se dă peste cap, atunci când cineva din exterior formulează cea mai infimă critică la adresa ei.

Puteți fi sigur că nu veți putea intra nicicând în dialog cu un gotic, dacă, la vederea ursulețului cu picior de lemn, veți trage, dezaprobator, chiar și numai un milimetru colțurile gurii în jos. Dacă mai și zâmbiți superior trăgând colțurile gurii în sus, păcatul vă este și mai mare.

REGULI PROPRII

Respingerea unui sistem rănește membrii acestuia, care – în mod instantaneu – se vor închide în sine.

Gândiți-vă puțin la propriile dumneavoastră reguli sau – într-o exprimare familiară – la propriile dvs. capricii, și la cum vă comportați *dumneavoastră*, atunci când un terț îndrăznește să *critice* aceste reguli sau capricii. Vă simțiți

atacați la nivel *personal*. Iar dacă regulile vă sunt desconsiderate, se naște imediat un anumit potențial agresiv față de atacator, chiar dacă nu sunteți de obicei un om agresiv. În chestiuni banale sunteți capabil să vă controlați și, după un scurt tumult interior, să vă stăpâniți pentru a evita o confruntare. Dar imaginați-vă că unul dintre principiile dvs. cele mai importante este relativizat sau denigrat în mod direct. Cine se mai poate stăpâni? Nimeni nu v-ar reproșa să vă apărați principiul cu toată vehemența de care puteți da dovadă.
Cel puțin în sufletul său, fiecare „scoate armele din teacă", atunci când sistemul său este criticat sau atacat.

Situația devine dificilă de fiecare dată când partenerii de comunicare au concepții divergente asupra *valorii* anumitor reguli. Ceea ce pentru dvs. este o banalitate, un element mai mult decât discutabil, ar putea reprezenta pentru celălalt deja un principiu, un *adevăr* incontestabil.
Gândiți-vă la goticul nostru, ale cărui valori și „adevăruri" sunt complet diferite de ceea ce și-ar putea închipui cetățeanul de rând!
Pentru dvs., lanțul din jurul burții pisicii negre sau ursulețul de pluș maltratat reprezintă cel mult o farsă drăguță, asta dacă sunteți bine-dispuși. Însă pentru gotic, toate acestea reprezintă mult mai mult: întreaga sa concepție estetică este investită în outfit-ul și în accesoriile sale, dând astfel glas, într-o oarecare măsură, filosofiei sale.
Îi este „al dracu' de important"!

Iar acum îi zâmbiți cu superioritate, sau, chiar mai impardonabil, îi criticați ursulețul! După care mai faceți câteva remarci caustice la adresa pisicii! Din punctul dvs. de vedere sunt doar chestiuni complet neesențiale.
După o lungă discuție, dacă se ajunge până acolo, comunicarea se transformă însă într-o adevărată ceartă. Aduceți argumentul că pisicile gotice ar trebui interzise! Interlocutorul dvs. devine tot mai agresiv și mai personal – dvs. nu vă lăsați mai prejos. Niciunul nu mai poate simți niciun fel de înțelegere pentru comportamentul celuilalt, ceea ce poate duce inclusiv la faptul că îl veți considera pe acel gotic *anormal* sau *malițios*. În definitiv, pentru dvs. nu este vorba „decât" despre o idee prostească și despre o pisică vagabondă idioată, care nu vă este nicidecum importantă.
Sigur cunoașteți astfel de situații. Exemplul nostru a fost formulat în mod voit puțin exagerat, pentru a accentua esențialul.
Însă această situație ne conduce către o altă concluzie interesantă.

VALORILE PERSONALE

Pe scurt, putem afirma următoarele:

*De obicei, atunci când încercăm să influențăm oamenii sau să le schimbăm modelul comportamental, intervenim de fiecare dată foarte puternic în sistemul lor și în ordinea acestuia. Nu este important cum numim **noi** lucrurile. Singurul lucru important este părerea pe care o are **partenerul** nostru despre o anumită situație și ce valoare îi atribuie.*

Reciproca este de asemenea valabilă. Importanța pe care o atribuim *noi* unui lucru, nu va avea aceeași valoare în cadrul unui *alt* sistem.
Valorile sunt definite prin sisteme.
Și sunt extrem de diferite.

Chiar și modalitățile de plată, cum ar fi bancnotele, au valoare nu prin substanța lor ca obiect, cum ar fi o culoare foarte frumoasă, o hârtie scumpă, denumirea sau materialul, ci prin valoarea pe care i-o atribuie sistemul economic pe baza regulilor sale de funcționare. În fiecare situație cu care ne confruntăm, are loc un așa-numit *screening* sau o comparație cu propriul nostru adevăr, cu realitatea *noastră*, care, în sistemul nostru de ordine, este definită prin reguli sistemice. Dar ce înseamnă toate astea atunci când dorim să influențăm oamenii?

SISTEME CARE SE AUTOPROTEJEAZĂ

În momentul în care dorim să influențăm sau să convingem o persoană, ne lovim de regulă de un sistem care se autoprotejează. Fiecare părere, fiecare opinie precum și numeroase modele comportamentale depind într-o oarecare măsură de sistemele din jurul respectivei persoane sau chiar sunt definite de către aceasta. Orice încercare directă a unui terț de a schimba sau de a relativiza aceste păreri, opinii sau modele comportamentale, va fi implicit catalogată ca atac. Dacă dorim să influențăm oamenii trebuie să înțelegem acest lucru și să-l acceptăm, altfel nu avem nici cea mai mică șansă de a ajunge măcar „în apropierea" lor.

Nu e nimic greșit în a ne dori să atingem un țel – chiar din contră. Însă pentru a realiza acest lucru, trebuie aproape întotdeauna să-i convingem pe alții și să-i câștigăm de partea noastră sau de partea ideii noastre. Dacă nu reușim, s-ar putea să nu ne atingem niciodată obiectivul propus. Ar trebui totuși să conștientizăm faptul că ideea noastră va fi percepută într-o primă fază ca adevărat atac, iar asta, întrucât vrem ceva de la interlocutorul nostru, fie „doar" timpul pe care i-l răpim pentru a ne asculta ideea. Dacă interlocutorul dvs. va opune rezistență, ceea ce este de așteptat, aduceți vă aminte că are motive întemeiate pentru a gândi și reacționa astfel. E vorba *sistemul* său în care tocmai dorim să pătrundem. Și după cum știm deja, una dintre caracteristicile de bază ale sistemelor este aceea de a bloca alte sisteme. Sistemele „știu" cum să se protejeze față de orice tip de invadator sau de hărțuire.

Sunt sigur că puteți confirma acest lucru din propria dumneavoastră experiență. După cum știm, în special factorul *timp* este un bun foarte valoros. Tocmai v-ați planificat ziua în mod ideal, sarcinile nerezolvate vor fi soluționate, după care ați stabilit o întâlnire la cină cu un prieten. Ziua este organizată foarte exact, doar ideea de a soluționa și de a finaliza în sfârșit un ciclu după celălalt vă trezește satisfacția.

Însă, brusc, sună telefonul. O persoană, pe care poate nici nu o cunoașteți, vrea ceva de la dumneavoastră. Reacționați, supărându-vă în interior. Veți încerca, în special într-o astfel de zi, în care totul era planificat atât de bine, să vă apărați de elemente perturbatoare. Cineva încearcă să pătrundă în *sistemul* dumneavoastră și nu se interesează nici cât negru sub unghie de valorile pe care tocmai le-ați definit în cadrul sistemului dumneavoastră.

În același fel puteți analiza numeroase exemple și situații, în care pur și simplu ați intrat în defensivă. Problema sunt prioritățile! Fiecare persoană organizată își definește altfel prioritățile, iar asta poate chiar zilnic. Ceea ce înseamnă că fiecare încercare de influențare sau de convingere reprezintă în aceeași măsură o dărâmare a *priorităților* celuilalt (sau a valorilor și a chestiunilor sale esențiale), adică un atac extrem de puternic!

Așadar, întrebarea esențială este: Cum putem obține un loc important în lista de priorități a celeilalte persoane?
Cum putem influența, chiar și numai pentru un moment, valorile și chestiunile esențiale ale altei persoane, astfel încât să ne apropiem cu încă un pas de *obiectivul* nostru, și anume de a obține ceea ce ne propunem?

Lupta pentru propria realitate

Albert Einstein spunea bunăoară: *„E mai greu să distrugi o părere preconcepută, decât să distrugi un atom."*

Cât de adevărată e această afirmație!

În cadrul marii comunități sociale, *sistemele* reprezintă singura posibilitate de a verifica realitățile și adevărurile subiective. Sistemele ne reconfirmă: rolurile pe care le adoptăm și le reprezentăm într-un anumit sistem ne conferă nouă înșine un sens. Din acest motiv, sistemele sunt o componentă existențială a ființei noastre. Și tocmai de aceea, actorii din cadrul unui anumit sistem tind în permanență să-și protejeze sistemul și, atunci când este necesar, să-l apere cu toate mijloacele posibile. Aceste mijloace sunt definite de obicei tot prin sistemul însuși sau prin alți membri. Și tocmai aici am ajuns la unul dintre cele mai importante elemente, fără de care înțelegerea expunerilor de mai jos ar fi imposibilă.
Regulile sunt întotdeauna definite de către *însăși* membri respectivelor sisteme. Înțelegând regulile ca un *„adevăr"* sau o *„realitate"* intrinsecă, înseamnă că tocmai această realitate este construită sau creată de fiecare dată de către fiecare individ în parte. Continuând firul logic, putem concluziona că fiecare își compune, își *construiește* propria sa realitate individuală.
Recunosc, această realitate se ghidează după sistemul în care se dezvoltă, însă ea devine cu adevărat realitate numai după ce este adoptată de către *însuși* membrul respectivului sistem.
Dar ce se întâmplă atunci când necesitățile noastre elementare sau spontane contravin la un moment dat regulilor sistemului? Sau atunci când regulile sistemului se schimbă cvasi peste noapte?

NEBUNIA CRIMINALĂ

Un exemplu exploziv: *nebunia criminală* din spațiul sud-asiatic, preponderent islamic. După cum bine știm, nebunia criminală este fenomenul în care o anumită persoană iese „spontan" pe stradă și începe să-i omoare la întâmplare pe cei care-i ies în cale.
În regiunile tocmai amintite, legile prevedeau bunăoară că o persoană căzută pradă nebuniei criminale nu ar trebui arestată, ci ucisă pe loc, pentru a evita un masacru mai mare. Se credea că este posedată de diavol. Iar nebunia criminală era la ordinea zilei.
Însă olandezii care au colonizat această regiune au dorit să aloce acestui comportament o altă semnificație. Ideea necuratului a fost înlocuită cu cea a unui deranjament psihic puternic al persoanelor în cauză. Prin urmare, acestea nu mai erau executate, ci erau internate în instituții psihiatrice. Modificarea acestei reguli a dus la scăderea bruscă a incidentelor cu astfel de persoane care își ieșeau din minți.
Într-un prim moment, diminuarea numărului de atentatori, în ciuda faptului că noua „pedeapsă" era semnificativ mai ușoară, ar putea părea uimitoare.
Explicația rezidă însă în faptul că în Islam sinuciderea este una dintre cele mai mari păcate, care revocă celui în cauză orice drept de intrare în paradis – „țelul suprem" al fiecărui musulman. Se pare că numeroși nebuni criminali alegeau bunăoară această cale bizară de a muri, pentru a nu comite ei înșiși o asemenea faptă, întrucât posibilitatea sinuciderii – cel mai mare dintre păcate – li se eluda datorită religiei.
La modificarea regulilor sistemului, acești indivizi au trebuit să-și reconsidere pozițiile și să se consoleze cu această nouă realitate care fusese definită.

Pe baza acestui exemplu putem observa cum o simplă *modificare a valențelor* din cadrul unui sistem poate duce la modificarea comportamentului. Relativitatea atotcuprinzătoare nu persistă numai în universul einsteinian, ci și în multe alte sisteme.
Dar ce se întâmplă atunci când dorim să modificăm un comportament, fără să fi înțeles însă cu adevărat *sistemul* cu care ne confruntăm?

CUNOAȘTEREA SISTEMELOR

Dacă dorim să argumentăm convingător în cadrul unui sistem sau dacă dorim să menținem funcționalitatea unui sistem, trebuie bineînțeles să cunoaștem sistemul în sine, precum și mecanismele acestuia.
Un fapt căruia nu i se acordă prea mare importanță, atunci când se discută despre analizarea și evaluarea comportamentului uman – în special atunci când vine vorba despre analizele psihologice efectuate în cadrul formărilor manageriale, a training-urilor echipelor de conducere sau în publicitate, îl vom căuta în van.

Spre exemplu, numeroase strategii de publicitate continuă să pornească de la ideea că mesajul lor publicitar îi va convinge pe adresați doar prin repetarea sa aproape interminabilă. Urmarea sunt clipurile publicitare care se repetă în permanență și care distrug chiar și celui mai răbdător telespectator seara cinematografică.
O gândire foarte naivă!

Aici discutăm însă despre principiul de bază al publicității „psihologice", cunoscute și sub termenul științific de „psihologia publicității" – ceea ce dovedește încă o dată cât de departe se află psihologia de astăzi de principii reale și funcționale. În cartea mea „Kommunikationsmarketing" (Marketingul comunicării) (11) am descris acest tip de abordare prin termenul de „incapacitare a clientului".
Aș putea reformula, afirmând următoarele: Atunci când prezentarea unei realități a sistemului nu corespunde realității subiective a sistemului, nu există nicio altă urmare decât eșecul.
Quod erat demonstrandum, ceea ce era de demonstrat.

PUBLICITATEA – BANI ARUNCAȚI ÎN FOC

Publicitatea oferă nenumărate exemple pentru modul în care se utilizează cele mai bizare mijloace în încercarea de a ignora sistemele de ordine existente. Deseori sunt prezentate scene cărora le lipsește pur și simplu orice fel de „realitate".
Cunoașteți clipul publicitar realizat de „Fairy Ultra", care prezintă petrecerea onomastică a unui copil? Acest clip prezintă un munte de farfurii foarte murdare, care mai apoi sunt curățate perfect cu ajutorul detergentului de vase.
Însă chiar de la începutul clipului ne întrebăm deja, cum se poate ca o întreagă hoardă de copii să stea cuminte la masă, de-a lungul mai multor zile. Pentru că furculița reprezentată este atât de tare lipită de farfurie, încât trăgând de furculiță se ridică întreaga farfurie. Oare copii au mâncat de fapt lipici?
Mama sfătoasă, în persoana gospodinei prezentate, care bineînțeles că ține în permanență în mână o cutie cu detergent de vase în cauză, tocmai golește *paharele de vin (!)* nu mai puțin murdare din mașina de spălat vase. Oare alcoolul a fost cel care i-a liniștit pe copii, timp de zile întregi, înainte de a-și murdări farfuriile sau de a mânca lipiciul?
Și mai departe: în anumite clipuri pentru detergenți, hainele sunt atât de murdare, încât probabil că nici măcar acidul clorhidric n-ar mai putea să scoată jegul. Însă strategiile de publicitate ale producătorilor de detergent pornesc pesemne de la gospodine care cred tâmpeniile astea.

Lipsa realității în publicitate este uimitoare. Ceea ce înseamnă că nici măcar *sistemul* nu este cel corect.
Însă publicitatea nu încearcă să vândă numai gospodinelor un X drept un U. Să ne uităm la următorul exemplu:

Chiar și sportul este luat în vizor. Înaintea tuturor, industria băuturilor răcoritoare construiește strategii de publicitate care doresc să explice consumatorului că trebuie să bea numai limonadă „Sunt puternic", pentru ca succesul său sportiv să devină o joacă de copii. Gândind la rece, ne punem întrebarea dacă aceste băuturi conțin oarece suplimente euforizante, însă asta nici nu este important. Ceea ce este important, este că i se prezintă consumatorului ceva ce poate fi *demascat* imediat: evident, este vorba doar de un sistem fals.
Dacă ne-am încrede în ceea ce spun asemenea reclame, ar trebui să bem un anumit tip de lapte înainte de a auzi fluierul de început al unui meci – și deja vom părăsi terenul de joc, ca-n poveste, aclamați ca regi imbatabili ai porții.

Publicitatea nu uită nici de semenii noștri mai introvertiți, cărora le vinde tot felul de produse pentru diminuarea timidității. Doar o gură dintr-o anumită băutură ar face ca problemele lor să dispară în mod miraculos. Această băutură este destinată fie respectivei persoane timide, care va căpăta dintr-o dată șarmul lui James Bond în lumea femeilor, fie partenerei pe care și-o dorește. Aceasta, la rândul ei, va fi atât de entuziasmată, încât, probabil din recunoștință pentru acest deliciu, va uita de toate neajunsurile și se va arunca în brațele lui. Un Happy End căruia nu-i mai stă nimic în cale...
O altă metodă de a impresiona femeile și chiar de a le face să alerge țipând după dvs. și să-și rupă hainele de pe trup, este utilizarea anumitor deodorante. În funcție de spotul publicitar, efectul este mai mult sau mai puțin dramatic. În orice caz, puteți avea certitudinea că, datorită parfumului, toate femeile se vor uita după dumneavoastră, cel puțin de parcă ar fi hipnotizate.

În timp ce exemplele de mai sus sunt mai degrabă de natură inofensivă, publicitatea se ocupă și cu subiecte precum servicii financiare, care ar putea avea efecte profunde asupra condițiilor de trai efective. Haideți să luăm sub lupă un așa-numit „Easy Credit" al unei anumite bănci: „Visați să transformați clipele obișnuite în momente extraordinare? Atunci ați ajuns la locul potrivit. Aceasta este lumea ,Easy Credit'." Consumatorul este astfel animat să încheie un contract pentru un credit mic – la alegere, pentru o baie cu șampanie, un elicopter care să-l ducă la serviciu, un coupé sport inclusiv blondele rasate și sumar îmbrăcate, sau pentru orice alte asemenea aspecte importante în viață. Cu siguranță sunteți de acord că respectivul consumator va avea de luptat cu plata creditului într-un mod mult mai îndelungat și mai istovitor decât cu îngurgitarea unei sticle de limonadă sau cu golirea unei doze de deodorant.

După cum observăm, nici aici nu se operează în limitele unui scenariu realist. Spotul publicitar nu mai are absolut nicio legătură cu sistemul și cu realitatea consumatorului.

Ultimul mare faliment al băncilor, care a volatilizat destule economii ale bunicii Ping Shu și ale bunicului Ionel, între Bangkok și Poplaca, ne-a arătat încă odată ce ar trebui să credem despre anumite strategii ale consultanților financiari. Însă în ciuda acestui lucru, televiziunile mai prezintă încă următorul spot publicitar al unei mari bănci germane: În ciuda oricărei dorințe de tinerețe, un domn aflat nu tocmai în anii tinereții, cu tâmplele argintii, se apropie de spectatori. Tâmplele argintii ar trebui să semnalizeze chiar și celor mai proști: consultantul cu care avem de-a face nu este unul dintre șmecheroșii cu mustață abia mijită, proaspeți absolvenți ai facultății și fără experiență practică, ci lucrează de ceva timp în branșă și-i cunoaște toate trucurile. Revenim la spot: O pereche apelează la serviciile unui consultant – bărbatul este portretizat aidoma unui ursuleț de pluș căzut de pe lună și lipsit complet de simțul realității, în timp ce soția sa emancipată îl urmărește cu atenție pe consultant. La finalul discuției, bărbatul este bineînțeles fericit că s-a încheiat în sfârșit plictisitoarea planificare financiară și-și exprimă diversele angoase deja de pe hol: „Ce-a mai tot întrebat domnul de la «banca consultanților» – ce gânduri își tot face!"

„Mda,", îi răspunde soțioara ușor arogantă și își dă ochii peste cap, „tocmai despre tot la ce nu te gândești *tu*!"

„Iubito", îi răspunde el, „așa ceva nu este însă normal pentru o bancă."

Bineînțeles că ceea ce afirmă aici bărbatul vizibil nedumerit trebuie înțeles în sens pozitiv.

Nici în această situație nu mai înțelegem cum s-ar putea identifica un astfel de clip publicitar cu sistemul clientului. Sau oare clipul trebuie doar să prezinte, în sensul emancipării femeii, faptul că în definitiv femeile știu mai multe despre chestiunile bănești decât bărbații? Nu știm și probabil că nu vom afla niciodată.

Un alt exemplu a fost spotul TV al unui alt grup bancar, pe care l-am putut viziona acum câțiva ani. Clipul începe cu un grup de adolescenți în jeanși moderni, care admiră un scuter nou. Se apropie un alt băiat, care se distinge deja optic de respectivul grup, și anume prin pantalonii săi de stofă și prin tricoul fără mâneci. Proprietarul scuterului îl întreabă ce a primit cadou. Acesta răspunde că este proprietarul unui contract de economisire pentru locuință. Grupul izbucnește într-un râs ironic, iar proprietarul scuterului spune: „Ce nășpa!"

Schimbare de scenă: Fostul proprietar de scuter, care între timp a mai câștigat ceva în greutate, își lustruiește mașina sport. Din nou se apropie oponentul său, îmbrăcat corect în costum cu cravată. Se uită la el și-i spune sceptic: „Thomas?" Apoi îl întreabă dacă mai locuiește încă acolo unde locuia pe vremuri. Bărbatul se ridică și răspunde: „Da, sus la mami!"

Posesorul contractului de economisire pentru locuință își reprimă un rânjet și răspunde: „Ce nașpa!" Apoi se îndreaptă către propria sa casă, aflată la doar câțiva metri de Thomas. Ultimul cadru prezintă o soție foarte atractivă.

Vom analiza acum cât adevăr se ascunde în acest spot publicitar reprezentativ pentru toate branșele. Prima observație care ne sare în ochi este: de ce nu s-au mai întâlnit cei doi în toți acești ani, cu toate că locuiesc unul lângă celălalt? Există două explicații posibile: fie proprietarul de casă este deranjat psihic, sau suferă de complexe de inferioritate. Am putea bănui că își studiază rivalul, pe Thomas, și comportamentul acestuia, din spatele perdelei trase, pentru că este foarte improbabil să nu te întâlnești timp de 20 de ani, cu toate că cele două imobile se află la distanță cvasi milimetrică între ele. Ipoteza complexului de inferioritate este sprijinită și de perioada de 20 ani, la care visează dl. Proprietar-de-contract-de-economisire-pentru-locuință, pentru a se răzbuna pe rivalul său, Thomas.

Spotul încearcă probabil să convingă privitorul că trebuie să investești timpuriu în propriul viitor – și anume, prin încheierea unui contract de economisire pentru locuință. Aici, viitorul este echivalat contractului de economisire pentru locuință al unei anumite bănci. Adică, prin contractul de economisire pentru locuință nu ești „nașpa", cel puțin nu ești atât de nașpa ca atunci când locuiești sus la mami. Nu în ultimul rând, spotul publicitar vrea să transmită că acest bărbat este mult mai fericit decât prietenul său din copilărie, căruia i s-a dăruit un scuter. Prin urmare, banca pentru locuințe vrea să ne spună că locuitorul hotelului „Mama" este un ratat, în timp ce proprietarul de casă trebuie privit ca un câștigător. Oare proprietarul casei este într-adevăr mai fericit decât Thomas Cel cu Scuter?

Thomas a avut deja ca adolescent un scuter, motiv pentru care, chiar dacă numai pentru a impresiona fetele, a avut un avantaj clar. Proprietarul de casă și-a băgat toți banii într-un cont și nu a putut invita nicio fată în oraș. Tipul cu contract de economisire a creat deja în adolescență impresia unui mic-burghez ordonat, în timp ce ochelarii de soare a lui Thomas Cel cu Scuter aveau pur și simplu stil, permițându-i să plece la plimbare cu oricare dintre fetele din cartier, chiar și fără a depune mari eforturi de convingere. Încă un detaliu din fundal este demn de menționat. În fața casei, despre care aflăm în cele din urmă că este casa Mamei, este parcat un Ford extra-lat din anii '70, o mașină chiar foarte tare. De aici putem deduce că presupusul proprietar de scuter are părinți foarte „mișto" și că a avut cu siguranță o copilărie și o adolescență fericită, care i-au permis să aibă anumite libertăți. Apariția filistină a dl. Contract-de-economisire-pentru-locuință este probabil rezultatul unei situații familiale coercitive și plictisitoare.

Însă chiar și după saltul în timp, Thomas Cel cu Scuter, cu toate că este reprezentat ca un fel de old-timer Manta-Proll, continuă de fapt să fie regele și adevăratul învingător: pentru că el conduce un Ford „Probe", probabil în versiunea V6-2,5l-24V, tunat la 225 CP și cu intercooler, cu gardă la sol mai redusă, anvelope late și țevi de eșapament supradimensionate, realizate din cel mai bun oțel inoxidabil, în timp ce tipul în costum apare ca pieton pe întreaga durată a spotului. La ce-i ajută deci imensa casă, dacă garajul e gol și tot cu autobuzul trebuie să circule? Într-adevăr, Thomas mai locuiește la mama, avantajele fiind însă evidente. Chiar și acum își poate cheltui toți banii pe hobby-urile sale, adică mașini și femei, în timp ce dl. Contract-de-economisire-pentru-locuință trebuie să-și bugeteze cheltuielile pentru a se menține la zi cu plata ratelor. Dacă acest lucru definește într-adevăr calitatea vieții, trebuie să decidă fiecare dintre noi pentru sine însuși.

Un alt avantaj al Hotelului Mama este însă următorul: în timp ce Thomas are întotdeauna frigiderul plin, pentru că tata se duce la cumpărături, iar hainele sale sunt întotdeauna spălate și călcate de nota 10, dl. Contract-de-economisire-pentru-locuință trebuie să discute ore întregi cu atractiva, însă foarte emancipata sa soție, despre motivele pentru care costumele sale (este vorba despre un costum din catifea!) vin doar după săptămâni întregi de la spălătorie și despre cine se va duce astăzi la benzinărie să cumpere *Miracoli*, pentru nu mai există bani în casă. Viață de familie și parteneriat intim într-o casă cumpărată prin credit bancar – mai rar, pentru că nici unul nu vine acasă înainte de ora 20:00, iar la sfârșit de săptămână, niciunul nu uită să-și aducă ceva de lucru acasă. Concluzie: casă super, atmosferă proastă, barometrul dragostei ar trebui să fie pe la minus 10.

În schimb, Thomas poate conta pe câte o parteneră atractivă la fiecare sfârșit de săptămână, nu numai datorită mașinii sale sport, ci și pentru că Fordul din anii '70 al părinților săi mai stă în garaj, ca mașină „de agățat", oferind succese garantate la ieșirile în discotecă. Însă nu numai mașinile fac diferența: dl. Contract-de-economisire-pentru-locuință se prezintă ca un angajat adaptat perfect în sistemul băncii Plictiseala, în timp ce Thomas poartă jeanși mereu la modă și va fi în frunte chiar și următorii 100 de ani din punct de vedere al stilului. În aceste condiții, costumul H&M cu cămășuță apretată dedesubt poate să-și facă bagajele. În plus, dl. Contract-de-economisire-pentru-locuință pare puțin subnutrit, în timp ce Thomas se prezintă într-un mod foarte masculin, cu un început de burtică și cu barba nerasă de trei zile, un aspect atât de apreciat în ultimul timp de către femei. În cazul unei confruntări fizice, Thomas ar distruge pur și simplu Cămășuța-Filistină sau, la alegere, o va goni din oraș sau o va călca cu mașina sa în fața propriilor porți. Apoi, s-ar face comod în casa contracandidatului său și ar învăța-o pe „emancipată" câte ceva despre maniere.

Doar ca observație suplimentară: în cercurile cunoscătorilor, Thomas a ajuns deja o figură de cult. Citat dintr-un comunicat de presă la final de an, transmis de banca pentru locuințe care a inițiat această reclamă: „....«băiatul mamei», Thomas, care prezintă subiectul... reclamei cu multă ironic de sine, a ajuns o adevărată figură de cult...".

Drept concluzie pentru toți părinții, trebuie formulată următoarea idee: dacă vreți să scăpați la un moment dat de copiii dvs. din casă, dăruiți-le un contract de

economisire pentru locuință. Dacă doriți să aveți în permanență pe cineva care să aibă grijă de dvs., luați-le mai degrabă un scuter.
Prin urmare, faptele vorbesc de la sine: valorile nu pot fi transmise atât de ușor prin intermediul unui simplu spot publicitar. Chiar și imaginile clișeizate ale celor două sexe, care sunt transportate prin intermediul spoturilor, sunt greu comestibile spectatorului TV inteligent. Între timp, rolurile din spoturile TV ale anilor '70 prezintă astăzi tipologii cvasi antinomice, însă nu pierd nimic din prostie. Sau mai clar: în trecut, bărbații din reclame nu aveau voie să știe nimic despre detergenți și curățitoare de toalete, era aproape o chestiune de onoare. Domeniile bărbaților erau bere, after-shave și pit-stop. Femeile știau care dintre cafele oferă cea mai plăcută aromă, ce detergent nu atacă pielea și ce tip de ciocolată trebuie cumpărată pentru a avea parte de o mică distracție. Astăzi, fronturile sexelor sunt mult mai ambigue – între timp, în lupta pentru o piață mai mare de desfacere, industria a recunoscut că și persoanele mai în vârstă și amanții aceluiași sex se răsfață câteodată cu plăceri dulci.
Într-adevăr, publicitatea îți poate distruge nervii. Ea dă rateuri în special atunci când încearcă să pătrundă cu brutalitate în percepțiile (sistemele) noastre, încercând pur și simplu să le ignore. Cu această excursie în lumea ignoranței și neadevărului din publicitate ne luăm pe moment rămas bun de la ironie și ne întoarcem la subiectul realitate.
Concluzionând, putem spune următoarele:

De fiecare dacă când ne confruntăm cu un aspect, care contravine propriei noastre logici sau propriului nostru adevăr, ne apărăm. Ne simțim chiar atacați.

Am putea însă utiliza această concluzie în propriul nostru avantaj, întorcând-o pe dos.
Cu alte cuvinte: dacă stăpânim în detaliu măiestria de a prezenta un sistem într-un mod într-adevăr veridic, cu siguranță vom avea toți așii în mână.
Am putea spune: pentru a avea succes și pentru a ne atinge într-adevăr obiectivele, trebuie să putem „sparge" respectivul sistem într-un mod convingător.
Am putea spune că tocmai acest lucru este cea dintâi obligație cetățenească, ca să „obții ce-ți propui".

În acest sens, lăsați-ne să analizăm unul dintre cele mai interesante evenimente din întreaga istorie a omenirii, și anume modul de acționare al unui bărbat care a știut instinctiv să se folosească tocmai de această concluzie.

Geniul lui Cristofor Columb

Haideți să ne îmbarcăm într-o călătorie care ne va duce aproape 500 de ani înapoi în timp și care ne va permite să urmărim viața impresionantă a lui *Cristofor Columb*, care, pe ambele laturi ale Atlanticului, este considerat a fi cel mai mare dintre descoperitori.

Numeroase orașe și străzi din SUA și din America Latină îi poartă numele, ba chiar și o navetă spațiala a fost botezată după el. În Europa, studierea biografiei sale este inclusă în fiecare programă de istorie, în Anglia, Germania, Italia, Portugalia, Olanda, Franța și în special în Spania.
Însă adevăratului său secret nu i s-a acordat niciodată atenția cuvenită!
Pentru început, să ne reamintim pe scurt: inițial, Columb a fost un simplu marinar din Genova (Italia, nu Spania, cum spune multă lume), care a reușit în cele din urmă să o convingă pe regina Spaniei să-i acorde trei vase pentru a căuta calea, împresurată de legende, către Indii, el descoperind în schimb (din greșeală) America. Amiralul a descoperit chiar fără nici cea mai mică intenție, nimic mai puțin decât un continent, chiar dacă de-a lungul vieții sale a considerat că a descoperit India, botezând băștinașii de acolo „indieni". (12)
Să nu uităm: Columb a revoluționat atunci întreaga imagine a lumii de la vremea aceea. Bazele științelor au fost rescrise de pe o zi pe alta, au luat naștere multe „sisteme" noi, nu numai sisteme geografice, ci și în domeniul economiei, etnografiei, astronomiei, marinăriei și alimentației s-a început un nou capitol.
Cristofor Columb a „descoperit" întregi sisteme, călătoriile „Amiralului", după cum i se spunea, obligând Europa să gândească într-un mod complet nou.
Chiar și sistemul politic din Europa acelor timpuri s-a întors cu susul în jos. Dacă analizăm pe scurt factorul „putere" pe vechiul continent, observăm că în secolul al XIV-lea *Spania* s-a ridicat indubitabil la rangul nr. 1 necontestat – înainte de a fi depășită mai întâi de Franța și ulterior de Anglia, care a ajuns să stăpânească toate mările în secolul al XIX-lea. Numai ulterior a urcat SUA pe poziția nr. 1 a planetei.
Secolul al XV-lea a fost însă guvernat pentru o scurtă perioadă de Spania. Zona controlată pentru spanioli era de douăzeci de ori mai mare decât Imperiul Roman

în perioada sa de glorie! Motivul a fost bineînțeles descoperirea „Lumii Noi", America de Nord și America de Sud fiind de-o dată menționate pe hartă. Burțile mari ale vaselor aduceau aur, aur și iar aur, către Spania. Comerțul cu sclavi a înflorit, iar negustorii și casele regale s-au îmbogățit în neștire de pe urma anumitor produse, cum ar fi mirodeniile și zahărul. Însă nimic nu se compara cu veniturile oferite de aur. Acest metal strălucitor a fascinat dintotdeauna rasa umană.

La această schimbare de putere, care, după cum am mai spus, a permis impunerea unui nou sistem politic în Europa, a contribuit în mare parte Cristofor Columb.

Ce a reușit să facă Columb? Ei bine, el a trebuit mai întâi să se ridice pe sine însuși de-asupra unui „sistem" vechi și să arunce pur și simplu peste bord toate concepțiile învechite. Cu alte cuvinte, Columb a avut capacitatea de a nu fi de acord cu un sistem moștenit. Motivul pentru care ar trebui să-l admirăm de fapt pe Amiral este faptul că a putut să se ridice deasupra superstițiilor vremurilor sale: pentru că ce se credea pe atunci?

RETROSPECTIVĂ

Să ne aducem aminte: în secolul al XV-lea nu era *indubitabil* faptul că pământul este o bilă. Marea majoritate a populației mai credea încă în teoria discului, dacă facem abstracție de câteva minți luminate. Se acorda crezare celor mai bizare absurdități. Proverbele, afirmațiile și viziunile asupra lumii, dobândite din Noul și din Vechiul Testament, erau considerate literă de lege. Preoții aveau grijă să nu existe nicio abatere de la Sfintele Scripturi. Și reușeau să argumenteze foarte convingător. În cazuri extreme, exista un argument imbatabil: focul Inchiziției.

Totodată circulau cele mai bizare povești și relatări. În piețele și porturile medievale ți se citea în palmă ce te va aștepta „pe cealaltă parte a mării". Sforile marinărești se trăgeau cu mare zel – mateloții și marinarii nu mințeau pe atunci mai puțin decât acum. Se relata despre monștrii groaznici care-i așteptau pe marinari „la capătul lumii", adică la marginea discului. Se spunea că acești monștri, pictați în culori pătrunzătoare, ar înghiți pe oricine ar fi avut curajul să se apropie.

Iar pe de altă parte, simpla idee că pământul ar putea fi rotund, este într-adevăr o prostie nemaiauzită!

De ce? Ei bine, pentru că într-o oarecare măsură ar trebui să stăm de fapt cu capul în jos, pentru că ar trebui să cădem de pe o bilă, dacă pământul ar fi într-adevăr rotund!

Poate că am cădea într-un abis fără fund sau poate chiar direct în iad?

Totodată se presupunea existența unor spirite înfricoșătoare la capătul lumii și a unor dragoni scuipători de flăcări. Chiar și marea, cea înfricoșătoare și nemărginită, era presărată cu draci și demoni. Pe scurt, tot ce-și putea imagina un om cu frica de Dumnezeu ca apariție înspăimântătoare a Necuratului, era considerat literă de lege și realitate adevărată.

Însă mult mai periculoși erau preoții! La vremea respectivă, Spania se afla în mâna preoților „de dreaptă credință", pe care nu-i puteau contrazice nici măcar regii. Iar „Sfânta coroană" depindea, nu doar într-o măsură oarecare, de acești preoți!
Preoții erau o castă care putea deveni foarte periculoasă, iar atunci când se discuta despre „credința adevărată" nu era de glumă! Chiar preoții înșăși alimentau superstițiile.
Pentru a înțelege dimensiunea superstiției, permiteți-mi să citez numai un pasaj din Sfântul Lactantius:

„Oare este cineva atât de lipsit de cuget, încât să creadă că ar exista antipozi, care stau cu picioarele în oglinda picioarelor noastre, oameni, care merg cu picioarele ridicate în sus și cu capul atârnat în jos? Că ar exista regiuni pe lume, în are lucrurile de jos sunt de fapt sus, în care copacii cresc în jos iar ploaia, grindina sau ninsoarea se preling în sus? Nebunia că pământul ar fi rotund este cauza acestor fabule prostești a antipozilor care merg cu picioarele în aer. Iar astfel de persoane merg în absurditatea lor de la o greșeală inițială la noi și noi greșeli, deducând una din cealaltă." (13)

Cu alte cuvinte: Columb nu se confrunta numai cu o superstițiozitate de neeradicat, ci lupta deopotrivă împotriva hegemoniei preoților vremii, care deseori înțepau cu sabia ironiei alte puncte de vedere sau concepții. Se vorbea despre „antipozi" atunci când se încerca ironizarea formei rotunde a pământului. Preoții se amuzau copios pe atunci. „Pământul, o bilă? Haha...", această glumă făcea turul fiecărei mănăstiri.
Prin urmare, Amiralul se confrunta cu *două* sisteme, dacă putem spune așa, care ar fi trebuit de fapt să pecetluiască deja de la început eșecul intențiilor sale. Dar care erau de fapt intențiile sale? Să convingă o casă regală din Europa în a-l dota cu vase, bani, marinari și o mână de sfătuitori și să-l lase să ridice pânzele.
Columb se mișca așadar în totalitate în afara oricărui sistem al vremurilor sale!

ÎNVINGEREA SISTEMELOR

Astăzi privind retrospectiv realizările incomensurabile ale acestui Cristóbal Colón – nu mai acordăm importanță faptului că acest simplu marinar a trebuit să învingă două mari sisteme!
Pe de o parte superstițiozitatea vremurilor sale și pe de altă parte biserica, cu reprezentanții și creatorii săi de opinie, atât de influenți la vremea respectivă.

La început, Amiralul s-a perindat smerit pe la cel puțin șase case regale diferite! Columb vroia, trebuia chiar, să descopere America (sau Indiile) – ceea ce merita efortul. Iar rezultatele au fost pe măsură!

Însă și obstacolele! Dacă ne gândim că Amiralul nu avea niciun sfanț în buzunar și că era sărac precum proverbialul șoarece de bibliotecă, putem să înțelegem puțin ce obstacole a întâmpinat cel mai mare descoperitor al tuturor timpurilor. Nu în ultimul rând, este binecunoscut faptul că, în ciuda provenienței sale genoveze, unde marinăria se mândrea cu o lungă tradiție, Columb nu era chiar atât de citit sau de deștept. În cazul său vorbim mai degrabă despre un self-made-man, cum s-ar spune astăzi, care nu era familiarizat cu niciun domeniu științific. Într-adevăr, citise câteva hărți, și într-adevăr, se pricepea cu siguranță la câteva aspecte importante ce priveau marea. Însă deja din momentul în venea vorba de stabilirea direcției și a cursului unui vas, trebuia să apeleze la ajutorul marinarilor cu experiență. O busolă, așa cum o cunoaștem noi astăzi, nu exista încă pe vremea aceea. Și totuși, Columb nu și-a abandonat visul.

Și pentru a-l îndeplini, a învins, după cum spuneam, cel puțin două sisteme.

COLUMB, PETIȚIONARUL

Probabil că niciodată nu s-a făcut referire la insolența nemaiîntâlnită cu care a abordat Columb diferitele case regale. Astăzi l-am cataloga probabil drept escroc de primă mână, de care nu se apropie nici măcar personajul lui Felix Krull. Cu sistematica unui reprezentant de vânzări, osândit la nenumărate vizite înainte de a putea semna un contract, Columb a dus o adevărată muncă de lămurire cu cele mai diverse case regale.

Avem cunoștință despre cel puțin șase încercări pe care le-a făcut, pentru a-și realiza visul.

Mai întâi i-a prezentat în anul 1484 regelui Ioan al II-lea al Portugaliei propunerea unei expediții peste Atlantic. Portugalia profitase și ea de noile vremuri, care tocmai începuseră. Comerțul se deplasa tot mai mult din estul către vestul Europei. Prin urmare, Ioan al II-lea a fost primul luat în vizor. Columb a conceput un expozeu laborios pentru această călătorie, folosind cele mai iscusite cuvinte la descrierea marinărească a planului său și a atenționat asupra posibilități nebănuite care se oferă. Expozeul a ajuns în fața unei comisii de învățați. Aici, totul a fost studiat cu cea mai mare atenție – iar cererea i-a fost refuzată.

Amiralul s-a îndreptat apoi către țara sa de baștină, către Genova. Însă profetul nu e recunoscut în propria-i țară. Din acest motiv, chiar și aici, cel mai mare descoperitor al tuturor timpurilor a fost respins printr-o decizie negativă, la fel ca și antreprenorul de la începutul acestei cărți.

Amiralul s-a prezentat apoi și în Veneția, renumitul oraș-port care bunăoară își comercializa mărfurile în jumătate din lumea civilizată. Tradiția marinărească a Veneției era inegalabilă. Construcția de vase se afla aici la un nivel, la care nu existau competitori. Pe de altă parte, toleranța era scrisă cu litere de tipar, întrucât se făcea mereu comerț cu „necredincioșii". Venețienii pur și simplu nu-și puteau permite să-i desconsidere pe evrei sau pe mahomedani. Dăuna propriului portofel. Întreaga bogăției a Veneției se baza pe comerț și pe navigație. Iar aventuri existau aici din plin. În cele din urmă, chiar și Veneția i-a dat papucii lui Columb.

După aceea, Columb a încercat chiar și la regele Henric al VII-lea. Anglia dispunea și ea de o tradiție de renume în ceea ce privește navigația. Câțiva pirați englezi se bucurau chiar de protecția Angliei, în special când trebuia dată o lecție Spaniei. Flota engleză se putea prezenta cu fruntea sus – mult înainte ca Anglia să devină nr. 1 al mărilor. Însă nici casa regală engleză nu l-a înțeles pe marinarul italian dus cu sorcova.

Cristofor Columb a încercat apoi să-l câștige pe regele Carol al VIII-lea al Franței pentru planurile sale. Din nou a trebuit să-și croiască anevoios drum prin hățișul lacheilor de curte, ca să nu mai amintim dificultățile lingvistice. Rezultatul: zero.

În cele din urmă, Amiralul a reușit să găsească o portiță deschisă la curtea spaniolă, chiar dacă nu din prima încercare. Bineînțeles că planul său a fost respins într-o primă fază. Însă Columb a înțeles la un moment dat cum poate forța „sistemul". A înțeles că trebuie să se facă remarcat la curte și a înțeles că lumea trebuie să îl ia în serios. Această aventură a fost cel puțin la fel de antrenantă ca și călătoriile sale ulterioare, care au fost descrise în mod repetat de numeroși istorici și care au stat la bazele a numeroase bestseller-uri în secolele al XVI-lea, XVII-lea și XVIII-lea. Așadar, cu se s-a confruntat Amiralul?

STUDIEREA SISTEMULUI

Haideți să facem un pas înapoi. Astăzi, putem doar parțial să intuim labirintul care trebuia parcurs la vremea aceea, pentru a primi măcar permisiunea de a te înfățișa la curte. Toată lumea se îmbulzea să cadă în genunchi în fața majestăților spaniole, să le spună un alint drăguț, pentru a fi răsplătiți cu bani, aur, titluri, posturi sau postulețe. Dacă vrem să înțelegem într-adevăr curtea regală a secolului al XV-lea, trebuie să ne îndreptăm cu ochii minții către *camarilă*, respectiv către grupul celor favorizați din anturajul unui domnitor, care se bucurau de obicei de o influență considerabilă. Termenul spaniol *camarilla* însemnă *sfat regal*, *camarilla* fiind diminutivul termenului *cámara* (română: cameră).

Fiecare încerca că adune câte puțin din firimiturile care cădeau de pe masa regală. Un hățiș de funcționari înconjura protectiv curtea, asemenea unui cuib de viespi. Mita curgea din plin și trebuia să bagi mâna adânc în buzunar, dacă vroiai să fii remarcat măcar de un funcționar regal mai bine poziționat și cu ceva influență. Dacă reușeai să vorbești personal cu regele sau cu regina, te aflai deja în vârful grămezii cu noroc. Acest lucru nu-ți garanta însă nici pe departe că răspunsul la doleanța ta era unul pozitiv. Deseori, anumite idei îndoielnice erau studiate mai atent în anumite comisii. Iar aceste comisii aveau o putere considerabilă. Ele erau formate din aristocrați, învățați, membri ai casei regale, camarilă – și preoți!

Bineînțeles că și la curtea spaniolă a secolului al XV-lea, preoții aveau un cuvânt important de spus. În timp ce în Franța și în Anglia se vociferau deja primele gânduri eretice, Spania stăruia superconservatoare asupra anumitor puncte de vedere. Să nu uităm: niciunde altundeva, Inchiziția nu a fost mai aprigă ca în Spania!

În acest mediu a trebuit să miște Cristofor Columb, a trebuit să identifice diferiții „formatori de opinii", după cum i-am denumi astăzi, a trebuit în primul și-n primul rând să studieze *sistemul*. A trebuit să afle cine trage de fapt sforile în spatele culiselor, ce mijloace de impulsionare trebuiau folosite și în ce mod se putea apropia de rege și de regină!

Și tocmai aici a dat Columb prima mare lovitură!

PENETRAREA SISTEMULUI

După cum am aflat deja, la început, Amiralul fusese de multe ori „desființat", tăbăcindu-și pur și simplu tălpile de alergătură. Însă foarte probabil, conform principiului „să învățăm din propriile greșeli", a început să înțeleagă tot mai bine *sistemul*. Prin contactul permanent la curte, a aflat modul și felul în care sunt luate deciziile la curtea regală spaniolă. Și astfel a recunoscut la un anumit moment dat, că, cel puțin teoretic, preoții sunt dușmanii săi cei mai aprigi – dușmanii aflați în calea planului său. Cu toate astea, Columb a reușit să obțină o nouă audiență.

Să încercăm să pătrundem pentru o clipă în lumea lăuntrică a Amiralului. Încercați să percepeți strădaniile sale îndelungate și visele depănate de-a lungul mai multor decenii. Totul se juca pe o singură carte. În sfârșit, eforturile sale păreau să se apropie de concretizare. Existau două posibilități: dacă dădea greș, putea să-și facă bagajele și să ducă o viață mizerabilă într-una din bodegile portului Genova, la fel ca mulți alți aventurieri, povestitori și visători. Dacă reușea și dacă putea convinge majestățile „preacreștine" împreună cu preoții lor,

ar fi putut să se ridice la înălțimi nebănuite. Putea urca la rangul de vicerege al tuturor teritoriilor noi descoperite, putea dispune de bogății nelimitate, de cete de servitori. Putea dispune de tot aurul și banii din lume, de respect, titlu, posesii și moșii. Așadar – totul sau nimic.
Cristofor Columb și-a planificat lovitura cu cea mai mare grijă.

Ce a făcut? Ei bine, rămâne și astăzi în mare parte necunoscut faptul că a apărut în straie modeste de călugăr în fața majestăților prea-creștine. Da, ați auzit bine! Acest italian nebun a spart „sistemul", demonstrându-și apartenența și dragostea față de Creștinismul care domina totul, îmbrăcându-se la fel ca nenumărații papistași pe care-i puteai întâlni la curte. Mai concret, s-a îmbrăcat într-o sutană asemănătoare celei a Sfântului Francisc!
Această apariție este indubitabilă – nu există istoric, indiferent de proveniență, care să o tăgăduiască. Pe de altă parte, prezentarea doleanței sale a inclus la fiecare al doilea cuvânt, eufemistic vorbind, numele Domnului Iisus.
Cu alte cuvinte, Cristofor Columb s-a mișcat în permanență chiar și din punct de vedere lingvistic în contextul creștin, în sistemul ascultătorilor săi.
Jurnalele sale ulterioare stau mărturie pentru această tactică. Sunt nenumărate mențiunile cu privire la cât de „buni Creștini" ar putea fi unii indieni. Toate acele formule lingvistice, destinate lingușirii Creștinismului, nu erau însă doar simple formalisme – de fiecare dată era vorba despre un fel de recitare a „crezului".
Fiecare propoziție stătea chezășie pentru dedicarea și smerenia față de Iisus Hristos – și implicit față de reprezentanții acestuia, adică față de preoții.
Majestățile spaniole au trebuit ele înșiși să se supună unor asemenea cuvinte, cu toate că nu erau interesate decât de un singur lucru: de aur.
Visteria spaniolă era goală la vremea respectivă – și numai o minune, provocată poate de acest marinar ieșit din comun, ar fi putut să o mai umple.
Pe de altă parte, preoții, care bâzâiau în jurul tronului spaniol, se gândeau în primul rând să apere și să răspândească Biblia și singura credință adevărată, după cum specifica misiunea lor, întrucât în acest fel își asigurau și ei supraviețuirea în cadrul *sistemului* în care se mișcau. Iar acest marinar părea într-adevăr să fie supus cu trup și suflet Creștinismului, să simtă o chemare lăuntrică spre Creștinism!
Într-adevăr, imperiul credinței s-ar putea extinde în mod considerabil, dacă ar exista aceste Indii minunate, de cealaltă parte a apelor. Nimic nu era sigur! Bineînțeles că ar fi fost mai bine să nu existe, însă dacă ar exista, ar fi cu siguranță un avantaj ca descoperitorul să fie un bărbat cu credință puternică! Acest señor Colón cita permanent din Biblie, purta chiar și o sutană – cât de mult trebuie să-l iubească pe Domnul Iisus! Într-adevăr, Columb ajunsese să fie considerat unul dintre ei, era parte a *sistemului* lor!

Camarila creștină începu să-l privească pe Columb cu alți ochi, înainte de a începe să dea încet înapoi, pentru ca în cele din urmă să-l susțină.

Prin îndrăzneala sa, Columb a prins în mrejele sale un întreg *sistem*!
Nu este necesar să analizăm toate amănuntele. Când în sfârşit majestăţile regale i-au aprobat planul, lovitura lui Columb a început să se materializeze.

Dar mai trebuia învins un ultim *sistem*, căci întreaga superstiţiozitate a vremurilor stătea în calea planurilor sale, după cum am aflat deja! Şi într-adevăr, nu s-a găsit aproape niciun marinar dispus să-l acompanieze pe Columb în această călătorie periculoasă şi aventuroasă. Prea multe erau pericolele, nimeni nu-l provocase vreodată pe Satana însuşi, dacă putem spune aşa. Columb s-a lovit de nenumărate refuzuri în încercarea de a angaja o echipă pentru cele trei vase care-i fuseseră puse la dispoziţie. Chiar şi bărbaţii trecuţi prin viaţă, care nu se temeau de moarte sau de draci, clătinau uşor din cap. Fiecare marinar ştia că la o asemenea călătorie nu-şi risca nici mai mult nici mai puţin decât propria viaţa, ba chiar probabilitatea de a-şi curma frumosul trai era destul de mare. Cu toată evlavia lor, chiar nu-şi doreau să vadă atât de repede porţile Raiului.
Columb a fost nevoit să-şi schimbe din nou planurile. Trebuia adoptată o soluţie neconvenţională. În cele din urmă, a obţinut permisiunea casei regale de a angaja puşcăriaşi, borfaşi, impostori, hoţi, criminali şi alte figuri dubioase care nu mai aveau nimic de pierdut. Aidoma altor asemenea comandouri sinucigaşe, despre care am mai auzit de-a lungul istoriei, multor criminali li s-a dăruit libertatea – tot ce trebuia în schimb era să se înroleze pe acest Vas al morţii, condus de Cristóbal Colón. Oamenii erau în stare de orice, numai să nu ajungă să putrezească într-o puşcărie spaniolă.
Este a doua oară în care Columb a trebuit să iasă din sistem, pentru a-şi putea atinge obiectivele.

După ce toate pregătirile fuseseră în sfârşit încheiate, expediţia a fost sanctificată în scris. În anul 1492, regele şi-a imprimat sigiliul pe respectivele documente. Columb a primit trei vase: legendara „Santa Maria" – nava amiral, „Niña" şi „Pinta". Ultimele două nave aveau doar trei catarge şi nu corespundeau nici pe departe unei asemenea călătorii. Numai „Santa Maria" ar putea fi descrisă ca navă adevărată, care ar fi putut face faţă unei asemenea expediţii. Şi astfel, Columb s-a lansat la apă împreună cu echipa sa aventuroasă. Bandiţi, tâlhari, hoţi, proxeneţi, criminali, piraţi, ucigaşi şi falsificatori de bani erau mateloţii săi, adică o adevărată Echipă Fantastică, demnă de cele mai crunte coşmaruri.

Având în vedere subiectul acestei cărţi, putem renunţa la detaliile călătoriilor Amiralului. În total, sunt menţionate patru călătorii. La data de 11 octombrie 1492 – în cadrul primei călătorii – marinarii au pescuit prima creangă verde, după o călătorie lungă şi anevoioasă. La 12 octombrie, matelotul aflat în gabia „Niñei" strigă: „Tierra, Tierra!" – „Pământ, pământ!". Într-un cuvânt: „America" a fost descoperită! Columb a denumit respectiva insulă *San Salvador – Insula*

mântuirii, şi a luat-o în posesie în numele majestăţilor spaniole şi bineînţeles în numele lui Hristos.
În numele lui Hristos?
Bineînţeles! Numai în acest fel putea să rămână în interiorul *sistemului*!
O nouă eră putea începe.

Sistemul numit comunicare sau încercări de influenţare în mediul politic

Prin urmare, atunci când dorim să-i convingem pe ceilalţi, totul derivă întotdeauna din sistemul în care ne aflăm. Bineînţeles că am putea da numeroase exemple în acest sens. Însă analizarea exhaustivă a concluziilor ştiinţelor moderne ale comunicării, s-ar întinde mult peste limitele acestei cărţi.
Pe de altă parte, tocmai atunci când discutăm despre influenţarea semenilor noştri, nu trebuie să omitem câteva concluzii foarte importante în acest sens. Să ne limităm în acest moment numai la cele care sunt relevante tezei noastre.

Am observat că putem influenţa oamenii dacă înţelegem sistemul lor şi în special scara valorică relativă a sistemului lor. Am observat deja că diferite sisteme dispun de elemente-cheie complet diferite. Am putea să discutăm chiar despre priorităţi diferite în cadrul unui anumit sistem. Cei care stăpânesc aceste valenţe – fie instinctiv, fie prin studiu – vor repurta nenumărate victorii în multe „bătălii".

Evidentă devine situaţia atunci când pătrundem în arena politică, în care diferenţele dintre valenţele sistemelor sunt mai mult decât izbitoare şi care, din punctul meu de vedere, nu sunt tratate nici pe departe cu atenţia care li se cuvine în cadrul strategiilor şefilor de campanie.
Pentru a ilustra acest aspect, vom analiza bătălia dintre Barack Obama şi Hillary Clinton dinaintea alegerilor, bătălie extrem de interesantă şi mai mult decât revelatoare din punctul de vedere al comunicării sistemice.

RĂZBOIUL DEMOCRAŢILOR

Este într-adevăr o provocare incitantă: analiza campaniei electorale din SUA anului 2008 numai sub aspectul sistemelor de comunicare. Gândind consecvent în aceste limite, vom înţelege multe elemente mult mai bine decât dacă am încerca să mergem pe urmele „adevărului", urmând comentariile politice zilnice.

În special pe partea Democraților, campania preelectorală nu-și găsește termen de comparație, pentru că deja înainte ca McCain să îl înfrunte pe Obama, bântuia deja războiul dintre Hillary Clinton și Barack Obama.
La început, părea că Hillary Clinton are toți așii în mână.
În orice caz îl avea pe Bill Clinton ca As norocos, dispunea de o mașinărie electorală bine unsă, banii nu păreau să fie o problemă, iar relațiile politice de care dispunea familia Clinton deveniseră aproape proverbiale.
De cealaltă parte se afla outsider-ul Barack Obama, pe care la început nimeni nu l-a prea luat în serios, dar care, trebuie să recunoaștem, dispunea de o mare artă retorică. El nu avea însă nici conexiuni similare familiei Clinton și nici nu putea arunca cu banii în dreapta și-n stânga.
Dar Obama avea un avantaj: se afla în *sistemul* populației afroamericane, dacă ne rezumăm numai la culoarea pielii sale. Sistemul politic care, timp de secole, îi oprimase pe afroamericani și îi transformase în sclavi, nu mai funcționa ca în secolele al XVII-lea, al XVIII-lea și al XIX-lea, ba chiar și în secolul XX. Afro-americanii ocupau funcții dintre cele mai înalte în stat, răzbiseră pe scara ierarhică atât în sport, cât și în cultură, în industria muzicală, în film și televiziune, în mediul universitar, în mediul științific și chiar și în economie și în armată. Însă acest sistem nu uitase.
Martin Luther King era aievea, chiar dacă murise.

Brusc, gândirea tradițională pe grupe țintă nu mai funcționa. Familia Clinton lingușise întotdeauna populația de culoare și se declarase întotdeauna pentru egalitate și dreptate. „De fapt", familia Clinton era prietenul afroamericanilor! Însă aveau o problemă: pielea lor avea culoarea greșită. Hillary era blondă, ceea ce se mai putea ierta, întrucât multe doamne de culoare își vopseau și ele părul, însă, mai presus de toate, era albă.
Dintr-o dată, outsider-ul Barack Obama era luat în serios, iar *sistemul* culorii pielii și provenienței devenise peste noapte mai important decât *sistemul* Clinton, care părea inițial să încorporeze însăși partidul democraților.
Ne putem da seama că un sistem dispune de *foarte* multă forță de convingere, în special atunci când dispune de puternice conotații emoționale, aflate într-o stare latentă, dar care la un moment dat se pot trezi la viață, de parcă au așteptat doar să le sune ceasul. Anumite sisteme vechi sunt aidoma unui vulcan, care stă doar și așteaptă clipa următoarei erupții.
Spre uimirea tuturor, Barack Obama câștiga stat după stat în campania sa preelectorală. Ceilalți candidați ai Democraților de abia dacă se mai vedeau în zare.
Prin urmare, Hillary a trebuit să-și reevalueze situația și să pună totul în balanță. Brusc, a observat că victoria, pe care inițial o considera deja adjudecată, era departe de a fi sigură.

RĂZBOIUL REPUBLICANILOR

Și în cealaltă tabără a avut loc un război al sistemelor.

Guvernatorul statului Massachusetts, Mitt Romney, senatorul John McCain, un veteran cu experiență, și Rudy Giuliani, care își câștigase laurii în calitate de primar al orașului New York, erau singurii candidați din tabăra republicană, demni de a fi luați în seamă. Huckabee nu era nimic mai mult decât un foc de paie – pur și simplu îi lipseau mijloacele financiare.

Sistemele și-au făcut simțită prezența chiar și de partea Republicanilor:

Mitt Romney, cu siguranță înzestrat retoric și cu mare succes economic, era mormon. Cu toate că în SUA subiectul *religiei* este tratat diferit decât spre exemplu în Europa – care trebuie să suporte chiar și acum acuzele din cercurile unor înalte oficialități cu privire la intoleranța sa religioasă, faptul că Romney se declarase adeptul acestei confesiuni nu era neapărat o bilă albă. Romney a reacționat cu rapiditate uimitoare și plin de inteligență: în cadrul mai multor declarații publice, el a atenționat asupra faptului că o confesiune religioasă privată nu are nimic de-a face cu politica. Totodată a spus că va respecta *toate* religiile, în cazul în care va deveni președintele Statelor Unite. După care a urmat cireașa de pe tort: a lăsat să se înțeleagă că prețuiește *toate* sectele și confesiunile creștine care și-au pictat pe stindarde valori precum familia, religia, etica, etcetera. Cu alte cuvinte: Romney a încercat să pătrundă dintr-un *sistem mic* (cel al mormonilor) într-un *sistem mai mare* (cel al Creștinismului)!

Alături de Mitt Romney se luptau la fel de zgomotos și de vehement Rudy Giuliani și McCain. Giuliani a făcut însă groaznica greșeală de a începe campania electorală prea târziu în unele state, iar în altele prea devreme. Astfel, în ciuda iscusitei sale retorici argumentative, Giuliani, care realizase într-adevăr ceva demn de respect în calitate de primar ar orașului New York, nu a mai avut impactul necesar și în cele din urmă s-a dus pe apa Sâmbetei.

Însă McCain a rămas pentru Mitt Romney un adversar demn de a fi luat în seamă. Bătrânul veteran de război, un senator senior din Arizona, provenea dintr-o familie de veterani de marină foarte bine văzută și putea dovedi că fusese torturat pentru patrie în pușcăriile din Vietnam. McCain se afla mai aproape de stabilimentele politice republicane decât Romney și bineînțeles se afla mai aproape de armată. Prin urmare, McCain se afla în centrul a două sisteme.

Lupta avea să se dea între Romney și McCain.

CAMPANIILE PREELECTORALE

Între timp, Democrații dădeau o bătălie cum probabil că nu se mai dăduse niciodată. Sistemul Obama devenea din ce în ce mai puternic, iar de partea sa se alătură deodată chiar și cea mai puternică femeie din lume, Oprah Winfrey.

„Oprah", după cum o cunoștea toată lumea, dispunea și dispune chiar și acum de un imperiu mediatic și de milioane de dolari. *Forbes* estimează că numai în 2008 a câștigat peste 200 milioane de dolari. Ea încorporează un sistem în care nu se regăsește numai populația afroamericană, ci în special femeile, inclusiv femeile albe. Oprah reprezintă astfel puterea femeii per se.
Când s-a exprimat, cu mare efect în public, pentru Obama și și-a făcut publică susținerea, cei din tabăra Clinton au izbucnit în plâns. Un nou *sistem* trecea de partea lui Obama – clientela lui Oprah! Și când ne gândim că de fapt era vorba despre una dintre principalele grupe țintă ale lui Hillary, care declarase în permanență că venise vremea ca în sfârșit președinția Statelor Unite să fie ocupată de o femeie. Așadar, Hillary a pierdut mai întâi populația de culoare, iar acum urmau femeile! Un dezastru de comunicare!
Iar atunci când până și senatorul democrat Edward Kennedy și-a declarat susținerea pentru Obama, lumea familiei Clinton părea în sfârșit să se clatine.
Familia Kennedy reprezenta și ea un întreg sistem, și anume o legendă. Asasinatele mișelești asupra lui John F. și lui Robert F. Kennedy, dar și realizările familiei Kennedy, au fost și sunt chiar și astăzi, într-o oarecare măsură, parte a identității naționale americane. În SUA, familia Kennedy este asimilată eroilor mitologici și martirilor, ei încorporează un trecut idealizat poate pe nedrept, rămânând totodată una dintre Primele Familii ale Americii, a cărei istorie implică emoții greu de imaginat.
Acesta a fost momentul în care Hillary a înțeles că ar putea pierde candidatura.

În cealaltă tabără, McCain era în mare formă. Giuliani fusese eliminat, retrăgându-se iute în colțișorul său, însă Romney căuta în disperare susținători. Ca un mormon să ajungă președintele Statelor Unite era pentru mulți de neînchipuit, chiar dacă nimeni nu se exprima cu voce tare. Discriminarea religioasă este aspru pedepsită în SUA, având chiar și repercusiuni juridice, iar asta pe bună dreptate. McCain și Romney s-au războit de-a lungul unor aprige confruntări, însă pentru mulți cunoscători, rezultatul era cunoscut deja de la început. McCain a câștigat bătălia, ceea ce, privind retrospectiv, a fost probabil în defavoarea Republicanilor, pentru că Romney încorpora credibilitatea în probleme economice. Și astfel, noul slogan al Republicanilor devenise: „Mac is back!"

În cealaltă tabără, Hillary, asistată acum de soțul său, Bill Clinton, pusese în mișcare artileria grea. Nu putea fi adevărat, era de-a dreptul de nepermis ca acest outsider, Obama, căruia de abia îi mijise mustața, să se ridice la poziția de candidat al Democraților! Ce putea prezenta el? Câțiva anișori în Senat? Unii strategi au cugetat febril dacă n-ar trebui jucată cartea rasismului, însă situația era prea fierbinte. În cele din urmă, providența a venit în ajutorul lui Hillary. Discursurile instigatoare ale reverendului Jeremiah Wright, tot un afroamerican, erau dintr-o dată transmise pe toate canalele. Wright fusese pastorul lui Obama și

mobiliza în predicile sale împotriva Americii albe, împotriva „rich white guys".
„America is bad" propovăduia el, iar 9/11 o înscenare a Albilor!
Totodată, reverendul polemiza faptul că virusul HIV fusese conceput intenționat de către Albi, pentru a suprima și a ucide Negrii. El gesticula nebunește și necontrolat în fața camerelor și țipa în microfoane: „God damn America!"
Și... care era legătura cu Obama? „Guilty by association." Cum puteai rosti în aceeași frază numele viitorului președinte al Americii și pe cel al unui asemenea pastor? Oare nu înseamnă asta că și Obama va lovi în America albă, imediat după ce va pune mâna pe putere?
Comentatorii TV s-au întrecut unii pe alții în a prezenta la nesfârșit discursurile instigatoare ale reverendului Wright. Fox News, CNN, MSNBC, toți vorbeau despre același lucru.
Cartea rasismului fusese totuși jucată – ceea ce bineînțeles că nu făcuse decât să reconfirme *sistemul* afroamerican, care se simțea acum atacat.
Iar în culise, politicienii „scăpau" informații explozive suplimentare jurnaliștilor TV de top.

Doar scandalul Spitzer a mai diversificat puțin situația: se dovedise faptul că guvernatorul statului New York, Eliot Spitzer, aparent cel mai curat băiat din politică, era un client fidel al „Emperor's Club Escorts". Pe română neaoșă: din când în când se delecta cu o prostituată, chiar dacă că până atunci se declarase sus și tare împotriva infidelității conjugale și în special împotriva „comerțului sexual". A fost catalogat drept „Clientul nr. 9", care a băgat 80.000 USD în buzunarele largi ale unei rețele de prostituate de lux. „Kristen", 22 de ani, descrisă ca „high-priced prostitute", o „cântăreață" brunetă drăguță, a monopolizat pentru o scurtă perioadă titlurile ziarelor.
Spitzer și-a băgat coada între picioare și s-a retras.

Dar scandalul reverendului Wright era mai important. Obama s-a apărat și s-a distanțat de mai multe ori de el, însă cu foarte puțin succes.
John McCain își freca palmele în tabăra adversă.
Sistemul afroamerican, care-l servise atât de bine pe Obama până de curând, se întorcea acum dintr-o dată împotriva lui, sau mai bine zis, intra în conflict cu un alt sistem, cel al Americii albe, pe care el, McCain, îl reprezenta cu siguranță mult mai bine.
Popularitatea lui Obama era în scădere. În cele din urmă, bărbatul din Chicago a întins mâna către ultimul colac de salvare: a părăsit comunitatea păstorită de reverendul Wright.
Însă America Albă, sau mai bine zis o parte a americanilor albi, a continuat să vocifereze împotriva lui Obama. Geraldine Ferraro, a cincea femei ca putere în Partidul Democrat, cea care fusese propusă la un moment dat pentru postul de vicepreședinte, a declarat că Obama n-ar fi fost la fel de popular, dacă ar fi avut o altă culoare a pielii.

Prin această afirmație, ea a pus degetul pe rană și a exprimat tot ceea ce gândeau probabil mulți alții.
Strategii din tabăra lui Obama au urlat aidoma unor câini turbați.
Sistemul lor era în pericol de a exploda pe țeavă.
Și astfel, au încercat să facă un șpagat: să ne aducem aminte că Obama atenționa în multe dintre discursurile sale că nu este vorba despre „Alb" sau „Negru", el însuși având o optime de tradiție asiatică în sânge.
Obama a început să se declare împotriva oricărui tip de prejudecată – nu termeni precum „rich" sau „poor" erau importanți, nu un anume aspect sau altul, ci mai degrabă era vorba de a redresa economia, era vorba despre valori, și anume despre acele valori pe care nu le putea contrazice niciun american. S-a poziționat deci ca expert în economie.
Obama găsise numitorul comun al *întregului* sistem american: banii, sau mai bine zis, bunăstarea.

Opinia publică, care se concentrase mult prea mult pe războiul din Irak, s-a îndreptat istovită și în același timp ușurată asupra acestui nou subiect. Obama și-a amintit că până și Bill Clinton câștigase anterior alegerile cu acest numitor comun, infim, și cu renumita expresie: „It's the economy, stupid!" Cu alte cuvinte și într-o traducere mai simplistă: „Economia e cea care te interesează, idiotule, dacă vrei să cucerești blestemata asta de lume!"

Într-adevăr, Clinton avea mare dreptate! Puterea Americii se baza pe succesele sale economice, pe nimic altceva!
Și încă ceva: istoria ne învață că *sistemul SUA*, cum l-am putea denumi, se bazează principial pe superioritatea forței sale economice.
Dintr-o asociere complet neimportantă a câtorva colonii din secolul al XVII-lea, despre care la început s-a râs batjocoritor în Europa, s-a ridicat în scurt timp cea mai puternică națiune a lumii. La trecerea dintre milenii, SUA producea cu numai șase la sută din populația lumii peste 50 de procente din numărul total de mărfuri și bunuri de pe planeta Terra – închipuiți-vă așa ceva! Prin urmare, comerțul mondial n-ar fi existat fără SUA, la fel cum nici criza financiară globală nu poate fi concepută fără „Statele Unite". Washington devenise mai important decât Londra. SUA dispunea de rezerve enorme de materii prime, de o populație în continuă creștere, harnică și orientată către succes, de un avans tehnologic care împingea în permanență în sus, de bani în abundență – și de probabil cea mai inteligentă confesiune politică pe care o văzuse vreodată planeta, poate cu excepția Elveției. Părinții fondatori defrișaseră *întreaga* istorie înainte de a formula *Constituția*! Imediat după ideea de libertate, SUA a adulat întotdeauna postulatul *prosperity*, adică bunăstarea. Nimeni nu s-a exprimat atât de fățiș pentru bunăstarea materială, cum au făcut-o americanii! Chiar și pacea era plasată pe a treia poziție. (14)

Însă „formula americană de succes" a fost cvasi reinventată de fiecare generație. America, asta era țara în care curgea lapte și miere, unde bunăstarea, care bineînțeles se baza pe diferitele libertăți, era la ea acasă.

Iar acum, Barack Obama se folosea tocmai de această imagine.
Cu o siguranță instinctivă, el a regăsit importantul numitor comun al *sistemului SUA*. În cadrul mai multor discursuri, s-a îndepărtat de dihotomia alb-negru, la care încercau să-l reducă adversarii săi. Îi știa deja pe afroamericani pe partea sa, acum trebuia să mai pătrundă și în celelalte straturi de alegători. Însă acest lucru nu-i putea reuși decât dacă stăpânea esența sistemului: însăși această bunăstare materială, siguranța, economia.
Campania preelectorală a intrat într-o nouă etapă fierbinte.

În cealaltă tabără, McCain și-a câștigat candidatura din partea Republicanilor – eufemistic vorbind – în joacă. După ce Giuliani și Romney se retrăseseră, nominalizarea sa a fost un „piece of cake".
Avea acum destul timp, pentru a se dedica în cea mai mare liniște prezumtivului candidat de vârf al Democraților: Barack Obama.
Scandalul Jeremiah Wright a fost din nou scos de la naftalină, iar viața lui Obama a fost defrișată cum numai o viață de politician poate fi defrișată – în căutarea de subiecte explozive cu ajutorul cărora putea fi aruncat în aer candidatul taberei adverse.

Însă în cercurile democrate, lupta Clinton-Obama nu era nici pe departe terminată. Atunci când până și Bill Richardson, guvernatorul statului New Mexico și de fapt un aliat al clanului Clinton, a schimbat tabăra și s-a exprimat în favoarea lui Obama, cei din partea lui Clinton n-au mai putut decât să-și roadă neputincioși unghiile.
„Trădătorule! Iudă!" îi strigau Clintonii.
Richardson îi corectă cu răceală: „Iudă? Da' ce, voi vă credeți cumva Iisus?"
Richardson, mexican de origine, a adus într-o oarecare măsura *sistemul Mexic* în lumea lui Obama, sistem care devine tot mai important în SUA. Rata de creștere a populației mexicane din Statele Unite este uluitoare.
Apoi a fost rândul fostului președinte Jimmy Carter să se exprime, mai întâi indirect, în favoarea lui Obama.
Hillary făcuse suplimentar greșeala de a anunța în fața camerelor de filmat, că își riscase la un moment dat viața în Bosnia, în timpul unui „Sniper-Fire". Însă jurnaliștii au dovedit faptul că exagerase, iar Hillary a trebuit în cele din urmă să-și ceară scuze în mod public.

Dar Hillary nu vroia să renunțe. Restul campaniei preelectorale a decurs mai antrenant decât un roman polițist. În Pennsylvania, Clinton a convins 55%, iar

Obama 45% dintre alegători, în condițiile unei participări la vot în proporție de 89% – mai mult decât oricând.
SUA fierbea. În Indiana, Clinton și-a atras 58%, iar Obama 42% din voturi. Însă în North Carolina a câștigat Obama cu 56% din voturi, față de 42%, pe care le-a putut obține Clinton.
Câteva dintre cifrele edificatoare arată cam așa:
Oregon: 58% Obama, 42% Clinton.
Kentucky: 65% Clinton, 30% Obama.
Puerto Rico: 68% Clinton, 32% Obama.
South Dakota: 56% Clinton, 44% Obama.
Însă Obama a câștigat per total în majoritatea statelor, inclusiv în California și în alte state de importanță majoră.
Finalul este binecunoscut:

Sâmbătă, 8 iunie 2008, Barack Obama este nominalizat de către Partidul Democrat pentru președinția Statelor Unite.

CAMPANIA ELECTORALĂ

Haideți să urmărim mai departe romanul polițist politic.
Deja de la început, McCain avea puține șanse împotriva lui Obama. În primul rând, era tot mai controversat în tabăra Republicanilor – nu e suficient să fii renumit doar în cercuri militare. Apoi, a nominalizat-o pe Sarah Palin, guvernatoarea statului Alaska, pentru poziția de vicepreședinte – o mare greșeală, întrucât Palin nu dispunea de prea multă experiență în domeniul politicii naționale. De câteva ori, s-a făcut groaznic de râs în fața camerelor de luat vederi, ceea ce a condus ușor la declinul Republicanilor.
McCain însuși a încercat cu disperare să-l discrediteze pe Obama cu apelative precum „socialist" și chiar „marxist", l-a acuzat de legături cu grupări teroriste și a insistat să-l numească Barack Hussein Obama, insinuând astfel rădăcinile sale incerte.
Însă McCain ataca prea mult și nu oferea nicio alternativă.
Pe de altă parte, era prins în *sistemul Bush*, care câștigase și apoi pierduse inimile americanilor datorită războiului din Irak.
McCain pleda pentru trimiterea mai multor trupe în Irak, însă America era mult prea obosită de război, în special după ce se dovedise faptul că în Irak nu existau *weapons of mass destructions*, chiar dacă Dick Cheney își dorea cu ardoare acest lucru.
De cealaltă parte, Obama își aroga un *sistem* după celălalt:
Pe tineri i-a câștigat cu promisiunea că se va ocupa de locuri de muncă, pe profesori, cu mărirea salariilor și a poziției lor în societate.

În timp ce McCain se blocase într-un sistem perceput ca fiind negativ, iar Democrații sugerau în permanență ecuația McCain = Bush pe toate canalele de televiziune dedicate lor, Obama câștiga un sistem pozitiv după celălalt.

McCain fusese forțat într-un sistem negativ, pe care îl vocifera el însuși în mod repetat. Sistemul său, sistemul militar, era prea strâmt, prea limitat și prea mic.

Iar în momentul în care economia Statelor Unite ale Americii a început să se clatine, McCain s-a văzut definitiv scos din joc.

Obama câștigase deja anterior într-o oarecare măsură *sistemul America* cu această temă, după cum am putut deja observa.

Iar acum, evoluția evenimentelor îi dădea dreptate.

Nefericitul președinte aflat încă în exercițiu, George W. Bush, a încercat în van să salveze băncile afectate, prin investiții de milioane – economia își continua declinul.

Punând accent pe economie, Obama trăsese lozul cel mare. Era vorba despre cea mai mare dintre nevoile omului, cea a siguranței și stabilității economice.

Acum putea să-și verse în liniște toate acuzele către ascultători și telespectatori. Putea să trimită la nedreptățile din cadrul *sistemului America* și putea să invoce *visul american*.

Iar atunci când a sosit ceasul, iar americanii au fost poftiți la urne, rezultatul era deja binecunoscut:

Noul președinte al Statelor Unite se numea Barack Obama.

Jucase genial în câștigarea diferitelor sisteme, pusese punctul pe „i", se catapultase – prin măiestria sa comunicativă nemaiîntâlnită – direct în centrul sistemului principal.

Utilizarea inteligentă a sistemelor

Ei bine, am putea studia orice campanie electorală din mediul politic și vom ajunge de fiecare dată la același numitor comun, și anume acela că pretendenții trebuie să dispună de abilitatea de a gândi în *sisteme*, dacă vor să câștige. Totodată, trebuie să înțeleagă *valențele* aplicabile în cadrul fiecărui sistem, trebuie să identifice respectivul numitor comun al diferitelor grupe țintă, adică trebuie să poată diferenția în detaliu între subiecte importante și subiecte neimportante.
În funcție de situație, acest lucru nu necesită numai finețe, ci și tehnici de sondare a opiniei publice, asupra cărora nu dorim însă să insistăm în acest context.
După cum spuneam, un *sistem* se poate manifesta printr-o multitudine de elemente. Până și îmbrăcămintea, teoretic cel mai neimportant dintre toate criteriile, poate fi extrem de importantă pentru anumite grupe-țintă!
Dar trecând peste faptul că trebuie să înțelegem și să percepem tocmai aceste valențe *din cadrul* sistemelor, mai există o metodă, care este superioară chiar și acestei tehnici.

POZIȚIONAREA DEASUPRA UNUIA SAU MAI MULTOR SISTEME

Bineînțeles că nu putem obiecta nimic cu privire la încercarea de a înțelege sistemele afundându-ne în ele, pentru a percepe apoi regulile scrise sau nescrise ale acestora, de a le urma și de a studia meticulos toate valențele din cadrul sistemelor.
Însă pe de altă parte, putem adopta o poziție complet diferită, pe care trebuie să o percepem în cea mai profundă esență a sa, pentru a-i putea înțelege cu adevărat puterea.
Pentru început, puțină teorie: Cu siguranță avem posibilitatea de a ne repoziționa în raport cu sistemele în cauză – și anume să le abordăm într-o oarecare măsură din afară sau din exterior. Atunci când ne deplasăm privirea de la un anumit

individ către *relația dintre indivizi*, ne plasăm astfel într-o poziție foarte confortabilă, chiar dominantă.

Spre ilustrare, iată câteva exemple:
Atunci când punem în mișcare un autovehicul, nu acționăm *în* motor sau *în* cutia de viteze. Acestea se află într-adevăr în vehicul, fiind astfel parte a sistemului acestuia, dar cu toate astea se află totuși *în afara* tracțiunii propriu-zise. Noi acționăm asupra volanului și apăsăm pedala de accelerație. Această poziție ne ridică practic de deasupra componentelor sistemului, oferindu-ne posibilitatea de a supraveghea și de a controla mult mai bine elementele acestuia. O astfel de poziționare este într-adevăr singura posibilitate de a stăpâni un sistem. Într-o anumită măsură, ne vom afla deasupra forțelor obiective (puterea motorului, caroseria din oțel și așa mai departe), cu toate că aceste forțe le depășesc înzecit pe ale noastre, atât în ceea ce privește puterea efectivă, cât și stabilitatea. *Sustrăgându-ne sistemului, ajungem să-l stăpânim.* Nici nu trebuie să știm cu exactitate, *cum* și *de ce* se mișcă un autovehicul. Nu trebuie să fim nici tehnicieni auto, nici fizicieni, ingineri sau specialiști în aerodinamică. Dar cu toate astea știm ce trebuie să facem pentru a pune autovehiculul în mișcare. Cunoaștem regulile și interacțiunea necesară și suntem astfel stăpâni asupra sistemului. Prin urmare, nu avem nevoie de nici un fel de cunoștințe de specialitate (poate doar câteva) cu privire la modul de funcționare al sistemului.

Vă aduceți aminte de exemplul nostru cu joaca copiilor într-o țară străină, a cărei limbă nu o cunoașteți? Prin observare atentă ați putut totuși să învățați *regulile* jocului. Trăgând concluzii cu privire la mutările jocului, adică a interacțiunii pe care ați observat-o, ați putut identifica regulile acestuia.

Pe scurt, puteți învăța un joc numai datorită faptului că 1. vă aflați *în afara* sistemului și 2. trageți concluzii cu privire la efectele diferitelor mutări observate în decursul jocului. Dacă nu ați observa jocul din *exterior*, nu v-ați putea familiariza niciodată cu regulile acestuia.

Aceeași procedură se aplică și atunci când discutăm despre influențarea comportamentului uman. Studiem interacțiunea și concluzionăm nu asupra caracteristicilor partenerilor de comunicare, ci asupra a ceea ce intenționează ei să obțină prin intermediul comunicării lor.
Din această poziție superioară veți dispune de cu totul și cu totul alte posibilități de influențare, decât dacă ați încerca să țineți partea unuia sau a celuilalt.

Cu siguranță cunoașteți numeroase exemple, care vă demonstrează ce putere vă conferă o asemenea poziție. Tatăl sau mama, respectiv persoana care se află *deasupra* celor doi copii care se ceartă, poate restabili mult mai rapid liniștea și pacea decât o persoană care ține partea unuia dintre copii și a cărui decizie va fi urmată doar șovăielnic și îmbufnat – fără ca disputa să fie de fapt soluționată.

Despre anumiți politicieni s-a spus că tocmai în acest fel au reușit să soluționeze elegant anumite probleme. La început, ei au lăsat părțile aflate în dispută să se războiască reciproc până la epuizare, până când „și-au epuizat cuvintele", până când febra luptei s-a liniștit, iar spiritele s-au potolit. Apoi și-au făcut apariția, la fel de brusc ca și pasărea Phoenix din cenușă, și au putut conduce cu mare ușurință părțile implicate către un compromis.
Probabil că tocmai din acest motiv casele regale ale Europei de astăzi, care din punct de vedere funcțional se află neutre deasupra partidelor, sunt atât de îndrăgite – tocmai pentru că pot asista din exterior la dispute.

Casa regală britanică, care din secolul al XVI-lea a trebuit să-și demonstreze în permanență puterea, se află astăzi în confortabila poziție de a se putea sustrage complet politicii cotidiene – în timp ce, pe de altă parte, nici Stânga, nici Dreapta, nu s-ar încumeta să pună la îndoială instituția monarhiei ca atare. În ciuda tuturor disputelor și în ciuda presei de scandal, nimeni nu este mai iubit în Anglia decât casa regală, care în culise dispune încă de o putere extrem de reală: Se pare că regina britanică este a zecea persoană pe lista celor mai bogați oameni ai planetei.
Conexiunile casei regale britanice continuă să se întindă în întreaga lume. Este foarte posibil, ca regalitatea britanică să fi devenit între timp chiar mai puternică decât pe vremea lui Henric al VIII-lea sau a altor regi britanici care au trebuit de fiecare dată să ia partea cuiva și care au periclitat în mod real instituția monarhiei, fiind implicați de-a lungul secolelor în numeroase lupte pentru putere.

Pe de altă parte, cel târziu de pe vremea regilor prusaci, știm cât de inteligent este să ne sustragem activităților religioase și să ne poziționăm într-o oarecare măsură deasupra sistemului. Atunci când Ludovic al XIV-lea, renumitul Rege Soare, a cărui strălucire s-a revărsat de-asupra întregii Europe, a fost atât de nechibzuit să-i izgonească pe hughenoți – adică pe protestanții francezi – din propria lor țară, înțeleptul principe elector Friedrich Willhelm al Prusiei i-a primit cu brațele deschise.
În sine, el le-a arătat tuturor caselor regale europene cum ar trebui să se comporte în respectiva perioadă contemporană confuză și marcată de intoleranță religioasă. Pur și simplu, cu toții ar fi trebuit să se ridice *deasupra sistemului* sau sistemelor.
Însă majoritatea caselor regale ale vremii militau cu disperare pentru un singur sistem al credinței, în speranța deșartă, că acesta ar contribui la creșterea stabilității în propria țară.

Și când ne gândim că istoria a dovedit de atâtea de ori, că toleranța religioasă, chiar și față de cea mai mică, neînsemnată și nepopulară sectă, este unul dintre secretele succesului artei guvernării.

În orice caz, Friedrich Wilhelm al Prusiei a primit hughenoți cu brațele deschise, în special datorită faptului că aceștia erau bine educați, harnici și muncitori.

Edictul de la Potsdam le-a garantat libertatea religioasă. Regele însuși a rămas un calvinist convins, însă nu a făcut mare caz în această privință. I-a acceptat pe luterani, la fel ca și pe catolici, pe calvini sau pe iudaici. Fiecare avea dreptul să găsească mântuirea în propriul său fel.

Prin urmare, „Marele principe elector", după cum a fost numit ulterior, s-a poziționat deasupra sistemului, sau, mai exact, deasupra diferitelor sisteme!

Rezultatul a fost copleșitor: Prusia a cunoscut o înflorire de neînchipuit, pentru că aproape 20.000 hughenoți s-au mutat pe vremea aceea în zona Berlin-Brandenburg-Prusia. Brusc, țara dispunea de un know-how nou, existau meseriași excelenți, tehnicieni dintre cei mai iscusiți și numeroase firme, care, la rândul lor, puteau angaja personal. Tehnicile utilizate în agricultură s-au îmbunătățit, industria mătăsii a înflorit, iar industria s-a îmbogățit cu noi ramuri de activitate, care apăreau aidoma ciupercilor după ploaie.

Mai mult, întrucât Marele principe elector a fost atât de inteligent încât să mențină impozitele la un nivel scăzut, mulți dintre cei persecutați pe motive religioase au văzut în Prusia o oază de speranță.

Urmașii săi au fost destul de inteligenți să nu se abată de la acest principiu al toleranței religioase, regii prusaci de mai târziu menținând formula sa de succes. Rezultatul îl cunoaștem: Prusia a devenit atât de puternică, încât a depășit la un moment dat chiar și pe cel mai mare concurent, Austria.

Toleranța religioasă este numai *un* exemplu pentru a demonstra că metoda poziționării *deasupra* sistemelor și abordării acestora într-o oarecare măsură din exterior, poate conduce către o înflorire generală considerabilă.

O astfel de poziție permite unei persoane să influențeze cele mai diverse aspecte. Fiind văzută ca entitate neutră, cuvântul ei dispune de o greutate corespunzătoare.

O altă posibilitate de influențare ni se relevă atunci când privim diferitele planuri ale comunicării.

Acestea conțin numeroase învățăminte, care se vor dovedi a fi enorm de utile în contextul nostru.

Comunicarea şi un nou mod de a gândi

Comunicarea umană este determinată întotdeauna de (cel puţin) două planuri elementare. Avem de a face – şi asta este de o importanţă majoră în ceea ce priveşte problematica influenţării oamenilor – cu *două realităţi*. Să le numim *realităţi de prim rang* şi *realităţi de rang secund*. Fiecare comunicare se desfăşoară pe un *plan al obiectului* şi un *plan al relaţiei*. Planul obiectului (comunicarea de prim rang) *descrie* lucrul în sine.
Permiteţi-mi să ilustrez această axiomă printr-un exemplu. Afirmaţia: *„Acesta este un produs nou"*, descrie în primă fază doar un aspect al realităţii (în cazul nostru, obiectul), şi anume faptul că este vorba despre un nou produs al unei anumite firme. Informaţia a fost transmisă prin *limbaj* (pe care, repet, cercetătorii comunicării îl denumesc *comunicare digitală*), şi care, în sine, este neutru. Faptul că firmele dezvoltă produse noi nu este ceva ieşit din comun. Produsul s-ar putea afla chiar pe masă, astfel încât toţi participanţii să se poată convinge de existenţa sa. Pe planul obiectului totul este destul de simplu, întrucât acest plan este de regulă de netăgăduit. Până aici, totul este destul de simplu – dacă nu ar exista şi celălalt plan al comunicării.
Aici nu mai este vorba despre obiectul în sine, ci despre valorile pe cale le *atribuim* noi afirmaţiilor. Brusc, ne plasăm într-o sferă care poate fi descrisă în multe feluri, însă nu în termeni precum „simplu", „obiectiv" sau „neutru". Ajungem astfel în punctul în care nu mai este important *ce* se comunică, ci *cum* ajunge mesajul la destinatar. Afirmaţia neutră *„Acesta este un produs nou"* are pe planul relaţiei (de rang secund) una – sau nenumărate – alte valenţe. Calităţilor pur fizice ale obiectului li se alătură un alt aspect al realităţii, şi anume semnificaţia, valoarea şi sensul pe care îl atribuim noi obiectului. Astfel, în realitatea rangului secund iau naştere concluzii (negative) precum:
„Tipul vrea să-mi vândă prostia asta, care pe mine nici nu mă interesează..."
Prin urmare, orice comunicare are întotdeauna *două* aspecte – iar fatalitatea situaţiei rezidă în inevitabilitatea acestei dihotomii.

EVALUAREA SUBIECTIVĂ

Atunci când discutăm despre influenţarea oamenilor, comunicarea de rang secund este mult mai importantă decât conţinuturile nemijlocite ale comunicării de prim rang. Rezultatele, concluziile şi interpretările se nasc pe acest plan aşa-zis independent de obiect şi în mod individual *în* om şi *prin el însuşi*. Astfel, din perspectiva analizelor şi evaluărilor noastre, ele dispun de cea mai mare prioritate şi *valoare*. Este în natura sistemului uman să alocăm cea mai mare însemnătate şi valoare tocmai acelor elemente pe care le-am descoperit, le-am dezvoltat şi le-am construit noi înşine.

Dacă vă construiţi o casă, oricât de mică şi de simplă, în ochii dvs. şi a familiei dvs. ea va avea întotdeauna cea mai mare valoare. Dacă cineva îi va critica modul de construcţie sau stilul, (vă) veţi apăra şi veţi găsi multe motive logice pentru a justifica faptul că aţi construit casa tocmai aşa şi nu altfel.

Acelaşi lucru îl veţi face şi atunci când va fi vorba de maşina dvs., care este „de fapt" prea mare, prea scumpă şi neeconomică. Există mii de argumente pentru a conduce un Porsche. Există la fel de multe argumente de a conduce un Volvo – anost din punctul de vedere al unui şofer de Porsche, însă economic şi sigur. Pe de altă parte, există pur şi simplu nenumărate argumente doar pentru a conduce o maşină...

La fel stau lucrurile şi atunci când este vorba despre concluzii intelectuale sau „simple" păreri. Sistemul de ordine, ideologia, realitatea sau viziunea asupra lumii, numiţi-o cum vreţi, compară orice comunicare venită din exterior cu regulile *interne* ale *propriului* sistem, după cum am descris mai devreme. Fiecare componentă deplasată de la locul ei obişnuit poate reprezenta teoretic un *atac*. De-a lungul vieţii noastre am învăţat din nenumărate exemple şi experienţe, că atacurile asupra sistemelor pot duce la distrugerea acestora şi astfel – după cum este cazul sistemului uman – ne pot distruge pe noi înşine. Prin urmare, bineînţeles că ne apărăm! Iar aceste mecanisme nu se regăsesc în planul obiectului, ci se construiesc în planul relaţiilor, în planul comunicării de rang secund.

La binecunoscuta discuţie cu privire la alegerea maşinii dvs. sau a mărcii „corecte", asociate cu nenumărate valenţe, este rareori vorba despre obiectul în sine, despre structura şi tehnica de care dispune acesta. Puţini dintre şoferi pot face faţă unei discuţii tehnice de specialitate. Mai degrabă este vorba despre caracteristicile pe care i le atribuim vehiculului nostru iubit. O maşină este, în sine, un simplu instrument tehnic, destinat deplasării dintr-un loc în altul. Doar diferenţele din planul relaţiilor transformă acest mijloc de locomoţie în subiectul exploziv al unor discuţii înfierbântate şi uneori chiar foarte personale. Acest subiect devine interesant la analizarea diferenţelor de percepţie dintre bărbaţi şi femei cu privire la valoarea pe care o atribuie aceştia unei maşini.

Să luăm exemplul unei tinere doamne, care apelează la serviciile de consultanță ale unui vânzător prietenos, ambițios din punct de vedere tehnic și perfect instruit. Acesta prezintă cu cel mai mare angajament tehnologia revoluționară a noului model. Fiecare detaliu este explicitat, vânzătorul dându-se pur și simplu peste cap, iar entuziasmul său nu cunoaște limite. Este menționată fiecare inovație, în special în comparație cu modelele concurenței. În timpul parcursului de probă, împinge aparatul până la limite și demonstrează că mașina este într-adevăr ultimul răcnet în materie de siguranță și tehnologie automobilistică. La finalul exposé-ului său, *doamna* are doar o singură întrebare:
„O aveți cumva și pe roșu?"

DIFERENȚE PE PLANUL RELAȚIILOR

Să rămânem încă un moment la îndrăgitul subiect al automobilului. Aici putem recunoaște faptul că în interiorul *sistemului Automobil* pot lua naștere facțiuni care, la rândul lor, dau naștere unor sisteme complet noi.

Subiectul ne ademenește la inserarea unei glose, care descrie mentalitatea aparent diferită a două „tipuri de conducători auto", de fapt două sisteme diferite, care se definesc prin însăși autovehiculul condus. Reprezentativi în scopurile noastre sunt un șofer al mărcii de lux *Porsche* și un șofer al clasicului *Opel Manta*. Zâmbiți? Atunci știți deja despre ce e vorba. Pentru neștiutori trebuie totuși să menționăm faptul că în această situație, purtătorii de Rolex, domni bine situați, cu lănțișor de aur sau cel puțin ac de cravată aurit și styling lejer, se întâlnesc cu tinerii mai dintr-o bucată, cu părul tuns în franjuri, purtând cizme de cowboy, pentru care *DEX-ul* este o piesă de tuning despre care nu vor decât să știe cum poate fi montată în mașina lor sport retușată. Două lumi, am putea spune chiar două imperii diferite, cu opiniile și părerile   lor, intră în coliziune în acest clișeu. În timp ce șoferul de Porsche preferă în dreapta sa – spune clișeul – o domnișoară de lux cel puțin cu 20 de ani mai tânără și împodobită cu diamante, accesoriul obligatoriu al șoferului de Manta este o frizeriță blondă, cu decolteu mare, fără pretenții intelectuale prea ridicate, ea fiind totuși, prin comparație, pasagerul mai inteligent din autovehicul. Aceste detalii rezidă în câteva detalii elementare. Șoferul de Manta este semidoct, dotat însă cu o inteligență automobilistică cu tendințe de dezvoltare – cel puțin așa ni-l descrie clișeul. De cealaltă parte avem șoferul de Porsche, cu studii, ceea ce implică deseori o ușoară doză de infatuare, calitate ce nu i-o putem dezice de-a întregul nici șoferului de Manta. Astfel, șoferul de Manta este convins că o doză de bere și un început de burtă sunt sexy, pe când rasatul șofer de Porsche (cu frunte înaltă sau păr tapat) cel mult își umezește buzele într-un pahar de șampanie. O altă similitudine rezidă însă tendința de depășire a vitezei legale. Șoferul de Porsche își derogă dreptul din necontestata superioritate în cai putere, în timp ce colegul din Manta pare să sugereze cel puțin o conștiință a nedreptății, documentabilă printr-o paletă bogată, dar nu mai puțin absurdă de argumente.

Relația tensionată dintre cele două tabere de șoferi poate fi explicitată extrem de elocvent prin următorul episod din cotidianul automobilistic: Un șofer de Manta și unul de Porsche se află amândoi pe drum, pe o autostradă. Șoferul de Porsche vrea să se odihnească, intră într-un refugiu și își direcționează autovehiculul către un loc pe parcare. Șoferul de Manta se folosește de oportunitate, fără a se sinchisi de creșterea uzurii cauciucurilor și își așează propria mașină în locul de parcare cu pricina, chiar înaintea Porsche-ului. Șoferul de Porsche se uită urât, dar nu lasă să se întrevadă nimic. În timp ce coada de vulpe de pe antena Manta-ului continuă să danseze din inerție, șoferul acesteia coboară geamul și spune: „Mda, Manta ar trebui să ai!"
Jocul se reia la următorul refugiu. Porsche-ul vrea să parcheze, Manta-ul îi ia locul de parcare, nu fără a-i striga: „Mda, Manta ar trebui să ai!"
Șoferul de Porsche se luptă să-și păstreze calmul, fără a lăsa ceva să se vadă. Dar și-a făcut calculele fără șoferul din Manta, deoarece la al treilea refugiu acesta accelerează și ocupă din nou locul de parcare al șoferului Porsche. Acesta nu mai este deloc *amused* și accelerează la rândul său. Se îndreaptă către Manta și o lovește cu toată puterea celor 530 CP. Se aude o bubuitură puternică. Când se risipește ușor praful din jurul celor două resturi de mașini, apare un șofer de Manta aproape podidit de lacrimi și un șofer de Porsche cu zâmbetul pe buze, care se îndepărtează cu pași domoli din cadru, spunând: „Mda, bani ar trebui să ai!"

Această simplă afirmație s-a ridicat aproape la rang de lege. Întrebat de situația Porsche / Manta, Eckhard Eyb, purtător de cuvânt al Porsche, a declarat următoarele: „Între Porsche și Manta nu există aproape nicio tangență." Dar în același timp a explicat că trebuie totuși lăudat randamentul unui Manta, ca garant a succesului în cursa de 24 de ore de pe Nürburgring. „Ca un vapor cu aburi își făcea turele, fără a se strica. Poate că, pe atunci, Manta era vehiculul ideal, la care un Porsche putea doar visa".

Am putea continua cu zeci de glose pe această temă, dar cred că mesajul este destul de clar: iubitorii de automobile formează sisteme proprii, în funcție de tipul mașinii pe care o conduc, ajungând deseori la să se combată cu înverșunare. Iar faptul că „sistemul Automobil" este doar o parte a altui sistem nu cred că mai trebuie subliniat. Sper ca toți șoferii de Porsche sau de Opel Manta care nu corespund clișeelor enunțate să-mi ierte cele de mai sus.

Prin urmare, este indubitabil faptul că dragostea pentru un anumit tip de mașină definește și descrie un sistem, care uneori este perfect ermetic.

ADEVĂRUL ADEVĂRAT

Așadar, putem spune că, pe planul relațiilor, *mesajele* corespund „adevărului adevărat" sau realității de facto a adresantului. Afirmațiile, ofertele sau altele enunțuri similare sunt comparate întotdeauna cu regulile propriului sistem. Am definit acest proces prin termenul de „screening", deoarece comunicarea este trecută încă o dată printr-un filtru mental, definit de propria realitate. Este evaluată. Și tocmai pe acest plan se iau deciziile! Simpatiile, antipatiile, preferințele, aversiunile, siguranța, pericolele, avantajele, dezavantajele, dorințele, necesitățile... tot ceea ce ne este important are loc în acest plan.
Prin urmare, în fiecare comunicare, planul relațiilor este de fapt cel definitoriu.
Vă rog să nu uitați acest lucru atunci când comunicați.

În majoritatea proceselor de comunicare umană nu este vorba despre ceea ce spuneți, scrieți sau gesticulați. Pentru a-și forma o opinie, partenerul dvs. de comunicare nu este interesat decât de modul în care percepe el însuși respectiva comunicare.

ÎNTREBUINȚARE

Acum ați putea obiecta, pe bună dreptate, că întreaga teorie este într-adevăr tare simpatică, dar că trebuie totuși să-și găsească aplicabilitatea în practică.
De acord! Să încercăm așadar să oferim un alt exemplu, de această dată unul din „viața reală".

Ca fondator și manager al unui concern internațional de software, pe care l-am cotat la bursă în anul 2000, am avut de a face zilnic cu mulți oameni. Chiar și atunci când firma crescuse la câteva sute de angajați, am încercat să rămân „cât de cât" palpabil și abordabil fiecărui angajat. Imaginea șefului de trib, anonim și baricadat în spatele unui zid de beton reprezentat de doamna din anticameră, doar pentru a nu da ochii cu „adevăratele probleme" ale firmei și ale angajaților, mă îngrozea. Din acest motiv, purtam în mod regulat discuții cu angajații din toate departamentele și de la toate nivelurile.
Dar pentru a nu fi nevoit să port timp de 16 ore pe zi astfel de discuții, a trebuit să definesc anumite condiții care trebuiau îndeplinite pentru a mă putea aborda direct. De exemplu, dacă cineva solicita o întâlnire personală, trebuia „să fie vorba despre o problemă evident insurmontabilă, care, într-un fel sau altul, contravine unuia dintre principiile firmei".
Unul dintre principiile firmei mele era de exemplu *viteza*.
Din punctul meu de vedere, o firmă trebuie să rezolve rapid problemele, lentoarea și inerția fiind cele mai sigure metode de a duce o firmă la îngropăciune.

Bineînțeles că subiectul discuțiilor cu angajații nu erau acele elemente care funcționau în mod corespunzător. Când ajungeai la „Șef", era vorba despre „probleme" care nu puteau fi soluționate în relația cu ceilalți colegi, probleme care poate aveau de-a face cu factorul viteză – sau poate nu. Indiferent de situație, toată lumea aștepta de la mine întotdeauna soluția perfectă, ca de la un magician care pocnește din degete și scoate un iepure din pălărie.

Unii dintre angajații mei erau adevărați maeștrii în a-mi explica cum anumiți colegi nu funcționau sau funcționau defectuos. După un timp mi-am dat seama că în absolut niciuna dintre respectivele situații nu era de fapt vorba despre „problema" în sine, ci despre *relațiile* cu respectivii colegi.
Deci trebuia să întreprind ceva. Mai întâi îi mulțumeam cu căldură respectivului angajatul pentru angajamentul său în buna funcționare a firmei. Îi dădeam de înțeles că apreciez astfel de oameni – ca el / ea –, care se implică atât de mult în problemele firmei. Apoi îl invitam să plece, fără a aborda problema pusă în discuție, însă dându-i totodată o sarcină. Sarcina? Să se gândească la cinci argumente și perspective, care să justifice tocmai *acel* comportament al colegului sau colegei sale. Îl sfătuiam să se pună în situația colegului său (poziție, funcție, sarcini) și să se gândească ce ar fi putut să-l *determine* pe acesta să se comporte tocmai în *acel* fel și *ce* intenționa acesta să obțină astfel. După care stabileam imediat o nouă întâlnire, în care ar fi urmat să-mi prezinte cele cinci puncte.

Pot să vă asigur că niciun angajat nu s-a mai înfățișat la a doua întâlnire. La interpelări ulterioare mi se spune mereu că „problema" se rezolvase.
Bineînțeles că ceea ce obțineam astfel era tocmai faptul că o astfel de persoană cu spirit critic trebuia să se transpună în sistemul colegului său.

Iar acum, haideți să ne întrebăm: în ce rezidă de fapt astfel de probleme, din punctul de vedere al tehnicii comunicării?

NECUNOSCUTUL

Pe scurt, putem pune degetul direct pe rană și putem afirma următoarele:

Ce nu cunoaștem, nu există!
În orice caz, (într-o oarecare măsură) nu există în realitatea noastră!

În cadrul comunicării umane avem deseori de a face cu *probleme* în sensul unor *sarcini* (aparent) *nerezolvabile*. Acesta este întotdeauna cazul atunci când ne aflăm *în cadrul* unui sistem și al regulilor sale, care însă nu conține reglementări cu privire la *schimbarea regulilor*. O modificare a propriilor reguli se impune de exemplu atunci când sistemul este confruntat cu o situație care impune o reacție

– chiar şi temporară – la un eveniment *neprevăzut*. Tocmai acest lucru se întâmplă atunci când se întâlnesc două sisteme, după cum este cazul la fiecare comunicare interumană. Cele două universuri individuale nu dispun pe moment de nicio posibilitate de reconciliere, atâta timp cât sistemele respective nu prevăd reguli pentru astfel de situaţii. O adevărată problemă. Soluţia – dacă există – poate fi găsită numai în afara sistemului, respectiv tocmai prin părăsirea sistemului.

Probabil cunoaşteţi fenomenul din coşmarurile care vă bântuie uneori nopţile. Aici treceţi prin cele mai dificile şi ameninţătoare situaţii, vă observaţi pe dvs. înşivă din afară, dar nu puteţi găsi nicio soluţie. Ameninţarea poate lua cele mai ciudate şi mai insuportabile forme. *Simţiţi* o ameninţare serioasă, existenţială. Uneori, în coşmaruri, staţi disperaţi „alături", ca observator al propriilor scenarii. Poate aveţi chiar şi o idee de soluţionare a situaţiei. Încercaţi să ţipaţi pentru a vă face simţită prezenţa şi pentru a avertiza asupra pericolului... însă pur şi simplu pare să nu vă audă nimeni. Visul îşi urmează firul. Scăpăm de vis doar în momentul în care ne trezim. Dar trezirea – şi aici intervine paralela cu cele discutate anterior – *nu* mai face parte din vis, ci este cu totul altceva, şi anume o soluţie, care rezultă din părăsirea visului.

Aşadar, soluţia se află *în afara* sistemului Vis.

PROBLEME ŞI SOLUŢII

Din aceste motive şi din multe altele, sistemul comunicării pe planul relaţiilor este, în mod tragic, foarte inert şi dispune foarte rar de reguli care să permită schimbarea propriilor reguli. Bineînţeles că prin sarcinile amintite în exemplul cu angajaţii provocam intenţionat un comportament care cerea părăsirea propriului sistem. Încurajând angajatul să se transpună în situaţia celuilalt, acesta trebuia să îşi ia adio, chiar şi pentru scurt timp, de la confortul propriului sistem. Simpla solicitare, care trebuie formulată deseori în timpul certurilor, de „a avea *înţelegere* şi pentru celălalt" ar fi avut exact rezultatul opus. A cere înţelegere „de dragul păcii" nu duce de fapt la înţelegere reciprocă. Într-o asemenea situaţie, sistemul se dă la o parte de dragul unui ţel mai înalt – aici: „pacea". Însă acest lucru conduce rareori către o soluţie, provocând mai degrabă o reacţie defensivă mult mai puternică. Doar în momentul în care îi solicitam să descopere cinci motive pentru comportamentul colegului, angajatul era „forţat" să abordeze comunicarea cu oponentul său din planul relaţiilor. Numai din această poziţie se pot identifica apoi *soluţii* pentru problema care iniţial era de nesoluţionat, aceasta devenind dintr-o dată doar o *dificultate* uşor de depăşit.

DESPRE ARTA DE A GĂSI SOLUȚII

Abordarea *problemelor neprevăzute* este într-adevăr un subiect dificil. În general, la început, tindem să negăm tot ceea ce nu poate fi prevăzut. Cât de bine exprima Christian Morgenstern acest lucru într-o poezie: *"Astfel blochează ca o lamă, tot ce nu poate fi, ce nu are voie să fie..."*.

Chiar și acest fenomen poate fi explicat prin mecanismele sistemului și prin dualismul care îl caracterizează. Regulile au tendința de a urma un *algoritm linear*. Sau, mai simplu: de obicei sunt destul de statice, inerte și primitive. În general, construim reguli pe principiul Dacă-Atunci.

Adică, *presupunem apariția anumitor situații* și fixăm în cadrul regulilor noastre consecințe aferente acestora, care la rândul lor devin baza altor presupuneri ce vor impune iarăși stabilirea unor consecințe... De cele mai multe ori, nimic mai mult. Ceea ce înseamnă că pornim de la o logică destul de primitivă, de la care nu ne abatem.

O a treia soluție, care ar putea fi găsită în afara sistemului, nu există. Rezultatul este reprezentat întotdeauna de realitatea din cadrul sistemului, adică: sistemul existent se cimentează chiar mai bine.

Un matematician, de exemplu, dispune de multiple tehnici pentru a ilustra astfel de sisteme și pentru a le reprezenta prin formule simpatice. În cadrul acestor mecanisme putem într-adevăr să vorbim despre „corect" sau „fals". Rezultatele sunt evident univoce. Situațiile neprevăzute sunt eliminate însăși prin regulile sistemului. Dacă nu faci greșeli de calcul, adică dacă nu încalci regulile sistemului, nu apar probleme.

Dar matematica își definește propriile premise și nu redă viața în sine. Oricât de „inteligent" ar fi limbajul matematic, el rămâne totuși îngrădit de faptul că până și în cele mai complicate ecuații se pleacă de la anumite premise care redau o idealitate abstractă, nu realitatea.

Orice sistem matematic poate fi distrus în momentul în care sunt atacate direct axiomele care îi stau la bază.

Viața – comunicarea interumană – funcționează după alte principii. Aici trebuie să luăm în considerare, matematic vorbind, mai multe necunoscute în cadrul ecuației – și avem nevoie în special de posibilitatea de a ne mișca în afara sistemului definit.

Educația noastră și implicit modul nostru de gândire se bazează pe faptul că *învățăm din trecut*. Urmând regulile matematice ale statisticii și ale calculului probabilității și bazându-ne pe repetarea anumitor evenimente în trecut, concluzionăm că aceste evenimente sunt corecte și le postulăm ca *adevăr* pentru viitor. Iar această stare de fapt conduce către manifestarea tot mai profundă și stabilă a sistemelor. Astfel, ele se reconfirmă în mod repetat pe ele însele. Orice

dificultate de care ne lovim ne aminteşte de o situaţie asemănătoare, deja trăită sau învăţată. Formulăm verdictul final pe baza celor două supoziţii: *corect* sau *fals*, deci dualist. Am putea vorbi şi despre o logică aristotelică, care la rândul ei se bazează pe două valori, cunoscând doar *corect* sau *fals* – o abordare care ar trebui să fie demult depăşită.
Cele mai complexe situaţii au fost constrânse bunăoară în termenii acestei logici aristotelice, încercându-se descrierea sau clarificarea lor – de multe ori cu rezultate dintre cele mai modeste.
Pe scurt, trebuie să scăpăm de această logică bivalentă sau bipolară, care este mult prea primitivă şi deseori inutilizabilă.

Însă contextul care a permis acestui mod de gândire şi acestui tip de logică să câştige atâta popularitate vorbeşte de la sine: este incredibil de comod!
Fie se potriveşte regulilor cunoscute, fie nu se potriveşte. Nu trebuie să ne mire faptul că sistemul nostru uman funcţionează în acest fel. Două argumente esenţiale susţin această caracteristică a sistemului uman. Pe de o parte, din lipsă de timp, individului îi este imposibil să se reinventeze mereu pe sine şi lumea în care trăieşte. În loc „să trăim", am fi mereu preocupaţi să creăm noi reguli şi adevăruri, pentru a putea evolua către un sistem nou, superior. Pe de altă parte, par să lipsească motivele întemeiate de a renunţa la soluţiile testate, încercate şi reconfirmate în mod repetat, uneori chiar în condiţii dificile, cu suportarea unor lipsuri sau a unor investiţii semnificative. De ce să ne schimbăm modul de gândire, când pare că ne descurcăm atât de bine?

NOUL MOD DE GÂNDIRE

Însă pericolul care se ascunde în acest mod de abordare este evident. Soluţiile disponibile din *exteriorul* sistemelor nu sunt luate în considerare. Iar acesta este în mod evident unul dintre motivele datorită căruia există dificultăţi în comunicarea interumană. Pentru că (din cauza sistemului) este foarte dificil, uneori chiar imposibil, să ieşim din propriul nostru sistem, adică din noi înşine.

O alternativă la învăţarea din experienţele trecute, pentru a *reacţiona* la situaţii din prezent, este *planificarea antreprenorială* cu ajutorul aşa-numitelor *scenarii*. Acestea ne ajută să ne imaginăm o stare de fapt (dorită, gândită) în viitor, pentru a deduce apoi – din viitorul considerat a fi real – soluţiile pentru prezent. Avantajele acestei metode constau în faptul că la baza analizei nu stă trecutul, ci tocmai viitorul nesigur, necunoscut. Întrebarea esenţială este astfel „inversată" temporal, permiţând apariţia unor perspective cu totul noi. Într-un scenariu, antreprenorul se întreabă cum ar trebui să arate astăzi organizaţia sa, structura acesteia, măsurile sale, pentru a putea atinge situaţia dorită din viitor.

Cu alte cuvinte, antreprenorul învață să gândească într-un mod complet nou, fără a se agăța disperat de trecut.

Statisticile și valențele experiențelor din trecut joacă doar un rol secundar. Unele dintre ele pot fi aruncate la gunoi. Tot ce contează este ceea ce am previzionat în viitor. Iar premisa de bază a acestei metode este bineînțeles părăsirea propriului sistem. Un punct de vedere care să *provină* din viitor și care să privească înapoi către prezent înseamnă părăsirea existenței curente, condiționate de trecut.

Cunoaștem această metodă din sporturile cu motor. Factorii care determină succesul intrării rapide (și sigure) într-un viraj sunt viteza, momentul abordării (virarea către curbă), momentul accelerării (virarea și accelerarea la ieșirea din curbă) și momentul ieșirii, când părăsim virajul cu viteza optimă, pentru a avea destul avânt pentru următoarea linie dreaptă. După cum observați, există o multitudine de factori care trebuie luați în considerare și care, în mod ideal, trebuie să decurgă automat. Condiția cea mai importantă pentru a trece printr-un viraj, condiția indispensabilă per se, este *privirea*. Regula spune că deja de la intrarea în viraj trebuie să analizezi *finalul virajului*. Dacă acesta nu este vizibil datorită structurii terenului sau a particularităților virajului, șoferul ar trebui să-și îndrepte privirea asupra punctului maxim de vizibilitate a virajului.
Această abordare este absolut indispensabilă la conducerea unei motociclete. Motociclistului, care conduce și menține echilibrul întregului vehicul prin intermediul propriului său corp și prin schimbarea centru său de greutate, îi este aproape imposibil să conducă în altă direcție decât cea în care i se îndreaptă privirea.

O strategie asemănătoare este folosită de către alpiniștii experimentați, care, *înainte* de escaladarea versantului, analizează ruta de coborâre, deci ruta de la vârf *înapoi*.

Acestea sunt doar câteva exemple pentru modul în care putem concluziona din viitor asupra prezentului, pentru a ne putea optimiza astfel comportamentul.
Să ne dedicăm acum unui exemplu spectaculos.

Gândind în afara sistemului

Unul dintre cele mai interesant exemple pentru gândirea în afara unui sistem a fost practicat de legendarul manager Jan Carlzon, care a repus pe picioare compania SAS, un operator aerian suedez căzut la pământ.
Pentru început, el a prezentat fără milă greșelile făcute în anii precedenți (între 1970 și 1980).
Le-a explicat angajaților că, într-o piață aflată în stagnare, trebuie să lupți, trebuie să fii mai bun decât concurența, iar toată lumea trebuie să stea „umăr la umăr". Totodată, a atenționat asupra faptului că în trecut a existat o lume „sănătoasă" a companiilor aeriene, peste care s-a abătut acum însă furtuna, datorită noilor companii aeriene și a concurenților de pe piața zborurilor ieftine, datorită creșterii prețurilor la combustibil, creșterii costurilor, scăderii cererii și așa mai departe. A atras atenția asupra costurilor prea mari și asupra unor „băieți de cartier" de pe piața internă americană, precum Delta, dar și asupra companiilor aeriene europene, care pe moment luau tot suflul din pânzele SAS.
Carlzon a prezentat extrem de deschis structura costurilor și a numit răspicat fiecare domeniu deficitar.

După aceea, a pus mâna pe ceea ce a denumit „Broșurile de iluminare", pe care le-a împărțit întregului personal SAS și prin care a făcut un fel de salt către viitor.
A prezentat modul în care ar putea fi salvată compania aeriană suedeză. Într-o oarecare măsură, a proiectat asupra prezentului imaginea unui viitor ideal.
Mai concret, cerințele sale erau:

- creșterea eficienței fiecărui angajat, mai multă muncă;
- fiecare angajat trebuie să poziționeze necondiționat clientul în centrul preocupărilor sale;
- eliminarea birocrației inutile din cadrul SAS, renunțarea la formalități;
- punctualitate mult mai mare a aeronavelor SAS;
- vânzarea avioanelor inutile și concentrarea asupra câtorva tipuri;

- rute mai profitabile;
- concentrarea pe clientela de afaceri;
- servicii mai bune în punctele de vânzare;
- check-in simplificat pentru pasageri;
- spații de așteptare pentru clienți, dotate cu servicii, precum telefon, telex, cofetărie, servicii vestimentare și așa mai departe;
- îmbunătățirea confortului șederii în avion, mai mult spațiu pentru fiecare pasager;
- servicii de transport de la și către aeroport;
- oferte atractive pentru călătorii de vacanță și de plăcere;
- întrajutorarea angajaților chiar și în alte domenii decât cel primordial de activitate.

Vă puteți imagina ce a urmat.
Carlzon, care nu s-a gândit la trecut, ci s-a concentrat asupra viitorului, a fost starul scenei managementului anilor optzeci.
Deja în 1981, societatea repurta un profit de 448 milioane SEK, iar în 1985 de 1.017 milioane SEK. Carlzon era aclamat asemenea unui star de cinema.

ANALIZA SUCCESULUI

Bineînțeles – și asta trebuie să recunoaștem – acest succes fără egal s-a bazat pe numeroase elemente diferite. Managerul a fost într-adevăr un geniu al motivării, interesant fiind totuși faptul că a lăsat „psihologia" deoparte și s-a concentrat asupra factorului *comunicare*. (15)
Adică, atunci când era necesar, Carlzon discuta cu fiecare angajat în parte, realizând faptul că adevăratul capital al unei societăți nu sunt banii sau bunurile, ci angajații puternic motivați, funcționali, bine instruiți și fără frică de muncă – cu alte cuvinte: „capitalul uman".
A jucat cu toate cărțile pe masă, a descoperit fără indulgență punctele nevralgice ale trecutului și a sărit apoi direct în viitor.
La început, Carlzon s-a gândit ce ar trebui făcut pentru a iniția o schimbare radicală în cadrul SAS. El nu a rămas lipit de trecut, dovedit fiind faptul că trecutul eșuase.
Funcționase numai până la un anumit punct, acum era nevoie de o gândire externă dimensiunii „ieri".
Carlzon a utilizat dinamica de grup, a formulat obiective clare, dar foarte pretențioase, și a declarat cu o onestitate uimitoare că intenționa să readucă firma pe poziția nr. 1 pe relația de zbor către Germania. Totodată, folosea un limbaj clar, explicit, nu implica niciodată umorul în discursurile sale și nu ascundea faptele sub covor. Angajații puteau simți că în fața lor se prezintă un „conducător" în care puteai avea încredere. Deci nu un manager, ci un lider.

E de la sine înțeles că liderul a folosit tehnica exemplului personal. Le-a arătat angajaților că trăiește el însuși ceea ce pretinde de la ei, întrucât niciun conducător nu este mai neverosimil decât acela care cere totul, însă nu se ține de nimic.

Lee Iacocca, legendarul manager auto, care în anii optzeci a scos concernul Chrysler din criză, a dat mai mult decât un exemplu personal atunci când și-a acordat un salariu de un singur dolar – pentru a sugera, că *fiecare* trebuie să tragă cât de mult poate, pentru a reduce cheltuielile acestui producător de automobile căzut la pământ. (16)

Carlzon a economisit și el cât de mult a putut – în special în „management" a restrâns unitățile neproductive, de bătea vântul prin ele.

Există așadar diferite „formule de succes" pe care trebuie să le menționăm cel puțin parțial, de dragul adevărului, atunci când ne aflăm pe urmele fenomenului Carlzon. Totuși, din punctul meu de vedere, capacitatea de a gândi în viitor la masa prezentului a reprezentat probabil momentul decisiv care a făcut ca SAS să se ridice din cifrele roșii.

Dar să nu ne pierdem în labirintul analizelor succesului și să ne concentrăm din nou asupra subiectului nostru: cel al comunicării.
Într-adevăr, în această privință ne mai așteaptă câteva concluzii, care vorbesc de la sine.

Nu putem să nu comunicăm

Dacă dorim să analizăm mai îndeaproape puterea comunicării, nu putem evita să ne mai referim încă o data la calitatea planului relațiilor – l-am putea numi și planul emoțional – care există, în mod evident, în orice contact interuman.
Și tocmai în acest context se relevă o concluzie foarte interesantă.

Existența celor două planuri ale comunicării, cel de prim rang și cel de rang secund, face *imposibilă evitarea comunicării*.
Ce vreau să dovedesc astfel?
Ei bine, deja *încercarea* de a evita comunicarea transmite (pe planul relațiilor) faptul că nu dorim să comunicăm. Și astfel, comunicăm din nou. Prin urmare este imposibil să *nu* comunicăm.

Un scurt exemplu. Să presupunem următoarea situație: ne aflăm în sala de așteptare a unui cabinet medical. Nimeni nu vorbește. Am spune că în mod evident nu are loc niciun fel de comunicare. Dar această afirmație este valabilă doar pentru partea digitală a comunicării, deci cea a limbajului. Fiecare privire, fiecare tușit ușor, dresul vocii sau oftatul poate conține deja un mesaj. Așadar, se comunică! Chiar și faptul că nu se vorbește, nu se comunică sau nu se împărtășește faptul că nimeni nu dorește să vorbească, indiferent de motive. Putem deci afirma:

O particularitate (uneori tragică) a planului relațiilor în comunicare este faptul că nu se tace niciodată cu adevărat și că există tendința de a forma o opinie față de orice situație.

Să ne imaginăm următoarele: o femeie incredibil de atractivă (OK, pentru doamne ar putea fi un bărbat incredibil de atractiv) intră în sala de consultații. Se așează fără a spune vreun cuvânt, deoarece nici ea nu dorește să comunice. Un bărbat tânăr o observă și, în speranța că va obține poate un zâmbet, încearcă neobservat să îi arunce o privire. Nu se rostește încă niciun cuvânt, însă, după cum puteți observa, se comunică deja. Iar acum, ne putem gândi la câteva

variante posibile. Doamna noastră ar putea continua să încerce să nu comunice. Îi evită privirea, puțin rușinată, schițând un zâmbet ușor artificial. Dar aceasta ar putea semnaliza bărbatului nostru: *„Prinde-mă..."*
O altă variantă ar fi o privire hotărâtă, chiar supărată, care să semnalizeze „clar": *„Dispari, unul ca tine îmi mai lipsea...!"* Sau, „ar trebui să folosești alt calibru...". Nu se rostește niciun cuvânt, dar putem pleca de la premisa că nu numai că se comunică foarte intens în astfel de situații, ci și că anumite creiere încep chiar să fumege.

În încercarea de a-i influența pe alții, ne vom lovi deseori de tendința adresantului de a evita comunicarea, pentru a se sustrage astfel încercărilor de influențare sau pentru a se sustrage situației. Nefiind însă posibil să nu comunicăm, chiar și în această situație nu putem reacționa altfel decât să ieșim din sistem și să analizăm planul actual al relațiilor. Și vom vedea, după cum ne arată exemplul din anticameră, că nu putem găsi soluții dacă întrebăm „de ce". Cu alte cuvinte, recunoaștem din nou că este lipsit de importanță *de ce* se comportă adresantul tocmai în felul în care se comportă. Singurul lucru important și care ne poate oferi o soluție este *ce* se întâmplă, adică ce *intenționează* respectivul comportament, ce *obiectiv* urmărește.
Pentru a mă exprima foarte direct: nu vă folosește la nimic să știți ce i s-a întâmplat în copilărie tinerei doamne retrase și atractive – psihologul s-ar deda foarte repede la concluzii care, doar ca observație secundară, probabil că nu vor corespunde niciodată adevărului. El va specula probabil că tânăra fată a fost șocată la vârsta de doi ani de imaginea penisului tatălui ei, pe care l-a văzut pe neașteptate, traumă peste care nu a mai putut trece – o variantă de interpretare tare îndrăgită! Tocmai astfel de nonsensuri veți întâlni destul de des în literatura psihologică de specialitate!
Așadar, să uităm cât mai repede aceste tâmpenii incredibile!
Ce v-ar ajuta însă cu adevărat este să știți dacă nu cumva, prin tăcerea ei constantă și prin refuzul activ de a răspunde respectivei priviri, tânăra doamnă transmite de fapt că este interesată.
Însă deoarece tânăra noastră femeie continuă să tacă, nu putem ști cu adevărat ce se întâmplă de fapt în mintea ei...

Să reținem pe moment faptul că nu putem să nu comunicăm.
Pentru că fiecare lipsă de comunicare conține deja un mesaj.

Haideți să cercetăm mai departe, ce se mai întâmplă – din punct de vedere al comunicării – pe planul relațiilor.

Fii spontan şi iubeşte-mă

Foarte interesante sunt şi paradoxurile cauzate prin comunicare, care pot lua naştere atunci când comunicarea se îndreaptă către o fundătură. În acest context vom analiza puţin *paradoxul „Fii spontan!"*.

Să folosim un pic logica: Încurajarea *„Fii spontan!"* conţine în sine un îndemn care nu poate fi îndeplinit, întrucât se contrazice pe sine. El solicită o acţiune spontană, dar însăşi termenul de spontaneitate implică un element care nu poate fi pretins altcuiva.
Un paradox clasic!
Şi totuşi îl întâlnim în sfera interumană mai des decât ne-am putea închipui.

Să ilustrăm totul printr-un exemplu: *Femeia* se simte neglijată de partenerul ei. Brusc, nu se mai poate abţine şi îi reproşează partenerului că de ani de zile nu i-a mai cumpărat flori. *Bărbatul* înţelege acest lucru şi, cu prima ocazie, îi cumpără cel mai frumos buchet de flori pe care îl poate găsi. Dar *femeia* nu se poate bucura cu adevărat! De ce? Un cadou, consideră ea, are valoare doar atunci când „vine din inimă", deci atunci când este spontan. Întrucât ea a trebuit să îşi impulsioneze partenerul în a face acest gest, acţiunea în sine nu a putut veni din inimă. Florile obţin astfel exact valoarea unui pom de Crăciun uscat.

Într-adevăr, în relaţiile interumane intrăm permanent în *capcana lui „Fii spontan!"*. În toate situaţiile în care aşteptăm anumite lucruri, pe care noi, sistemul nostru şi sentimentele noastre le consideră a fi *normale*, noi pretinzând tocmai această „normalitate" în forma unui comportament, cerem într-o oarecare măsură spontaneitate.

Să ne gândim un moment la următoarele afirmaţii:

- „Pot fi fericit doar dacă mă iubeşti!"
- „Te pot iubi doar dacă eşti fericit!"

- „Nu pot înțelege de ce nu îți este foame! Mereu trebuie să mănânc singur."
- „De ce le place tuturor laptele, numai ție nu?"
- „Nu poți nici măcar să zâmbești atunci când mă uit la tine!"
- „Ar trebui să ai mai mult chef de sex!"
- „Cum poate să nu-ți placă un film atât de bun?"
- „Hotărâți-vă foarte spontan...!"
- „Ar trebui totuși să-ți placă de profesorul tău!"
- „De ce nu poți râde de această glumă bună?"
- „Păcat că nu îți plac cursele de mașini, ar trebui să încerci măcar odată!"
- Și cel mai bun dintre exemple: „Vă rog să aveți încredere în mine."

Presupun că vă sunt cunoscute asemenea afirmații.
Dacă le gândim și le regândim în liniște până la capăt, mai ales din perspectiva a ceea ce știm deja despre *sisteme*, vom observa foarte repede că ceva nu funcționează la asemenea afirmații.
Interesant la această formă de comunicare este faptul că nici cel care pretinde spontaneitatea nu va obține o soluție satisfăcătoare, nici bietul om căruia i se solicită spontaneitatea. Pentru că, dacă solicitarea în sine (planul obiectului) este îndeplinită, totul pare într-adevăr tare idilic și armonios. Însă tocmai ceea ce se pretinde, și anume *spontaneitatea provenită din libera voință și, în mod ideal, din inimă*, nu mai poate fi îndeplinit (planul relațiilor).

Dacă săracul nostru bărbat răspunde unor astfel de dorințe, *el va face – principial – ceva corect, însă dintr-un motiv greșit.*
Indiferent de atitudinea sa, este prins în capcana – un cerc vicios.
Nu are alta șansa decât să se blameze, asemănător jurnalistului care întreabă un abuzator: „Vă mai maltratați soția?"
Indiferent de răspuns, intervievatul va fi discriminat sau discreditat. Chiar dacă răspunde cu *Nu*, se va subînțelege totuși faptul că a mai bătut-o în trecut!

Cu aceeași dilemă se confruntă partenera care-i cere iubitului ei să fie puțin mai *masculin*, adică să nu dea mereu înapoi, din considerație, ci să se impună măcar din când în când, să arate masculinitate. Ea își dorește poate, să fie (uneori) dominată ceva mai mult. Dacă bărbatul încearcă să-i îndeplinească această dorință, va da din nou într-o fundătură. Se va comporta dominant, conform dorinței partenerei sale, însă o va face numai din considerație.
Și astfel jocul continuă la nesfârșit...
Însă acest paradox nu este rezervat numai relațiilor interumane. El apare mult prea des chiar și în publicitate.

DESPRE SENSUL ŞI NONSENSUL PUBLICITĂŢII

Revenim la publicitate. Publicitatea este plină de paradoxuri de genul „Fii spontan!". În fiecare zi ni se cere *să fim spontani*.

- Să avem *încredere*.
- Să fim *fericiţi*.
- Să ne *placă* una sau alta.
- Să ne apărăm.

McDonald's ne cere chiar, într-un clip destul de recent, „să iubim...". Cerule, ce imagine şi-au creat psihologii din publicitate despre noi?

Sunt sigur că şi dvs. cunoaşteţi zeci şi sute de exemple în acest sens.
Însăşi domnii şi doamnele noastre politicieni au început în ultimul timp să se afişeze cu astfel de năzdrăvănii intelectuale.

DICTOANELE POLITICIENILOR

Anumiţi politicieni chiar consideră că au dat lovitura. Ne cer:

- „să ne iubim patria",
- „să urâm şi să dispreţuim duşmanul",
- „să fim recunoscători angajatorilor şi părinţilor",
- „să slujim de bună voie bisericii noastre",
- „să ocupăm cu mare plăcere funcţii onorifice",
- „să fim ambiţioşi",
- „să avem chef de democraţie",
- *„să ne facă plăcere serviciul militar",*
- *„să iubim americanii", „să iubim germanii", „să iubim arabii"*
- *„să iubim toţi, toţi, toţi oamenii".*

Fără excepţie, aici este vorba de *solicitări de spontaneitate, care sunt paradoxale însăşi prin definiţie.*
Repetarea lor zilnică nu le face mai logice sau mai reale.

REZULTATUL

Care este însă reacţia noastră tipică, atunci când suntem confruntaţi cu un paradox, adică o situaţie care nu poate fi adusă la un numitor comun cu *sistemul* nostru, cu modul nostru de a vedea lucrurile? Exact: Defensiva! Reacţia noastră: Afară cu el din sistem, la o parte! Avem, pe bunul Dumnezeu, destul de lucru, zi de zi, cu blocarea atacurilor obiective asupra sistemului nostru și cu păstrarea ordinii în cadrul acestuia. Nu ne mai putem ocupa și cu paradoxuri extenuante. Și pe deasupra de unele care nu pot fi soluționate.

Probabil că paradoxul lui „Fii spontan!" este unul din principalele motive datorită cărora eșuează ideologiile radicale. Aici trebuie să:

- *„iubești Führer-ul"* sau
- *„să aperi singurul partid adevărat (în acest caz, unul radical), din toata inima, împotriva atacurilor Moloch-ului «inamicului»"*

Toate aceste solicitări de „fii spontan!" ajung să fie, la un moment dat, insuportabile chiar și celui mai „fidel" dintre colaboraționiști și călăi.

INFLUENȚAREA PRIN PARADOXURI

Nu trebuie să fii exagerat de deștept pentru a-ți da seama ca astfel de paradoxuri, de genul „Fii spontan", reprezintă una dintre greșelile majore atunci când vine vorba de influențarea oamenilor.

Să analizăm acest aspect puțin mai atent: Dacă situația ar mai putea funcționa în cazul unui copil mic, al cărui sistem depinde încă în totalitate de mama sa, precum și în cazul semenilor noștri cu un IQ mai scăzut, care sunt mai expuși afirmațiilor axiomatice, repetate până la refuz – istoria ne oferă numeroase exemple care dovedesc faptul că acestea „funcționează" până la un anumit punct, contemporanul avizat, care gândește singur, va recunoaște imediat acest gen de comunicare și va intra în defensivă. Dar care este greșeala esențială a unui asemenea gen de încercare de influențare?

CUM GÂNDESC PROBABIL OAMENII

Ei bine, întotdeauna ne *dorim* ca partenerul nostru de discuție să gândească așa cum ne-ar plăcea nouă. Însă tocmai aici este problema! De obicei, suntem privați în cea mai mare parte de modul în care gândește o anumită persoană. Mulți recunosc în mod deschis, că nu prea știu cum „funcționează" și cum gândesc nici măcar ei înșiși. Ni se pare că aflăm *cum* gândește un om, atunci când ne transmite ceva. Însă, știm oare dacă gândește *într-adevăr* așa? Poate că tocmai se amăgește cu propriile gânduri, pentru că a uitat ceva esențial? Poate că într-adevăr nu știe sau poate că nu vrea să recunoască din politețe? Nu în ultimul rând este vorba despre onestitate. Poate că pur și simplu minte, indiferent care ar fi motivele mai mult sau mai puțin plauzibile? Iar această afirmație ne duce către următoarea întrebare: *De ce* minte?

ANGAJATUL NEFUNCŢIONAL

Să luăm exemplul unui angajat care nu funcţionează, deci care într-un anumit fel nu îşi îndeplineşte sarcinile sau obiectivele.

Bineînţeles că mii de cauze psihice ar putea juca un rol în disfuncţionalitatea sa. Poate că într-adevăr a avut o copilărie „nefericită". Părinţii nu l-au iubit cu adevărat. Poate că a fost un „accident", iar părinţii l-au învinuit întotdeauna, în mod indirect, pentru existenţa sa...
Sau poate că angajatul este de fapt homosexual, însă nu a vrut niciodată să se exteriorizeze şi suferă acum mult mai tare sub presiunea socială a focoasei sale partenere, care îi „solicită" sex în mod regulat. Poate că a fost obligat să poarte haine de fetiţă când era copil, pentru că părinţii şi-au dorit din suflet o fiică. Nu poate fi exclus nici faptul că a fost poate bătut în mod regulat. Ar putea suferi de multe alte traume din copilărie: poate că a fost aruncat în mod brutal în apă şi obligat să înoate, sau a trebuit să facă iarna duşuri reci...

Dar, ştiţi ce?
Poate că, pur şi simplu a avut o zi proastă...

NU ŞTIM! Şi probabil că nu ne va spune, iar dacă o va face, nu vom şti niciodată dacă minte sau nu. De ce ni s-ar destăinui? Numai pentru că l-am întrebat? Numai pentru că suntem „şeful"? V-aţi descărca tot sufletul în faţa unui şef? V-aţi arăta slăbiciunile şi i-aţi indica, să zicem aşa, punctul dvs. sensibil? Puţin probabil!

Aşadar, atunci când comunicaţi, vă rog să daţi uitării cauzalitatea psihologică. Şi nu doar atât, mi-aş permite chiar să vă recomand încă o dată, să uitaţi complet de cunoştinţele dvs. psihologice, respectiv de semicunoştinţele dvs. în domeniul comunicării. Probabilitatea de a evalua complet greşit situaţia prin speculaţiile dvs. asupra motivaţiilor psihologice este probabil la fel de mare ca rata de recidivă a pedofililor agresivi, aparent vindecaţi, care sunt eliberaţi din nou în sânul comunităţii pe baza unor evaluări psihologice sau psihiatrice.

UN CERC VICIOS

După cum observaţi, intrăm într-un cerc vicios de îndată ce încercăm să coborâm în „profunzimile lăuntrice" ale universului ideatic al partenerului nostru de discuţie.

Pur şi simplu batem pasul pe loc, pentru că ne concentrăm în a afla *de ce* gândeşte celălalt puţin diferit sau *de ce* gândeşte tocmai în felul în care gândeşte.

Însă dacă dorim să influenţăm o persoană într-un mod inteligent şi eficient, trebuie să ne concentrăm asupra întrebării: *ce* urmăreşte acesta prin comportamentul său? Totodată, trebuie să observăm *cum* se comportă.

Vă reamintesc jocul copiilor din ţara străină, a cărei limbă nu o cunoşteam. În definitiv, ţelul nu este de a modifica un mod de gândire, ci comportamentul. De îndată ce încercăm să modificăm în mod direct modul de gândire, vom obţine exact rezultatul contrar.

Acest lucru ne reuşeşte, numai dacă ne situăm *deasupra* sistemului, după cum am menţionat deja.

Dar înainte de a mai da şi alte exemple în acest sens, să ne uităm mai întâi la o altă variantă a comunicării umane, care vorbeşte de la sine.

Dubla constrângere comunicativă

„Fă-o, fără a o face, dar fă-o odată!"

Dubla constrângere se numără printre cele mai malițioase forme de manifestare ale comunicării umane. „Principiul" se bazează pe faptul că cineva este adus în situația de a trebui să aleagă dintre cel puțin două variante, care se exclud însă una pe cealaltă. Partenerul nostru de comunicare trebuie să aleagă, însă indiferent de varianta pentru care se decide, aceasta va fi întotdeauna „greșită". Urmarea este confuzia.

Să explicităm și această formă de manifestare tot cu ajutorul unor exemple.
Un bărbat îi cumpără soției sale două rochii. Una este roșie, iar cealaltă albastră. Cu următoarea ocazie, soția îmbracă mândră rochia roșie, pentru a o prezenta lumii. Însă soțul ei o întreabă evident iritat: „Dar de ce o îmbraci pe cea roșie? Nu ți-a plăcut rochia albastră?"
Dacă stresul își face într-adevăr efectul, soțul va continua:
„Vezi, cât de nerecunoscătoare ești? Orice aș face, niciodată nu ești mulțumită. N-am să-ți mai cumpăr nimic...!"
Același „joc", care nu trebuie neapărat să includă asemenea intenții „răutăcioase", poate fi descris în cele mai diverse feluri.

Structura logică a majorității limbilor și procesele de gândire astfel asociate în mod indirect se bazează de regulă pe premisa că *orice formă de contradicție este greșită*. Și, întrucât contradicțiile din cadrul vieții noastre cotidiene nu trebuie să fie în mod automat patologice, este la latitudinea fiecăruia dintre noi să se decidă pentru una dintre variante, atunci când este pus în fața unei alegeri contradictorii. Prin urmare, o solicitare ilogică de acțiune nu trebuie să fie neapărat un *paradox*. Într-o asemenea situație, în ciuda caracterului ei ilogic, avem totuși posibilitatea de a ne decide pentru una dintre variantele oferite. De exemplu, atunci când operatorul dvs. de telefonie mobilă vă comunică faptul că noul său plan tarifar este în același timp mai scump și mai ieftin, afirmația sa pare în primă fază paradoxală, întrucât se contrazice în mod evident în decursul unei singure fraze.

Dumneavoastră aveți însă decizia ultimă de a opta pentru una dintre cele două posibilități.
În practică veți ajunge probabil mai degrabă la concluzia că într-o asemenea situație cineva vrea „să vă tragă țeapă".

Altfel stau lucrurile în cazul dublei constrângeri comunicaționale: aici se oferă *două variante care se exclud reciproc*. Cel confruntat cu o asemenea alegere trebuie și în această situație să ia o *decizie*, însă decizia luată se va dovedi a fi *întotdeauna* greșită.
Caracteristica dublei constrângeri corespunde conflictului intern al unei persoane surprinse pe un vapor în flăcări care se scufundă – ea nu mai are decât opțiunea de a arde în chinuri groaznice sau de a se arunca în mare, pradă rechinilor care dau deja târcoale. Indiferent de decizia pe care o ia, nu există de fapt nicio *soluție* salvatoare în acest context.

CUM SE NAȘTE DUBLA CONSTRÂNGERE

În principiu, există două aspecte:

(1) Doi sau mai mulți parteneri de comunicare se află într-o relație care are o anumită semnificație fizică sau personală pentru unul sau pentru toți partenerii de comunicare implicați. Astfel de situații pot fi întâlnite în cadrul negocierilor de vânzare dintre parteneri de afaceri care se cunosc deja, precum și în familie, între doctor și pacient, terapeut și pacient sau pur și simplu într-o situație interumană marcată de dependență materială.

(2) În acest context al relației *se transmite un mesaj*, care conține pe de o parte un enunț, iar pe de altă parte ceva *despre* respectivul enunț. Însă o dublă constrângere – și tocmai din acest motiv ființa ei este atât de complicată și atât de interesantă deopotrivă – este realizată astfel, încât cele două enunțuri descrise (deci enunțul în sine și *afirmația* despre acest enunț) *nu pot fi reconciliate*, adică se contrazic și se neagă reciproc.

Un exemplu: În contextul evoluției economice precare, îi propuneți clientului dvs. să economisească, dar să cumpere totuși produsele *dumneavoastră*, întrucât acestea îl ajută de fapt să economisească. Pe de o parte, clientul dvs. trebuie să investească, însă de îndată ce o face, neagă a doua cerință a mesajului dvs., și anume cel de a cheltui bani la dvs. (chiar dacă numai în scopul de a economisi).
Exprimat în simboluri matematice:
Dvs. oferiți clientului dvs. un minus și un plus, care reconfirmă minusul.
Ceea ce spuneți este: minus + plus = minus.

Bineînțeles că acest lucru creează o anumită confuzie, cu toate că în spatele solicitării dvs. există o logică foarte clară.

Ce se petrece oare în mintea clientului? Ei bine, dacă acesta tocmai s-a gândit să investească la dvs., sugestia pe care i-ați dat-o, și anume cea de a economisi, îl va opri să vă dea banii. Oricum s-ar suci și s-ar învârti clientul, el nu va putea îndeplini cerințele dvs., întrucât, în esență, cele două acțiuni alternative se contrazic.

Solicitări de genul celei de a *economisi* și, concomitent, de a consimți la *achiziția* unui produs, conduc invariabil la respectiva dublă constrângere descrisă anterior. O dublă constrângere poate fi o solicitare de acțiune, în cadrul căreia se desconsideră urmarea acesteia sau se urmează desconsiderarea acesteia.

Pare schizofrenie în cel mai pur stadiu!

Prin urmare, întrebările formulate nu dispun de variante de decizie care să includă *întregul* context. Pe de o parte *trebuie să existe o reacție*, însă pe de altă parte ele nu pot fi abordate într-un mod corespunzător (neparadoxal), întrucât mesajul în sine este de fapt paradoxal.

O persoană ajunsă într-o dublă constrângere este în pericol de a fi *pedepsită* de către partenerul ei de comunicare pentru percepția sa *corectă* – ba, mai mult, ea poate fi catalogată drept răutăcioasă sau chiar nebună.

După cum observați, comunicarea poate fi extrem de interesantă. Posibilitățile de a greși sunt literalmente infinite. Posibilitatea de a reacționa „corect" constă pur și simplu în capacitatea de a înțelege sistemele și *capcanele comunicării*, după cum le-am putea numi, de a le identifica și de a le ocoli.

Să analizăm acum o altă variantă existentă în plaja generală a tipurilor posibile de comunicare, variantă pe care o putem întâlni destul de des – și care ne atrage atenția asupra unei posibilități uimitoare de influențare.

Cine conduce în cadrul unui sistem?

O întrebare interesantă, pe care o formulăm de nenumărate ori, atunci când discutăm despre sistem, este: Cine conduce în cadrul unui sistem?
E de la sine înțeles că acel „conducător" dispune de cu totul alte metode de a influența masele, decât un personaj aflat într-o funcție subordonată.

Pentru a înțelege mai bine acest fenomen al Conducerii, trebuie să tragem puțin frâiele și să ne dedicăm teoriei.
Interacțiunea se definește ca o manifestare a comunicării *bilaterale*. Cu alte cuvinte, celor comunicate de către un *„emițător"* le vor *răspunde*, indiferent în ce formă, un *„receptor"*.

Privind diferitele modele de interacțiune (între partenerii de viață, între firme și clienți sau chiar și între națiuni) putem recunoaște cu ușurință anumite modele în ceea ce privește *calitatea relațiilor interactive* dintre partenerii de comunicare. Sau, mai simplu: există întotdeauna o anumită *atitudine dominantă* în comportamentul părților participante la comunicare.

În cadrul unei comunicări, respectiv a *interdependențelor* concrete, oamenii se află într-un fel de *proces de diferențiere a normelor*. Exprimat iarăși fără înfrumusețări ceremonioase, acest lucru înseamnă:
Partenerii de comunicare tind să definească atât propria *poziție*, cât și poziția partenerului de comunicare – pe de o parte din punct de vedere *situațional*, iar pe de altă parte, în mod *general*.

Într-adevăr, în majoritatea situațiilor de comunicare există o anumită dominare sau conducere.
Bineînțeles că distribuirea poziției dominante și a poziției subordonate din cadrul unei interacțiuni este determinată și din punct de vedere *sistemic*, atunci când funcțiile și rolurile sunt predeterminate. Iar acest lucru duce la moduri comportamentale complet diferite în cadrul interacțiunilor.

Interacțiunile dispun totodată de caracteristica de a nu evolua nici *simetric*, nici *complementar*, după cum s-ar exprima un specialist în comunicare.

Despre ce este vorba aici? O *interacțiune simetrică* se bazează pe „*egalitate*". De exemplu, unei agitații puternice i se răspunde în același fel sau cel puțin cu aceeași vehemență. Atunci când partenerul de comunicare se comportă liniștit, indiferent sau relaxat, receptorul va reacționa în mod analog.

În *decursul unei interacțiuni complementare*, comportamentul unui partener de comunicare completează comportamentul celuilalt, reconfirmându-i parcă forma de manifestare. Pe de altă parte, *interacțiunea simetrică* se bazează pe o tendință de menținere a unei „identități" și pe *diminuarea* și *evitarea* (reciprocă) *a diferențelor* dintre parteneri, în timp ce interacțiunile complementare se îndreaptă către *diferențe reciproc complementare, uneori chiar accentuându-le*.

Modelele complementare de interacțiune se manifestă întotdeauna atunci când există cel puțin două poziții inițiale complet diferite ale partenerilor de comunicare, unul dintre parteneri luând poziția *superioară*, iar celălalt poziția *inferioară*. Formele de interacțiune complementare și cele simetrice se definesc în contexte *culturale*, *sociologice* sau *economice*, cum ar fi relația client-vânzător, profesor-elev sau tată-fiu. *Planului obiectului*, deci despre ce este vorba din punct de vedere al *conținutului* comunicării, îi revine doar o importanță secundară.

Să vedem acum, în ce măsură puteți utiliza aceste concluzii, atunci când intenționați să împingeți o altă persoană în direcția care vă este favorabilă dumneavoastră?

DESPRE ARTA INFLUENȚĂRII

Putem utiliza în mod activ acest mecanism al comunicării în propriul nostru avantaj, atunci când, în calitate de partener așa-zis *metainteractiv* de comunicare, îi alocăm receptorului mesajului nostru – prin intermediul comportamentului și a exprimărilor noastre – în mod *conștient* o anumită poziție (primară sau secundară). Prin urmare, abordând astfel în mod intenționat fie poziția *complementară*, fie cea *simetrică*, putem influența interacțiunea în mod *metacomunicativ*.

Vă rog să nu vă supărați că utilizez din nou termeni de specialitate. *Metacomunicativ* sau *metainteractiv* nu înseamnă nimic altceva, decât procesul prin care ne ridicăm deasupra mecanismelor *prin* comunicare sau *prin* interacțiune (gr. *meta = prin, cu*).

Trebuie să menționăm și să recunoaștem însă faptul că acest model de influențare funcționează numai în măsura în care adresantul nu îl observă.

ÎNCĂ O DATĂ: CAMPANIA ELECTORALĂ

Un frumos exemplu pentru un asemenea mod de comunicare ne oferă ultima campanie electorală din Statele Unite, când McCain l-a înfruntat pe Obama de-a lungul mai multor apariții televizate. Națiunea vuia de tensiune, în special dacă ne gândim că cel târziu începând cu Kennedy, s-a stabilit fără doar și poate rolul decisiv pe care îl joacă televiziunea în campaniile electorale.
Fiecare dintre candidați a abordat o anumită strategie menită să-l ridice *deasupra* celuilalt.

Obama a utilizat o tehnică oratorică iscusită, dorind să sublinieze pentru început faptul că nu trebuie uitat rolul de veteran de război și de erou a lui McCain. Prin urmare, și-a lăudat partenerul de discuție și l-a reconfirmat. Când începea să vorbească despre McCain, discursul pornea de obicei de la fraze precum: „We all know, Mr. McCain is a national hero!..."
Cu alte cuvinte, la început Obama părea să îl reconfirme pe McCain în rolul său de erou al războiului din Vietnam, înainte de a-l lovi apoi năprasnic și de a lista unul după altul elementele care, din punctul său de vedere, vorbeau împotriva lui McCain.
Această tehnică oratorică străveche, pe care o cunoștea și o folosea la vremea sa chiar și cel mai mare dintre toți oratorii Romei, Cicero, mai funcționează și astăzi.
În termenii științei moderne a comunicării, Obama crea pentru început o comunicare *simetrică*, discutând cu contracandidatul Republicanilor, ca să zicem așa, de la egal la egal.
McCain utiliza însă modelul *complementar* de interacțiune. Cu alte cuvinte, el nu a acceptat niciodată ca Obama să-i fie în vreun fel sau altul egal.
Cea mai expresivă situație a avut loc în cadrul celei mai renumite dezbateri televizate dintre cei doi candidați. Aici, McCain, aproape fără să-și privească adversarul, a spus publicului: „And that one ...!", expresie care a atras după sine o plângere juridică, dar care nu ne interesează în contextul de față.
O parte a presei Statelor Unite a jubilat!
Cum putea să-și permită McCain să vorbească despre candidatul lor cu „That one!", o formulă de adresare defăimătoare, care în traducere liberă înseamnă „ăla de 'colo".
Cu alte cuvinte: în ciuda egalității principiale între cei doi candidați, McCain a încercat, nu doar prin alegerea cuvintelor sale, ci și prin modul său de exprimare, prin vocea și mișcările mâinii sale, să-și exprime disprețul față de Obama. A încercat să pară superior, motiv pentru care a pierdut un număr important de

voturi, precum și unul dintre cei mai importanți factori electorali, și anume simpatia.

Aceeași greșeală o făcuse deja democratul Al Gore, care îl înfruntase cu opt ani înainte pe George W. Bush. În plină lumină a reflectoarelor TV și-a bătut cvasi joc de cuvintele lui Bush, în spatele acestuia, printr-o serie de gesturi și o mimică incompatibile cu viitorul președinte al Statelor Unite. Și el a făcut dovadă de o comunicarea superioară, *complementară*, cum s-ar exprima specialiștii în comunicare, care însă nu-și avea rostul. Iar simpatia pentru Al Gore a scăzut considerabil.
În cele din urmă, el a pierdut alegerile.

Aici putem vedea, cât de ușor o putem da în bară atunci când nu facem distincția între aceste două tipuri de interacțiune.
Aș dori să mai adaug că nu este de ajuns să te prezinți cu o atitudine superioară – ea trebuie acceptată, întrucât în caz contrar tocmai ți-ai săpat singur groapa.
Totodată sunt însă convins de faptul că pe lângă acest aspect, vechile virtuți precum respectul, politețea și considerația pentru cel cu care discuți nu și-au pierdut nimic din actualitate.

Nu ajungi într-un rol (sau o situație) superiore, doar pentru că te poziționezi singur acolo. Mai degrabă ești înzestrat cu acest rol atunci când partenerul de comunicare ți-l alocă în cadrul percepției sale.

PSIHOLOGIA ÎN PUBLICITATE

Și în publicitate putem observa numeroase exemple pentru modele metainteractive, care eșuează în mod lamentabil datorită mecanismului prezentat mai sus. Adică, atunci când superioritatea autoasumată dă greș sau este ghicită (majoritatea consumatorilor de publicitate sunt oameni maturi, aflați în deplinătatea facultăților mintale), întreaga distracție, deseori foarte scumpă, eșuează lamentabil.
Chiar și în cazul comunicării simetrice o putem da în bară.

Putem înțelege mai bine acest efect, analizând modul în care publicitatea încearcă să genereze *mai multă credibilitate* și astfel o disponibilitate mai mare de cumpărare. Mai întâi, o serie de „experți" definesc – de obicei extrem de meticulos și de exact – grupele țintă. În cadrul unor studii exhaustive, se analizează bazele sau elementele comune din punct de vedere social, cultural, financiar sau profesional și se obțin astfel anumite „clase de cumpărători" fundamentate empiric. Acestea sunt apoi efectiv copiate în mesajul publicitar.

Psihologul publicității promite astfel un efect superior de identificare cu grupa țintă, care ar trebui să genereze o credibilitate mai mare.
La prima vedere, pare logic.

Însă bineînțeles că acest lucru funcționează numai până la un anumit punct. Ce se întâmplă însă atunci când această grupă țintă recunoaște scopul exercițiului? Atunci când consumatorul, considerat a fi în mod evident foarte naiv sau puțin prostuț, realizează că tot ceea ce i se prezintă este o imitație a comportamentului său sau a mediului său social, cu scopul de a crea o *pseudoidentificare*?
Foarte simplu! În această situație, adresantul mesajului publicitar se simte expus unei încercări de *manipulare*, față de care simte nevoia de a se apăra. În cel mai bun caz, se va amuza copios și nu va mai lua în serios reclama. Pe de altă parte, ar putea însă dezvolta o aversiune față de respectiva reclamă și nu va vedea în fabricantul produsului nimic altceva decât un bandit, care vrea doar să-i bage mâna în buzunar și care folosește în acest sens orice truc psihologic ieftin care îi stă la dispoziție. Astfel, obiectivul creării unei disponibilități mai mari de cumpărare, bazat pe creșterea credibilității, se volatilizează. Frumosul „model psihologic" se destramă asemenea unui castel din cărți de joc. Haideți să deschidem în seara asta televizorul și să privim cu atenție cât de des încearcă reclamele că reproducă cele mai prostești clișee, pentru a câștiga adresanți dintre cei mai diverși: bătrâni, tineri, gospodine, copii, șoferi, „bărbatul", „femeia", clientul bancar, semnatarul contractului de economisire pentru locuință, băutorul de bere (sau chiar alcoolicul?) ...

Prin urmare, atât interacțiunea complementară, cât și cea simetrică își au neajunsurile lor.

Permiteți-mi să revin puțin la câteva variante de conflict posibile în cadrul celei mai frumoase dintre toate formele de comunicare, și anume cea dintre bărbat și femeie. Este întotdeauna un deliciu să pătrunzi în această sferă, atunci când se discută despre forme de manifestare a comunicării.

Femeile şi bărbaţii sunt diferiţi – unii chiar foarte diferiţi

Cât de tentant ar fi să luăm, în acest moment, partea bărbatului sau a femeii. Cine comunică de fapt mai „bine" sau mai inteligent? Ştiţi oare? Ne-am putea pierde în satire şi comedii şi ne-am putea amuza o bună bucată de vreme în acest fel.

Din fericire însă, ştiinţa comunicării nu funcţionează în acest fel; ea este neutră. Din acest motiv sper ca, în ciuda faptului că sunt bărbat şi tind să scriu din punctul de vedere al unui bărbat, doamnele cititoare ale volumului de faţă să poată profita în egală măsură de rezultatele comunicării umane. Îmi voi da întreaga silinţă, chiar dacă nu este întotdeauna foarte uşor.
Principial, atât bărbaţii cât şi femeile pot „obţine ce-şi propun".

Trebuie să recunoaştem: niciun alt domeniu al comunicării umane nu oferă o astfel de multitudine de forme, variante, valenţe şi curiozităţi, cum este cel al relaţiei dintre bărbat şi femeie. Dacă privim variantele conflictuale ale întregii istorii a omenirii, „neînţelegerile" dintre diferitele sexe sunt probabil cele mai vârstnice, întorcându-se în timp până la izvoarele omenirii, pentru a nu-i menţiona aici pe Adam şi Eva.
Întrebarea este însă: Conflictele iau naştere pe baza *constatării* faptului, respectiv *„pentru că"* bărbatul şi femeia sunt diferiţi, sau rezidă problema în modul diferit de a comunica?
Şi mai departe: Cum putem găsi *soluţii*? *Putem oare* găsi soluţii? Întrebarea e complicată. Recunosc.
Însă deja de la o primă privire superficială observăm în mod evident că avem de-a face cu două *sisteme* extrem de diferite.

Ei bine, chiar şi vechii filosofi au fost preocupaţi de acest subiect.
Cel mai celebru filosof grec al antichităţii, Platon, încerca în principala sa lucrare, *Statul,* să transmită ideile profesorului său *Socrate* privind *„cetatea ideală".* Era vorba de *cea mai bună formă statală.* În comparaţie cu perioada dinainte de Socrate, el nu a adoptat zeii, ci oamenii ca unitate de măsură.

"*Politeia*", acesta este titlul original al cărţii, doreşte să descrie substanţa ideală a *polis-ului*. Folosind tehnica dialogului, el prezintă cititorului argumente pro şi contra. Chiar şi astăzi este o plăcere să urmăreşti retorica dezbaterilor din Grecia antică.

Dar pe lângă această cercetare „statală teoretică", Platon s-a dedicat şi analizei diferenţelor dintre sexe (din perspectiva sa masculină, desigur). Să savurăm un pic lumea ideilor vechilor filosofi greci!

În următorul pasaj, Platon îi aşează faţă în faţă pe *Socrate* şi pe elevul său *Glaukon*, ca aparent oponent, pentru a le permite să analizeze diferenţele dintre sexe – şi anume, pe baza exemplului meseriei de paznic / soldat.
Cu alte cuvinte, subiectul dezbaterii este: Femeile ar putea şi ar trebui să fie acceptate în meseria de paznic / soldat?
Sau oare aceste meserii ar descrie de fapt o oarecare identitate rezervată sexului masculin?
Prin urmare, o chestiune a sistemelor!

După cum putem observa, problemele noastre moderne nu sunt chiar atât de noi, unele sunt vechi de peste 2500 de ani! În special pe domni îi rog să acorde puţin mai multă atenţie concluziilor la care ajunge acest filosof conservator din bătrâni. Mi-am permis să scurtez dialogul la câteva pasaje esenţiale.

„La drum!" am grăit eu. „Poate găsim o soluţie! Trebuie se recunoaşte că naturi diferite trebuie să aibă sarcini diferite, apoi că fiinţa bărbatului este diferită de cea a femeii. Dar noi pretindem aceeaşi sarcină de la naturi diferite. Aceasta este ce ne reproşaţi, nu?"

„Evident!"

„Adevăr grăiesc, dragul meu Glaukon, nobilă este puterea care aparţine artei contradicţiei."

„De ce?"

„Pentru că mulţi, împotriva voii lor, îi cad în plasă şi cred că se află într-o dezbatere reală, în timp ce treieră numai paie, neputând se desfacă obiectul disputei în termeni de gen şi să îi analizeze ca atare, ci caută combaterea afirmaţiei doar în cuvinte şi poartă astfel doar un război al cuvintelor, fără să facă o analiză serioasă."

[...]

„În astfel de condiții putem să ne întrebăm dacă cei chei și cei pletoși au aceeași ființă sau una opusă; dacă este opusă și dacă presupunem că cei chei ar fi pantofari, atunci ar trebui să interzicem această profesie celor pletoși și viceversa."

„Ar fi demn de râs!"

„Dar doar pentru că (...) nu am (...) fost atenți la identitatea sau diferența de gen din natură, ci doar la acea diferență care se referă la meserie. Spuneam puțin mai devreme că toți medicii au aceleași aptitudini, nu?"

„Da!"

„Medicul și tâmplarul însă unele diferite, nu?"

„Desigur!"

„Prin urmare, (...) dacă genul masculin și cel feminin au o capacitate aparte sau par a fi mai curând făcuți pentru o anume meserie, atunci putem spune că aceasta ar trebui atribuită unuia sau altuia. Dar dacă se diferențiază doar prin faptul că femeia naște și bărbatul procreează, atunci nu este însă dovedită nicio diferență în exercitarea unei meserii sau alteia, atât paznicul cât și femeia putând să îndeplinească aceleași sarcini."

„Pe bună dreptate!"

„Așadar, nu există o meserie care să poată fi exercitată numai de bărbat sau numai de femeie, ci aptitudinile sunt împărțite la fel în ambele sexe, iar femeia are dreptul, în baza aptitudinilor sale, să aibă orice meserie, la fel și bărbatul, însă femeia este mereu mai slabă decât bărbatul."

„Desigur!"

„Dorim atunci să atribuim toate meseriile bărbatului și femeii niciuna?"

„Dar de ce?"

„Prin urmare, cred că putem afirma că există femei care nu au aptitudini medicale sau muzicale?"

„Desigur!"

„*La fel, cu sau fără aptitudini pentru gimnastică sau arta războiului?*"

„*Cred că da!*"

„*Există deci și femei care iubesc știința, pe când altele o urăsc, femei curajoase și altele fără de curaj?*"

„*Normal!*"

„*Astfel, unele femei pot fi paznic, iar altele nu? Sau nu alegem și în cazul bărbaților în același fel pe cei mai apți?*"

„*Da, desigur!*"

„*Deci natura femeii este la fel de aptă pentru meseria de paznic ca și cea a bărbatului, doar că este mai slabă decât acesta?*"

„*Evident!*"

„*Aptitudinilor identice trebuie așadar să li se dea ocupații identice?*"

„*Just!*"

[...]

Să ne oprim aici cu acest scurt extras istoric.
El ilustrează foarte frumos, cum, deja la 2500 de ani înainte de Hristos, oamenii se gândeau la *sistemele* masculine și la cele feminine.
El mai ilustrează faptul că lupta femeilor pentru egalitate în drepturi, fie ea legitimă sau nu, este străveche. Cel mai mare filosof al antichității răspunde la întrebarea privind egalitatea în drepturi a femeii, în sensul nostru contemporan, foarte modern.
Însă acest lucru este combătut foarte vehement de câțiva șmecherași, care pornesc de la cu totul alte *sisteme*.

Atitudinea Pease...

... și alte teorii îndoielnice

E evident, bărbații și femeile sunt diferiți, unii chiar foarte diferiți. Studierea *cauzelor* acestor diferențe este delicioasă și duce uneori la cele mai bizare concluzii.
Cartea *"Warum Männer nicht zuhören und Frauen schlecht einparken"* (De ce bărbații nu ascultă, iar femeile nu știu să parcheze), scrisă de *Allan* și *Barbara Pease* (18), dezbate tocmai acest subiect, pe aproape 400 de pagini. Cu cea mai mare exactitate și într-o amploare probabil inegalabilă, autorii pornesc de la importante concluzii „științifice" din istoria omenirii (comportamentul masculin și feminin în epoca de piatră), de la genetică, studierea creierului, „știința hormonilor", psihologie și psihanaliză, și încearcă să „rezolve" „problema" dintre bărbat și femeie. Modul lor de abordare, respectiv explicarea comportamentului, care permite apoi formularea unor concluzii cu privire la (presupusa) cauzalitate, în sensul că

„...bărbații vor întotdeauna numai sex și sunt din natura lor bigami, întrucât deja din epoca de piatră au fost obligați să procreeze, iar datorită faptului că femeia poate da naștere numai o singură dată pe an, au nevoie de mai multe partenere...", și în special în raport cu interacțiunile bazate pe comunicare, ar trebui totuși pus sub semnul întrebării – dacă îmi permiteți!

Chiar și teza, conform căreia *„femeile nu pot exista fără a vorbi"*, cu justificarea că *„bărbații își pot încadra problemele într-un index mental și le pot trece într-o stare de așteptare..."* (această carte chiar localizează în mod grafic respectiva zonă din creierul bărbatului!), iar *„...problemele femeilor joacă hora în mințile acestora"*, dau naștere anumitor dubii cu privire la teoria cauzalității formulată de cuplul australian de autori. Printre altele, se „dovedește" („științific") că există o conexiune cauzală între *dimensiunea testiculelor* unui bărbat și *comportamentul* său *de fidelitate*, motiv pentru care autorii concluzionează că „... Bill Clinton, John F. Kennedy și Saddam Hussein au, respectiv aveau testicule de dimensiuni peste medie ...". În cele din urmă, organul sexual masculin reprezentat de testicule dobândește o inteligență proprie prin teza intitulată „Chiar și testiculele au căpșor"...

Chiar dacă cele câteva exemplele enumerate vă amuză – vă rog să mă scuzați dacă tocmai v-am întrerupt hohotele de râs – trebuie să observăm calitățile exemplificatoare ale autorilor în căutarea acerbă a unei realități *deterministe, lineare*, care, asemenea cazului de față, pot merge până la absurd.

Din acest punct de vedere, al gândirii sistemice pragmatice, această abordare este complet lipsită de sens. Putem găsi *soluții* reale, probabil chiar și între bărbat și femeie, numai dacă ne concentrăm pe comunicare, respectiv pe *interacțiunile* dintre sisteme.

Un exemplul din domeniul chimiei ar putea exemplifica această afirmație. Să luăm atomii *hidrogen* și *oxigen*. Fiecare dintre cei doi atomi în parte nu are nimic de-a face cu apa. Nu vom găsi *apă* în niciunul dintre cei doi atomi. Cu toate astea, atunci când *îmbinăm* cei doi atomi într-un anumit raport și în anumite condiții, *rezultatul* obținut va fi substanța H_2O, adică apa. Așadar, apa este ceva complet *diferit* de suma caracteristicilor individuale ale celor doi atomi. Ea *se naște*, se *construiește*. Orice încercare de a deduce *caracteristicile* apei din caracteristicile celor două componente ale sale, este cea mai mare prostie. Însă tocmai această prostie se regăsește în nenumărate așa-zise lucrări de specialitate. Poate că uneori lucrurile sunt luate ca atare, pentru că în anumite situații pur și simplu sună „cool".
Dar lăsați-ne să abordăm problema puțin mai logic.

SISTEMUL BĂRBAT-FEMEIE

Fără îndoială că există un sistem interuman „bărbat și femeie". În situații conflictuale, în care diferențele sar mai puternic în ochi, ambii parteneri încearcă la început să transfere vina asupra celuilalt. Ambii sunt (întotdeauna) ferm convinși că și-au adus aportul la soluționarea conflictului. Dacă însă problema continuă să rămână nerezolvată, vina *trebuie*, în mod evident, să fie de partea celuilalt. Unde altundeva poate fi ea localizată într-o relație *în doi*? Fie unul, fie celălalt este „de vină". O cauză *terță* pare să nu existe în disputa dintre doar *două* persoane.
Permiteți-mi însă să vă destăinui un secret. Există! *Fiecare* relație, indiferent dacă este între atomi, molecule, celule, organe, animale, oameni, popoare sau țări, reprezintă întotdeauna mai mult decât simpla sumă a componentelor sale aruncate într-o singură oală de către respectivii „parteneri de relație". Atunci

când combinăm culorile albastru și galben, nu obținem „albastru-galben", ci o culoare complet nouă, și anume verde.

Nu datele (statice) în sine, precum dimensiunea unui testicul, culoarea hainelor sau procesele chimice din creierul femeii la vederea unui bărbat atrăgător sunt importante în sensul observațiilor noastre – cu atât mai puțin în sensul identificării unor soluții pentru conflicte.
Și aici, în special aici, se aplică dictonul: ne concentrăm asupra *efectelor*, întrucât dacă ne îndreptăm către *cauze* vom ajunge foarte repede în zona miturilor fantasmagorice și a basmelor pentru copii.
Nici chiar „teoria hormonilor" nu este atât de neîndoielnică din punct de vedere științific. Același lucru se aplică – doar ca simplă observație – atunci când analizăm diferitele „teorii genetice". Să facem o scurtă incursiune în trecut!

NAȘTEREA IDEOLOGIEI GENETICE

Într-adevăr, istoria „geneticii", știința eredității *per se*, se prezintă mai mult decât revelatoare:
(1) Acum aproape 2500 de ani, câțiva filozofi greci credeau că un copil este influențat numai de către tată, mama fiind neimportantă din punct de vedere ereditar.
O teorie, a cărei falsitate e ușor de dovedit!

(2) Acum circa 200 de ani, Darwin cerea ca toți „bolnavii" să se măcelărească între ei, întrucât numai „cei mai buni și mai puternici" supraviețuiesc. Și-a extins această cerință și asupra oamenilor, nu numai asupra regnului animal, ceea ce a facilitat apariția nazismului.
Cu tot respectul pentru Darwin, este vorba despre o teorie care disprețuiește oamenii – ca să nu spunem că mai este și greșită!

(3) „Cercetătorii în domeniul geneticii" de pe vremea nazismului vorbeau acum circa 70 de ani despre caracteristicile superioare ale „rasei ariene", sterilizând forțat și anihilând milioane de oameni din acest motiv.
Unii dintre principalii lor reprezentanți erau psihiatri, care alocau caracteristici biologice inferioare chiar și anumitor grupe etnice: francezilor (foștii „inamici"), femeilor în genere, evreilor, celor care refuzau mobilizarea pe front, tuturor raselor „neariene", bolnavilor de TBC, celor cu probleme auditive sau olfactive, „handicapaților" în general, vagabonzilor și așa mai departe.
O teorie criminală, de o răutate inegalabilă – și oricum falsă!

(4) Cercetătorii în domeniul geneticii din vremurile noastre pretind că pot vindeca „probleme ereditare", investesc sume inimaginabile în acest sens, dau

dovadă de o lăcomie comparabilă doar pirateriei din secolul al XV-lea, enervează opinia publică în mod regulat cu noi „descoperiri" (demontate complet la o analiză mai atentă) şi profită de pe urma acestora.
O teorie care nu îndeplineşte nici măcar unu la sută din ceea ce promite şi care prin urmare trebuie să se bazeze pe teze eronate!

Aceasta ar fi, pe scurt, „istoria geneticii", de-a lungul căreia poate că mai există pe ici pe acolo câte un cercetător onorabil, dar care din punctul nostru de vedere este mai degrabă excepţia de la regulă, întrucât prea mulţi „cercetători" s-au dovedit între timp a fi greşit sau măcar că au practicat „PR mincinos".
Întrebarea interesantă este însă: ce este de fapt greşit la toate aceste bazaconii despre gene?
Şi tocmai cu această întrebare ne aflăm în zona cea mai fierbinte pe care ne-am putea-o imagina, pentru că este cea mai inteligentă şi cea mai iscusită întrebare pe care am putea-o formula.

DESPRE ARTA DE A DISTORSIONA REALITATEA

Probabil că nu s-a rostit niciodată foarte clar, însă fiecare domeniu de specialitate se bazează de fapt numai pe câteva axiome, principii şi concepte de bază. Cunoscând şi înţelegând aceste axiome sau concepte, putem înţelege, evalua, recunoaşte sau respinge într-o clipită orice domeniu de specialitate. Dacă intenţionăm să-l respingem, trebuie doar să-i contrazicem axiomele sau principiile – şi deja ne putem prezenta drept învingătorii acestui domeniu de specialitate.
Genetica se bazează doar pe câteva axiome, care par a fi complet aberante, pentru că încearcă să ne convingă că, în sine, nu suntem nimic altceva decât rezultatul ADN-ului nostru, adică rezultatul moştenirii noastre genetice. Bineînţeles că e o nebunie.

(Doar ca observaţie suplimentară, anumiţi sociologi (behaviorişti) au încercat cu ardoare să ne convingă că suntem în exclusivitate rezultatul mediului în care trăim – o idee la fel de sărită de pe fix.)
În continuare, genetica încearcă să deducă din gene numeroase boli, care ar izbucni tocmai datorită acestor gene într-o etapă mai târzie a vieţii noastre. Acesta ar fi a doua axiomă.
Genetica se joacă (aparent) cu mare iscusinţă cu fricile şi temerile noastre ancestrale, întrucât fiecăruia dintre noi îi este frică de boli şi în special de manifestarea lor extremă, moartea.
A treia axiomă a geneticii este cea care postulează faptul că genele sau moştenirea „corectă" (precum şi stârpirea genelor „defecte") ne-ar ajuta să învingem orice boală.

145

Dacă publicul aude asemenea axiome (exprimate fireşte întotdeauna doar implicit, niciodată explicit) pe o perioadă suficient de lungă, va începe la un moment dat să le dea crezare, indiferent dacă sunt corecte sau nu.

De-a lungul istoriei au existat numeroase ideologii, unele mult mai proaste decât cea a geneticii, care au reuşit prin tehnici de PR să convingă lumea de cele mai năstruşnice teorii. Să ne gândim numai la comunism şi la nazism. Cu ajutorul radioului, a ziarelor, a ilustratelor (iar astăzi: a televiziunii), se poate vinde aproape orice populaţiei, chiar şi un şoarece mort pentru suma de 20.000 de dolari, cu condiţia ca la un moment dat să fi fost animalul de companie a lui Paris Hilton – sau grăsimea rezultată în urma liposucţiei lui Silvio Berlusconi, prim-ministrul italian, a cărui grăsime a fost transformată în săpun şi vândută în scurt timp celui mai mare ofertant, pentru o sumă considerabilă. Prin urmare, noul proprietar se poate spăla astăzi pe mâini cu săpun marca Berlusconi...

Pentru a scurta povestea: televiziunea, radioul, revistele şi ziarele vând astăzi aproape totul, chiar şi axiome sau concepte nebuneşti precum cele ale geneticii. Regii branşei publicitare, specialişti desăvârşiţi ai domeniului lor, spălaţi cu toate apele şi mânjiţi pe toate părţile, lucrează din greu şi cu ardoare la prespălarea populaţiei cu tocmai aceste principii de bază sau axiome.
Se inventează cele mai interesante denumiri pentru noile gene, se fabrică cele mai atrăgătoare imagini şi se trezesc cele mai mari speranţe. Aceste genii ale publicităţii joacă uimitor de iscusit pe claviatura emoţiilor consumatorului, aidoma unor pianişti de mare clasă în cele mai importante săli de concerte! Dacă dorim să descoperim toate afirmaţiile îndoielnice ale industriei geneticii, trebuie să cunoaştem toate trucurile branşei publicităţii şi ale industriei de PR: şi sunt sute, la propriu vorbind!

Impertinenţa anumitor „geneticieni" este depăşită doar de cea a câtorva psihologi, ale căror aiureli ar putea umple multe volume. Din punctul meu de vedere, este de-a dreptul fascinant să vezi tot ce poate fi fabricat şi vândut oamenilor drept „adevăr" sau realitate.

Mult mai „palpabile" sunt însă faptele care generează rezultate.
Iar aici doresc să includ rezultatele ştiinţei comunicării.
Aşadar, cum ar aborda ea aceasta tematică a *sistemului bărbat-femeie*?

CÂTEVA DEFINIȚII

În primul rând ar încerca, cu toată modestia de care poate da dovadă, să ofere pe tavă câteva definiții utilizabile.
Comunicarea umană este un sistem care pare să fie structurat în următorul fel. Avem unul sau mai mulți emițători și unul sau mai mulți receptori. Pentru a nu complica lucrurile, să ne rezumăm aici la un emițător și un receptor. Între cei doi parteneri de comunicare ia naștere o interacțiune. Aceasta este relația dintre cei doi parteneri de comunicare (sau dintre sisteme). Fiecare mesaj are întotdeauna două aspecte, unul pe planul obiectului și altul pe planul relației, după cum am mai spus. Pentru început, planul obiectului este „neutru". Mesajele „decisive" se formează sau, mai bine zis, se construiesc de abia pe planul relației. Aici are loc *interpretarea* individuală. Adică: sensul se *construiește*. Reformulând, am putea spune că fiecare informație este recepționată în mod subiectiv.
Dar ce putem face cu această constatare?

CE NU FUNCȚIONEAZĂ

Am arătat deja ce nu funcționează.
E imposibil să evităm comunicarea. Dacă pretindem un comportament „spontan" sau chiar o stare de spirit „spontană", ne vom afla în situații paradoxale. Iar dacă oferim partenerului nostru de comunicare două variante care se exclud una pe cealaltă, nu vom face decât să-i provocăm confuzie.

CE FUNCȚIONEAZĂ

Prin urmare, dacă vrem să influențăm o persoană (indiferent de scop), atunci, *în timpul* comunicării, întreaga noastră atenție trebuie să se concentreze asupra mesajelor (posibile) din planul relațiilor, deci asupra comunicării de *rang secund*. Obiectul comunicării în sine reprezintă numai un punct de plecare sau un imbold pentru *construirea unor realități*. Cel târziu de la *Kant* și *Einstein* știm că nu putem dovedi o realitate obiectivă, general valabilă. Prin urmare, singura realitate importantă este cea pe care și-o *construiește* partenerul nostru de comunicare. Și tocmai aici se complică situația, pentru că noi înșine suntem supuși acelorași reguli. Noi *înșine*, ca parte a sistemelor, suntem artizanii propriei noastre realități individuale. Chiar și în noi funcționează acele mecanisme, care încearcă să protejeze și să apere realitatea *noastră*.

De îndată ce comunicăm, suntem „prinși" într-un sistem (temporar), și anume în sistemul comunicării tocmai aflate în desfășurare, indiferent de cum, unde, când și cu cine.

Și „totuși", există vreo soluție?

Pentru a înțelege și a influența realitatea și implicit dorințele, temerile, nevoile, părerile, opiniile „*reale*" ale partenerului nostru de comunicare, trebuie mai întâi să le *recunoaștem* ca atare. Aici ne împiedicăm însă, cel puțin câte-odată, de propriul nostru sistem, care știe, din păcate mult prea des, cum să se apere în același fel împotriva celorlalți. După cum am putut observa din cele câteva exemple anterioare, sistemele care nu au sau care au doar foarte puține *reguli de modificare a propriilor reguli* pot fi influențate numai din exterior. Prin urmare, unica *soluție* rămâne strategia de a ne *sustrage* respectivului sistem de comunicare, pentru a putea acționa din exterior asupra sa.

O ABORDARE COMPLET NOUĂ

Pe scurt:

Dacă dorim să modificăm comportamentul uman, trebuie să ne sustragem respectivelor sisteme de comunicare.

Am făcut deja referire la acest aspect – acum este însă vorba despre aplicabilitatea sa în sfera interumană.

Că nu e simplu, este evident. Dacă ar fi simplu, nu ar exista dificultăți sau probleme în relațiile interumane. Am fi tot timpul minunat de superiori și am fi în permanență conștienți de faptul că tot ce gândim corespunde întotdeauna numai viziunii *noastre* asupra realității.

În ceea ce privește comportamentul uman, observăm două problematici diferite în esență și care, datorită ființei lor, dau naștere unei percepții diferite asupra lumii. Prima ar fi: „De ce" este ceva așa cum este. După cum spuneam, să lăsăm „De ce"-ul *psihologilor, terapeuților* și *psihiatrilor*. Cu siguranță nu vă veți descurca, iar dacă o veți face, nu veți fi rezolvat nici pe departe numeroasele probleme ale lumi în care trăim! E o concluzie logică. Prin urmare, veți dispune de concluzii greșite. Însă nu dorim să rediscutăm aceste concluzii greșite, există destule penițe cu aptitudini satirice, care pot face acest lucru mult mai bine decât noi.

Noi ne vom ocupa cu *Ce* și *În ce scop*.
Noi formulăm o întrebare complet diferită.
Aceasta este întrebarea care ne conduce către rezultate reale.

În momentul în care nu mai suntem fixați pe găsirea unei explicații extensive a lumii, a „sinelui" și a „existenței", cum ar spune filozofii, ni se deschid dintr-o dată posibilități complet noi de soluționare.

Brusc, dispunem de câteva răspunsuri *practice*, care ne pot ajuta mai departe.

Nu mai trebuie să ne aruncăm vina unul altuia în față, ca până acum, ceea ce oricum nu ajută la nimic, ci ne trage doar mai adânc în abis.

Adică, trebuie să înțelegem în sfârșit, cu toată claritatea de care suntem capabili, că toate aceste răspunsuri pseudo-științifice, vocalizate astăzi atât de vehement și care sunt de fapt atât de ieftine, nu pot schimba nimic, absolut nimic.

Să ne concentrăm, așadar, pe soluții.

Cum putem schimba părerile

Se poate! Oricât de puternice și de bine înrădăcinate ar fi sistemele, ele pot fi sparte. Dacă nu ar fi așa, nu ar exista schimbări – sau poate că ar exista doar schimbări minore. Însă de multe ori putem observa exact contrariul. Există oameni care nu-și schimbă numai părerile, ci întreaga viață, uneori chiar extrem de brusc. Fostul manager de top cu gândire materialistă, orientat către succes și iubitor al vieții sociale, se decide „brusc" să ducă o viață simplă, izolată, în Toscana sau pleacă într-o țară aflată în dezvoltare, pentru a-și oferi acolo ajutorul. Vânzătoarea modestă și sigură pe sine se mobilizează într-o dimineață și devine o întreprinzătoare de succes. Întregi ideologii, care s-au menținut chiar peste decenii drept unicul *adevăr adevărat*, sucombă în cel mai scurt timp și ajung chiar să preia ideologia dușmanului.
Să ne uităm la fosta URSS și la Rusia de astăzi!

Ce s-a întâmplat aici, cine a influențat comportamentul? Este vorba despre aceeași oameni de dinainte. Putem fi siguri că nici psihicul, nici situația socială, nici condițiile sociologice nu s-au schimbat. Și nu a existat nicio constrângere. Dar totuși, în mod „neașteptat", totul este *altfel* acum.

În cartea sa *„Münchhausens Zopf"* (Coada lui Münchhausen) (19), Paul Watzlawick descrie un caz impresionant, în care un bărbat decăzut în depresii profunde a fost vindecat doar prin comunicare (!).
Nu doresc să reiterez și să descriu aici întreaga situație. Important este însă următorul lucru: toate încercările de soluționare propuse acestui bărbat au dat greș.
Încercările de soluționare induse din exterior și impuse cu forța, dau aproape întotdeauna greș. „Sfaturile bune", care implică impunerea forțată a unui sistem, sunt sortite eșecului. Acest bărbat a fost ajutat printr-o intervenție aproape imperceptibilă dinspre exterior, menită să-i trezească la viață noi interese.

Prin urmare, comportamentul poate fi modificat, atunci când imboldul vine din *exterior*. Aș vrea să merg chiar mai departe și să afirm că în special în situații conflictuale, anumite modificări pot fi făcute *numai* prin procese din *afara* sistemului. Așadar, atunci când dorim să modificăm un comportament, primul lucru pe care trebuie să îl facem este să deschidem respectivul sistem *către exterior*, pentru a dobândi măcar șansa de a-l influența.

DESCHIDERE PRIN IRITARE

Pentru a putea iniția o deschidere și o disponibilitate pentru nou, ar putea fi câteodată util, să *irităm* în mod activ și intenționat un anumit sistem existent. Această acțiune trebuie înțeleasă în sens pozitiv. Astfel, putem spune că generăm în mod intenționat *dezordine*, iar aceasta, la rândul ei, motivează sistemul în a se *reorganiza*. În cadrul acestui proces se construiesc „brusc" noi reguli, care corespund pe de o parte regulilor vechiului sistem, dar care pe de altă parte admit și elemente *noi*. Această iritare se poate manifesta în multe feluri. La modificarea sau colapsul sistemelor complexe, cum ar fi ideologiile politice, declanșatorii au fost de obicei de natură catastrofică. Foametea și războaiele inutile ar putea duce și ele la modificări în spațiul politic.

POLITICA ȘI ISTORIA

Motivele Revoluției franceze din anul 1789, spre exemplu, au fost analizate în nenumărate rânduri. Și, da, e corect, nobilimea lâncezea și-i storcea pe țărani, regalitatea era degenerată, Ludovic al XVI-lea și Maria Antoaneta, care au ajuns ulterior sub lama ghilotinei, erau departe de imaginea unor domnitori exemplari. Dar istoricii uită deseori faptul că izbucnirea Revoluției franceze a fost precedată de o foamete catastrofală.
Într-o oarecare măsură, aici a fost vorba de o iritare „obiectivă", însă în spațiul politic există bineînțeles și exemple pentru iritare „subiectivă".

Atunci când Lenin a preluat puterea în Rusia, nu a făcut-o doar prin forțe proprii. După cum bine știm, el fusese infiltrat de către nemți! Haideți să analizăm puțin mai detaliu acest strop din oceanul politicii mondiale:

În spatele culiselor și nevăzut de către aproape niciun dușman al Germaniei, s-a ajuns în anii 1916/1917, adică în timpul Primului Război Mondial, la cea mai stranie alianță pe care ne-am putea-o închipui – o alianță între împărăția germană și revoluționarul rus pe nume Lenin! Iar asta, cu toate că cele două „sisteme" se aflau la kilometri distanță din punct de vedere ideologic. Împărăția Germaniei nu avea nimic, dar absolut nimic în comun cu comunismul. Dar atunci când bubuie tunurile, se aplică deseori principiul: „În vreme de război, dușmanul dușmanului meu este prietenul meu!"

Pe scurt, împăratul Germaniei l-a susținut pe Lenin cu toate forțele, cu toate că acesta era blocat în Elveția, trăind în exil. În cadrul unei acțiuni dintre cele mai secrete, i s-a permis lui Lenin să intre în Rusia într-un tren german de marfă, trecând mai întâi prin Germania și apoi prin Finlanda, bineînțeles nu înainte de a i se unge bine mâinile, adică i s-au băgat în buzunare sume considerabile de bani destinați mituirii. „Job"-ul său: să creeze dezordine în Rusia și să pună pe jar guvernul rus. Lenin, un revoluționar de profesie, trebuia să toarne ulei pe foc și să ațâțe revoluții pe teritoriul Rusiei, în special având în vedere că situația de acolo dădea deja în clocot. Germania l-a ajutat pe *bolșevic* cu arme și muniție și cu un total de 26 milioane de mărci, aproximativ 80 milioane Euro la valoarea de astăzi.

„*Lenin a intrat în Rusia. Acționează întocmai dorințelor*", telegrafia șeful serviciului de informații german din Stockholm către Statul major din Berlin, în anul 1917. Lenin era acum activ în Rusia, iscusitul revoluționar de profesie fiind cauza multor probleme. (20)
Ideea era că imediat după ce ar fi preluat puterea în Rusia, Lenin ar fi urmat să degreveze Germania pe frontul de est. Șmecheria a funcționat.

Lenin a devenit noul stăpânitor al Rusiei.
Însă puterile vestice (Franța, Anglia și în special SUA) au reușit totuși să bage niște bețe în roată.
Și aici a existat o „iritare" care, doar de dragul conversației, nu a fost analizată cu adevărat până astăzi din punct de vedere corect, istoric. Personajul principal era un anume Winston Churchill.
Să ne aducem aminte:

Ministrul marinei din vremea aceea, Winston Churchill, se confrunta în anul 1917 cu problema mobilizării la război a populației Statelor Unite, populație care nu vroia de fapt să știe nimic despre disputele din Europa. Așadar, cum a reușit Churchill să-l atragă atât pe președintele SUA, cât și mare parte din populația americană de partea Angliei?
Ei bine, vicleșugul s-a numit *Lusitania* – un vas britanic de pasageri, un vapor cu aburi de categoria lux, care fusese adoptat de Anglia în flota de război drept „crucișător auxiliar înarmat". Acest lucru însemna că vaporul transporta între New York și Liverpool materiale necesare războiului, respectiv arme și muniții. Pentru a nu fi atacat de submarinele germane, documentele de transport erau falsificate, adică se mergea sub pavilion neutru și nu se transportau oficial niciun fel de arme, chiar dacă acest lucru reflecta de fapt realitatea. În mod oficial, se organizau doar plimbări pentru pasageri americani, VIP-uri, turiști aflați în vacanță și globetrotteri. (21)

Lusitania a plecat în 1917 peste Atlantic, cu peste 1000 pasageri și cu numeroase arme la bord. Un submarin german a recunoscut vaporul cu aburi și a dat ordin

de tragere. Churchill își freca mâinile! *Lusitania* s-a scufundat. Au murit 1198 oameni, printre care 94 copii și 287 femei. Inclusiv circa 125 americani.
Rezultatul: în SUA, populația s-a revoltat cu voce tare! Ce-și permiteau blestemații ăștia de nemți?! Cum puteau barbarii ăștia să scufunde un vas pașnic, pe care se aflau americani neutri, inofensivi?
Pentru a scurta povestea: opinia publică din Statele Unite fusese convinsă, iar SUA a intrat în război împotriva Germaniei. Germania nu a putut riposta în nici un fel Statelor Unite, incomparabil superioare din punct de vedere al armamentului, resurselor materiale și personale și a pierdut Primul Război Mondial. O „iritare"!

Nu trebuie să analizăm aici etica sau lipsa de etică a d-lui Churchill. Accesul la actele din arhiva *British Naval Intelligence Department* (serviciul secret al marinei regale) continuă să fie interzis, după aproape 100 ani!
Doar această situație vorbește de la sine.
De asemenea, intenția mea nu este de a-l apăra pe Churchill – care probabil că luase în calcul peste o mie de morți, pentru a salva sute de mii de vieți omenești – și să încerc să înțeleg punctul *său* de vedere sau „sistemul" *său*.
În contextul acestei cărți, ne vom rezuma la a observa faptul că „iritarea" poate schimba istoria lumii. Câteodată este provocată în mod sistematic și este de natură subiectivă, iar alteori este de natură „obiectivă", cum ar fi o catastrofă naturală.
În general servește unui țel bun, uneori însă unui țel rău.
Însă nu dorim să formulăm judecăți de valoare asupra acestor lucruri, întrucât ne-ar împiedica să ne concentrăm asupra situației care urmează a fi descrisă.
Să repetăm așadar elementul esențial:

Iritările care acționează din „exterior" asupra unui sistem, pot zdruncina sistemul și duc la definirea unor noi reguli.

Această concluzie poate fi înțeleasă și în sens pozitiv și poate fi utilizată în mod constructiv. Iar această constatare ne duce către o nouă concluzie, care ocupă un rol foarte important în zen-budism.

Ce ne învaţă maeştrii Zen

Aşadar, confuziile pot duce la iritare şi implicit la dezordine, iar dezordinea poate fi utilizată în anumite situaţii şi în sens pozitiv.

Vechii maeştrii Zen utilizau întotdeauna *instrumentul confuziei*, pentru a-şi determina (a-şi obliga) elevii să-şi părăsească propriul sistem de gândire. În acest fel, elevii erau puşi în situaţia de a se apropia „stării" *extrasistemice* a Zenului. Expertul în zen-budism *Daisetz Teitaro Suzuki*, descrie în numeroase lucrări esenţa Zenului. Următorul exemplu se regăseşte în cartea „*Introduction to Zen-Buddhism*" (22) (Introducere în zen-budism) şi demonstrează acest model de gândire pe baza unor versuri zen-budiste. Cel târziu după citirea lor vom înţelege cum iritarea şi confuzia ne poate face să punem sub semnul întrebării sistemul în care trăim şi să purcedem la a-l regândi.

„Cu mâinile goale păşesc înainte şi iată, hârleţul e în mâinile mele.
Mă plimb pe jos călărind pe spatele unui bivol.
Atunci când trec podul,
iată, nu apa curge, ci podul."

Iar Suzuki continuă,

„Acesta este renumitul gatha lui Jenye... (gatha = imn, Jenye este numele unui renumit învăţător Zen chinez, al cărui nume a fost de fapt Shan-hui şi care a trăit între cca. 497 şi 569 după Hristos. Acest maestru Zen este citat şi cu numele de Fudaishi.)
Versurile redau atitudinea primordială a adepţilor Zen. Cu toate că nu epuizează nici pe departe învăţăturile Zen, versurile reliefează într-un mod foarte plastic calea către care tinde Zen. Cine doreşte să înţeleagă adevărul Zen – în măsura în care aşa ceva este posibil –, trebuie mai întâi să înveţe să înţeleagă ce înseamnă de fapt această strofă. Nimic nu pare mai ilogic şi mai contradictoriu raţiunii umane sănătoase, decât aceste patru versuri. Criticii ar înclina să catalogheze Zenul drept absurditate, creator de confuzie şi dincolo de

orice limită a gândirii raționale. Zen rămâne însă neînduplecat și se împotrivește ca așa-numita rațiune umană și modul în care privește aceasta lucrurile, să aibă ultimul cuvânt. Este mai degrabă vorba de faptul că motivul, care de fapt ne împiedică să ajungem la o cunoaștere extensivă a adevărului, se bazează pe căutarea rațională a unei explicații „logice" a lucrurilor. Dacă dorim să ne afundăm în esența vieții, trebuie să sacrificăm concluziile logice, atât de dragi și familiare nouă, și să abordăm o nouă cale a introspecției, prin care să ne sustragem tiraniei logicii, precum și caracterului unilateral a vocabularului nostru cotidian. Oricât de paradoxal ar părea, filozofia Zen insistă ca noi să ținem cazmaua cu mâinile goale, și că nu apa este cea care curge, ci podul de sub picioarele noastre."

Satori, starea supremă către care țintește budismul Zen, starea *„ființei de dragul ființei"* ar putea fi descrisă, în sensul analizei noastre, ca un fel de *ne-prezență în respectivele sisteme*, orice *atribuire de valoare* nefiind nici confirmată, nici infirmată. Conform învățăturii zen-budiste, sunt complet neimportante elementele care conduc către această *libertate și eliberare mentală* descrisă prin termenul de *Satori*, care pare mai degrabă străină în cercurile noastre. Noi pur și simplu nici nu ne putem închipui o viață în afara logicii.

Cu toate astea, putem învăța foarte multe de la bătrânii maeștri Zen, al căror umor, doar ca observație secundară, a fost unic.
Putem învăța cum să părăsim căile predefinite ale logicii și să ne propulsăm, eufemistic vorbind, pe noi înșine în afara sistemului.

O dezordine creată prin lipsa unei logici, este probabil vitală, întrucât doar ea ne oferă posibilitatea creării unor *forme noi*. Adevărul este că deseori folosim în mod inconștient tocmai această tehnică.
De exemplu, atunci când mergeți foarte încet cu bicicleta, mențineți stabilitatea sistemului prin mișcarea permanentă a corpului și a mâinilor dvs. pe ghidon. Prin urmare, dacă nu ați efectua aceste mișcări, adică în absența acestei dezordini continue, aleatorii, chiar *lipsite de reguli*, nu ați putea stabiliza bicicleta la viteze reduse.
Același lucru se întâmplă la surf sau la schi.
Chiar și saltimbancul se menține pe sârmă prin mișcarea permanentă a bățului său. Dacă ar sta pe loc, nu ar putea stabiliza sistemul și s-ar prăbuși.

CE POATE FACE O DEZORDINE PROVOCATĂ

În anumite condiții, dezordinea *stabilizează* chiar și întregi sisteme. Iar acest lucru poate merge atât de departe, încât la un moment dat însăși problema va deveni unicul scop de menținere a sistemului. Un scurt exemplu, pentru a nu stărui prea mult în teorie: O persoană rămâne cu partenerul său alcoolic ani de zile. În cele din urmă, acesta se însănătoşeşte. Iar acum, această persoană îşi părăseşte partenerul pe care-l îngrijise atâţia ani de zile. Problema nu mai există, iar astfel întregul sistem îşi pierde sensul. Se prăbuşeşte în sine însuşi şi poate fi redefinit. În cazul nostru, noua definiţie este separarea.

Putem observa acest fenomen inclusiv atunci când se întâlnesc sisteme ideologice, contrare. În acest sens, permiteţi-ne să analizăm încă o dată perioada aşa-numitului „Război Rece" dintre fosta URSS şi SUA.

RĂZBOIUL RECE, DIN PUNCT DE VEDERE SISTEMIC

Să ne reamintim succint:

În 1945, marea scenă a politicii mondiale a avut parte de un spectacol organizat cu mare fast. Dacă situaţia n-ar fi fost atât de gravă la vremea respectivă, am fi putut discuta astăzi despre un adevărat show, presărat cu elemente de umor negru pur. E vorba despre Războiul Rece, despre acea epocă, care a durat până în 1990.

Pe de-o parte se aflau forţele vestice, în frunte cu Statele Unite ale Americii, iar de cealaltă parte exista Blocul Estic peste care străjuia Uniunea Sovietică. Mai clar: America şi Rusia şi-au măsurat forţele timp de 50 de ani, o perioadă caracterizată printr-o politică extrem de tensionată şi printr-o prezentare cât mai evidentă a forţei brute.

Doi termeni militari defineau antinomia: pe de-o parte exista *NATO*, iar de cealaltă parte *Pactul de la Varşovia*. Ambele alianţe militare afirmau că militează în scopul asigurării păcii mondiale. Îşi arătau poziţia agresivă numai pentru că doreau să-şi apere propria zonă de influenţă împotriva ameninţărilor care veneau dinspre cealaltă parte. Ambele părţi au spionat cât le-au ţinut curelele. În privinţa spionajului, punctul a fost înscris de către sovietici – erau pur şi simplu mai iscusiţi în înalta artă a minciunii. Însă în ceea ce priveşte economia şi armata, SUA câştiga tot mai mult teren.

Cursa înarmării a atins proporţii monstruoase. Noile tehnologii se dezvoltau cu mare rapiditate de ambele părţi, niciuna nedorind să ofere „adversarului" vreun avans.

Imediat ce americanii prezentau o nouă realizare, ruşii nu prididau până când nu o depăşeau. Ceea ce în provoca pe americani din nou, motiv pentru care.... Aţi înţeles, nu-i aşa?

Oriunde îşi amplasa una dintre părţi noile sale arme (atomice), cealaltă parte riposta imediat.

La momentul culminant al cursei înarmării, planeta Pământ dispunea de o capacitate explozivă atât de mare şi de un număr atât de impresionant de arme nucleare, încât s-ar fi putut distruge pe sine de mai multe ori.

Cursa înarmării atinsese dimensiuni absurde.
Pe de altă parte, ambele părți știau că o dispută reală, militară, nu mai putea fi câștigată – de niciuna dintre părți. Puteau să se distrugă complet reciproc, de mai multe ori. Totuși, înarmarea continua, în nebunie.
Se concurau unii pe ceilalți atât din punct de vedere politic, cât și economic, ba chiar și cultural.
Câteva momente importante ale Războiului Rece:
La introducerea reformei monetare în partea vestică a Germaniei, în 1948/49, Uniunea Sovietică a văzut în această acțiune o rănire a acordurilor comune și a contrat prin inițierea blocadei asupra Berlinului.
Când în vest s-a născut RFG-ul, cealaltă parte a răspuns prin formarea RDG-ului.
Un alt moment culminant al Războiului Rece s-a înfățișat în anul 1950, în timpul războiului din Coreea.
Dar momentul cel mai periculos a fost atins în timpul Crizei Cubaneze din anul 1962. Frații Kennedy băgaseră în sperieți SUA, iar Nikita Hrușciov URSS. Lumea tremura.

Însă ambele părți pricepuseră pesemne că un război purtat cu armele nucleare existente ar fi dus la anihilarea întregii planete și ar fi făcut-o nelocuibilă pentru secole, poate chiar milenii.
Și astfel s-a încheiat și Criza Cubaneză.

Însă Războiul Rece a continuat.
Întrecerea continua acum pe aproape toate planurile, miza fiind prezentarea *sistemului* mai bun! Americanii au făcut progrese incomensurabile în ceea ce privește călătoriile spațiale – rușii au venit și ei din urmă. Orgoliul lor: să depășească SUA. S-au investit sume inimaginabile în cercetare. După câteva încercări ratate, rușii au reușit să trimită un om pe orbita planetei noastre. Scrâșnind din dinți, americanii au trebuit să se dea bătuți, pentru moment. Însă aveau deja un plan care urma să șteargă orice umilință. Spațiul cosmic nu era suficient. Ei vroiau să fie primii care să pună piciorul însăși pe satelitul Pământului: Luna. Bineînțeles că rușii au aflat despre intenția lor și și-au concentrat toate resursele în acest sens, pentru a avea nasul cu doar un milimetru mai în față. În van! Această rundă a fost câștigată de Statele Unite.

Cursa a continuat pe toate planurile și în special în cadrul întrecerilor sportive, unde se puteau observa dueluri dintre cele mai antrenante.
Dialogul politic dintre cele două superputeri se declara pentru limitarea înmulțirii armelor nucleare și de altă natură, însă după încheierea rundelor de discuții, înarmarea continua în culise. Prețul părea să fie prea mare. Acest lucru s-a simțit foarte puternic în Germania, care, mai nou, era compusă din două sisteme, aflate într-o antinomie imposibil de relativizat: Republica Federală

Germania (RFG) şi Republica Democrată Germană (RDG). Un zid separa cele două sisteme. În timp ce RFG ţinea de NATO, RDG era parte al Pactului de la Varşovia. În cazul unui conflict armat, acelaşi popor ar fi luptat de ambele părţi.

Celelalte acţiuni ale superputerilor sunt pur şi simplu imposibil de contorizat. Printre ele se numără spionarea reciprocă, propaganda neagră şi sabotajul.
Şi cu toate astea, discuţiile continuau. Războiul Rece s-a încheiat numai după dărâmarea Zidului Berlinului şi dizolvarea ulterioară a Blocului Estic.
Un Ronald Reagan foarte angajat s-a întâlnit cu nu mai puţin angajatul Gorbaciov. Doar mai târziu s-a aflat de ce URSS a pierdut în cele din urmă Războiul Rece: Rusia se înarmase în nebunie, după cum a recunoscut ulterior Gorbaciov. Cea mai mare parte a veniturilor rezultate din petrol şi gaz fusese direcţionată către înarmare, în timp ce oamenii rămăseseră pe dinafară...
Şi totuşi, întreg Pământul a fost în pragul autodistrugerii – niciodată omenirea nu s-a aflat atât de aproape de prăpastie.
Două ideologii, cea comunistă şi cea capitalistă, intraseră în coliziune cu o forţă de neînchipuit.

RĂZBOIUL SISTEMELOR

Într-adevăr, putem spune că sistemul Războiului Rece s-a stabilizat de la sine. De ambele părţi bântuia o frică inimaginabilă.
Într-o anumită măsură, niciuna dintre părţi nu putea exista fără cealaltă. Iar ambele îşi construiseră iluzia unui oponent superior.
Pe de altă parte, cunoscătorii intimi ai Uniunii Sovietice ştiau că URSS putrezea de mult pe interior, pentru că atunci când le răpeşti oamenilor libertatea, ei se vor ridica mai devreme sau mai târziu împotriva propriului sistem. Totodată, o organizare statală bună impune o creştere a prosperităţii economice. Istoria ne oferă nenumărate exemple de revoluţii izbucnite datorită situaţiei economice precare a populaţiei şi nu cred că mai trebuie să le trecem în revistă.

Pentru subiectul nostru este însă foarte interesant faptul că ambele sisteme (SUA şi URSS) au creat un al treilea, care s-a stabilizat într-o oarecare măsură prin interacţiunea primelor două. A luat naştere un nou simbol – şi anume simbolul Războiului Rece.
O lungă perioadă de timp, întreaga elită intelectuală şi politică s-a mişcat în cadrul acestui nou sistem care fusese definit. Nimeni nu mai gândea decât în aceste categorii. Nu se mai gândea şi nu se mai acţiona decât pe baza acestei antinomii: SUA versus URSS.
Când sistemul s-a dezintegrat, a lăsat în urma sa un gol profund. Chiar şi filmele cu James Bond, care trăiseră de pe urma acestui sistem, au trebuit rescrise.
Aşadar, ce s-a întâmplat aici din punct de vedere al „tehnicii sistemelor"?

O SCURTĂ ANALIZĂ

Sistemele de comunicare suprastatale și cele umane se caracterizează prin structuri care urmează de obicei reguli diferite. Atunci când se întâlnesc două reguli care se contrazic sau se exclud una pe cealaltă, se ajunge la *reacția de apărare* despre care tocmai am discutat și care, în cazul Războiului Rece, s-a potențat într-o asemenea măsură, încât a pus sub semnul întrebării viitorul întregii omeniri.

Prin urmare, putem opera modificări numai dacă reușim să „alocăm" respectivului sistem o regulă care să faciliteze o *modificare a regulilor*.
Permiteți-mi să vă liniștesc: pentru a face acest lucru, nu trebuie să ne transpunem nici pe noi înșine, nici pe cel pe care dorim să-l influențăm, într-o stare zen-budistă. Comunicarea în sine și comportamentul nostru ne oferă multiple posibilități în acest sens.

Întrebarea primordială este însă: cum și în ce fel putem realiza acest lucru?
Cum reușim să definim noi reguli, care să ne permită apoi să relaționăm mult mai constructiv unii cu alții?
Prin urmare, întrebarea istoricilor despre cum s-ar fi putut evita Războiul Rece, este perfect legitimă! La fel de legitim este să ne întrebăm cum s-ar fi putut evita primul și al doilea Război Mondial.
Așadar, cum putem soluționa conflicte, care sunt generate de către un sistem sau de către mai multe sisteme diferite care intră în coliziune?

Soluţionarea conflictelor

Cât de minunat ar fi să dispunem de o tehnologie de comunicare care să ne permită să soluţionăm conflictele după bunul nostru plac!
Istoria ar putea fi rescrisă de pe o zi pe alta. Relaţiile personale şi relaţiile în doi ar putea fi ridicate la un nou nivel!
Dintr-un foc am dispune de probabil cea mai puternică armă care a existat vreodată: stăpânirea metodelor de comunicare.
Ei bine, nu vreau să promit nimănui marea cu sarea şi nu vreau nici să pătrund în lumea utopiei. Dar poate voi reuşi să formulez un modest punct de plecare în această direcţie, cea a posibilităţilor reale de soluţionare.

Am atras deja atenţia asupra câtorva tehnici de comunicare. Dar suplimentar faţă de acestea, trebuie să cunoaştem următoarea axiomă:

Noile reguli trebuie să rezide în sistemul însuşi sau în omul însuşi. Ideea trebuie să se nască însăşi în sistem (sau în cei care îl propovăduiesc), respectiv în om, ca parte integrantă a sistemului.
Aşa este. Omul este creatorul propriei sale realităţi.

Să detaliem puţin. Dacă stăm să ne gândim puţin, omul nu are încredere decât în sine însuşi. În ultimă instanţă nu avem încredere decât în propria noastră percepţie. Atunci când în viaţa profesională cineva doreşte să mă convingă, solicitându-mi în mod primitiv „să am pur şi simplu încredere", mă gândesc întotdeauna, în tăcere, la următoarele cuvinte: *„Dacă aş căuta într-adevăr pe cineva în care să am încredere, cel mai probabil mi-aş cumpăra un câine..."*

Dar să renunţăm la cinism. Indubitabil, e absurd să ceri cuiva să aibă încredere în tine! Din contră, cei care îşi încep frazele cu următoarele cuvinte, par realmente suspecţi:

„Deci, ca să fiu într-adevăr sincer,..!"
„Trebuie pur şi simplu să mă crezi atunci când îşi spun...!"

„Sincer să fiu,...!"

Niciun dictator din istorie nu a omis să sugereze mediului său înconjurător, ce băiat simpatic este el de fapt.
Așadar, ce metode trebuie aruncate la gunoi?

CUM SE INSTIGĂ LA RĂZBOI

Din punct de vedere teoretic, există o întreagă „tehnologie de comunicare" despre modul în care poți instiga la război. A ridica oamenii împotriva noastră și a ni-i face dușmani e atât de simplu!
Tot ce trebuie să facem este să ne ridicăm împotriva sistemului lor – și deja avem parte de cele mai minunate adversități pe care ni le-am putea imagina.

Chiar și cel mai răbdător, cel mai pașnic, cel mai plin de umor sau chiar și cel mai letargic interlocutor poate fi scos din sărite la un moment dat. După cum ziceam, trebuie doar să-i atacăm sistemul.
Cunoașteți probabil acest lucru din viața dvs. de cuplu. Cu siguranță vă aduceți aminte de cel puțin un subiect, un cuvânt sau poate doar un gest, prin care vă puteți transpune partenerul în doar câteva secunde într-o stare de război sau de necesitate.

Am participat la nenumărate dineuri sau întâlniri private sau sociale, unde anumiți participanți păreau a fi extrem de plictisiți, nemotivați și nu tocmai comunicativi. Cu toții așteptau doar sfârșitul respectivei seri. Și de fiecare dată am reușit să anim situația, prin simple afirmații de genul „*Democrația este cea mai mare prostie!*". Dacă – așa cum se întâmplă de obicei – prima reacție era mai degrabă umoristică, repetam afirmația, cu o mimică mai severă, accentuându-mi totodată spusele: „*Nu, serios, democrația este cea mai mare tâmpenie din lume!*"
Dacă nici acum nu obțineam reacția dorită, aceasta venea cel târziu după completarea: „*Observăm în fiecare zi că democrația nu funcționează... Așadar, cea mai bună formă de stat este dictatura!*"

Cel târziu în acest moment, totul se schimba. Vă puteți imagina ce discuții politice și chiar filozofice puteau lua naștere, unele chiar extrem de interesante. În loc de a pleca, participanții comandau încă o sticlă de vin. Foarte interesantă devenea situația atunci când unul sau altul se alăturau tezei mele. Iar dacă unii dintre invitați proveneau din rândurile politicienilor democrați, discuția scotea la iveală cele mai puternice emoții. După cum știți, un „argument" îl naște pe celălalt.

Sper că vă dați seama că după numeroasele variante ale acestui experiment, dezvoltasem între timp numeroase argumente fără echivoc *împotriva* democrației, cum ar fi *"...cu un dictator bun, care acționează numai în interesul poporului său, totul merge mult mai repede și mult mai bine..."*. Interesant ar fi și rezultatul fiecăreia dintre aceste discuții. Concluzia este că democrația are câteva hibe. Ne plângem de creșterea birocrației, de lunga cale decizională sau de nedreptatea socială. "Dictatura ar fi aici mai bună", recunosc unii în cele din urmă. Însă condiția este bineînțeles un dictator *"...care nu reprezintă interesele proprii, ci interesele poporului..."* (adică interese democratice). Problema este că un astfel de supraom probabil nici nu există. Astfel, încheiam de obicei cu citatul lui *Winston Churchill*:
"Democracy is a lousy form of government, but I don't know a better one."
Exemplul ne arată că prin formularea unei teze inițiem un *atac*, care atrage după sine o *apărare* necondiționată.
Prin urmare, am utilizat cunoștințele mele despre sisteme într-un mod foarte simplu, pentru a schimba o stare de fapt.
Ca simplă completare: chiar dacă aș fi într-adevăr de părere că dictatura ar fi forma de guvernământ "corectă" – ceea ce s-ar înțelege din atacul meu direct asupra sistemului de ordine (democratic) al partenerilor mei de discuție –, nu aș putea niciodată să îi conving în acest fel de presupusele calități ale dictaturii.

Să revenim însă la elementul esențial. Prin afirmația "Democrația nu este bună!", comunic partenerului de discuție pe planul relației (în special atunci când acesta este un politician democrat) că *"...sistemul său nu este bun"* și implicit că *"...el nu este bun"*. Printr-o critică adresată nu persoanei sale, ci întregului său sistem de gândire politică, teza mea și implicit eu însumi ne lovim de mecanismele sale de protecție. În loc de a influența partenerul de comunicare, am obținut exact contrariul. Iar subiectul real al discuției este complet neimportant.
Vă puteți închipui că situația tocmai descrisă este ireversibilă. Pe de altă parte, dacă vă veți afla la o masă cu reprezentanți ai partidului comunist, formulați teza: *"Comunismul e de rahat..."*

O CRITICĂ LA ADRESA CRITICII

Dacă suntem onești cu noi înșine, trebuie să recunoaștem că avem cu toții o problemă cu critica. Și nu sunt marile întrebări filozofice și politice ale vieții, cele care ne deranjează. Este vorba doar despre *ce* anume ni se reproșează, despre *cum* și în ce situație suntem criticați. În timp ce putem dezbate relativ relaxați opinii politice sau subiecte obiective ale unui oarecare domeniu de specialitate uneori necunoscut, atacurile mult mai triviale ne scot uneori complet din minți și tindem să adoptăm foarte repede o poziție de luptă. Uneori ajung doar anumiți termeni, anumite subiecte sau simple gesturi, pentru a ne transpune în stare de război cu restul lumii.

Există multe exemple care sprijină această afirmație. Amintesc aici doar câteva subiecte explozive, cum ar fi

♦ *"femeile și frumusețea (lor)"*,
♦ *"bărbații și hobby-urile lor (mașinile)"*,
♦ *"italienii și mâncarea"*

sau pur și simplu „obișnuințele" noastre, pe care nu le înțelege nimeni. Gândiți-vă la numeroasele lucruri care aparent sunt importante numai pentru *dumneavoastră*.

Se știe faptul că simpatia și antipatia se conturează deseori în primele secunde după întâlnirea unei persoane. Motivul rezidă în *mecanismul de radiografiere*, descris în prima parte a acestei cărți, cu care este dotat sistemul nostru perceptiv. Comparăm – foarte repede, se pare – regulile *noastre* cu cele pe care considerăm că le are partenerul nostru de discuție. Dacă cele mai „importante" criterii – ale căror calități sunt de asemenea ancorate în sistemul nostru – corespund, există toate șansele să avem de-a face cu un *prieten*. Atunci când comportamentul observat al partenerului de discuție contravine sistemului nostru de ordine, ajungem foarte repede la concluzia, că ne-am putea afla față în față cu un potențial *inamic* sau cel puțin cu un interlocutor nu prea bine intenționat. Obiecțiile unora cu privire la faptul că nu întotdeauna s-ar întâmpla așa, întrucât întâlnim uneori oameni despre care nu ne facem o părere *din primul moment*, pot fi combătute cu ușurință, dacă ne gândim că până și lipsa „unei păreri" *este* de fapt un verdict și implicit o *evaluare*. Iar în această situație, evaluarea sună: „pentru început, neutru". Chiar și „zero" este o cifră. În acest context aș dori să reamintesc faptul că nu ne putem sustrage comunicării.
Care este însă chintesența acestei observații? Care este „învățătura" în ceea ce privește factorul influențare? Ei bine, este mai mult decât evident:

Ar trebui să ne abținem de la orice formă de atac asupra partenerului nostru de discuție, pentru a evita blocarea (uneori definitivă) a căilor de comunicare.

Dar cum punem această idee în practică?

HEI, EU AM DREPTATE!

Atunci când îi criticăm pe ceilalți, ne simțim mai tari. Nu există nimic mai frumos decât *câștigarea* unei bătălii verbale cu încărcare emoțională, prin argumente puternice și indubitabile. Adrenalina pulsează la tâmple, suntem fericiți. În același timp, ceilalți au devenit mai isteți și au câștigat câte ceva din înțelepciunea divină și umană. Chiar dacă nu dorim neapărat să câștigăm simpatia și dacă nu putem fi tocmai siguri că partenerii noștri de discuție *conștientizează* într-adevăr ceea ce le spunem, ne simțim totuși victorioși. Ne-am reconfirmat, încă o dată, pe *noi* înșine. După astfel de discuții avem impresia că suntem cu trei-patru metri mai înalți.

Deja de pe băncile școlii învățăm să ne susținem părerea. Suntem educați ca persoane „critice" și ne simțim bine în această postură. Suntem impulsionați să învățăm să criticăm. Însă bineînțeles, „doar critică obiectivă, vă rog frumos", pentru că toată lumea vrea să audă așa ceva. Exersăm în permanență arta convingerii, punând la îndoială părerile celorlalți. Din când în când *ne așteptăm* la criticarea persoanei sau părerii noastre, chiar înainte ca interlocutorul să inițieze atacul. Iar în această situație ne pregătim deja printr-o lovitură preventivă și ne apărăm – bineînțeles tot prin critică. E simplu, pentru că de fiecare dată găsim ceva, ce e putred în țărișoara numită Danemarca, pentru a-l parafraza pe Shakespeare.
Nobody is perfect.
Cu alte cuvinte, ne alocăm întotdeauna nouă înșine dreptatea.

Însă dacă doriți să aveți succes atunci când convingeți, tocmai aceasta este calea greșită. Pentru că ceea ce se întâmplă atunci când criticăm este evident. Repet încă o dată și de câte ori va mai fi necesar: prin critică, fie ea justificată sau nu, obiectivă sau nu, inteligentă sau prostească, *atacăm sistemul de ordine al partenerului nostru de discuție*. Reacția necondiționată este întotdeauna (auto-)apărarea. Sistemul se închide în sine și va fi foarte greu, dacă nu chiar imposibil, să obținem o nouă cale de acces. Urmarea este indubitabil continuarea apărării. Așadar, prin critică obținem în primă fază *întotdeauna* un blocaj. Adică ne poziționăm ca dușman.
În acest fel nu facem decât să ne făurim singuri și în mod activ, proprii noștri dușmani. Așadar, vă rog să uitați toate balivernele despre această „critică constructivă". Pentru că, în cele din urmă, cine decide într-o situație sau alta ce este într-adevăr *constructiv*? Dumneavoastră? Soția dumneavoastră? Soțul dumneavoastră? Vreo carte? Papa de la Roma?
Exprimat filozofic, sau poate cum ar fi spus bătrânul înțelept chinez Lao-Tse în modul său misterios:
Dușmanul și prietenul sunt forme de întruchipare ale aceluiași lucru.
Mai explicit, nu există niciun dușman, pe care să nu-l fi modelat noi înșine.
Așadar, dacă suntem într-adevăr interesați să soluționăm sau să influențăm conflicte, trebuie să învățăm în primul rând că nu este neapărat necesar să „avem dreptate".
Dacă dorim să influențăm oameni, nu trebuie să vrem să-i „convingem".

Trebuie să învăţăm, dacă se poate, să renunţăm la critică – un element ce se regăseşte în ziua de azi, atât de ieftin, la toate colţurile şi care nu duce la nimic, la absolut nimic, ba chiar din contră, blochează totul.

De dragul discuţiei, haideţi să analizăm o situaţie binecunoscută tuturor. Să discutăm despre ce se întâmplă atunci când gelozia îşi bagă coada într-o relaţie.

Fenomenul gelozie

Abordasem pe scurt acest subiect, puțin mai devreme. Este uimitor, însă o relație măcinată de gelozie îți poate distruge întreaga viață. Pentru că atunci când unul dintre parteneri este bântuit de gelozie, toată viața sa se poate transforma în coșmar. Chiar și câteva picături de gelozie pot otăvi o relație.

De obicei, obiectul geloziei suferă mai mult decât gelosul însuși. Într-o asemenea situație pare să persiste o puternică sau chiar permanentă teamă de a fi părăsit. Gelosul/geloasa percepe un eveniment, un gest, o reacție a partenerului său sau a unei terțe persoane și concluzionează pe baza acestuia o posibilă sau iminentă infidelitate a partenerului său. Fantezia își face de cap și se transformă tot mai mult în scepticism, putând culmina în construirea mentală a unor dramatice scenarii de groază, care dobândesc apoi, în percepția gelosului, urmări tot mai reale. Consecința este că gelosul/geloasa se simte (deja) înșelat și implicit puternic atacat. „De vină" este bineînțeles partenerul. „Cum îi poți permite ăleia/ăluia, să se uite așa la tine...?!" Geloșii se simt constrânși să pretindă în exclusivitate pentru sine anumite obiecte sau sentimente ale partenerului. „Credeam că zâmbetul acela îmi este rezervat numai mie...!" De la un sentiment permanent de frică sau tristețe, situația poate escalada până la profunde sentimente (temporare) de ură ale geloșilor față de partenerii lor, ceea ce bineînțeles, în timp, poate afecta enorm o relație.

Însă – ați putea obiecta – de ce suferă de fapt și persoana al cărei partener este extrem de gelos, ba chiar uneori suferă mai mult decât gelosul însuși? Există multe exemple care demonstrează că mulți oameni ajung chiar la despărțire – tocmai din acest motiv. Și totuși, nu am putea interpreta gelozia ca o dovadă a înaltei prețuiri pe care ne-o poartă partenerul? N-ar trebui să fim mândri că îi suntem atât de importanți partenerului nostru?

Analiza e simplă: cine trăiește într-o relație dominată de gelozia partenerului, se află în permanență și în mod masiv sub presiune. Pe scurt, se simte dominat, controlat şi atacat, este suspectat în permanenţă: tot timpul este bănuit de *ceva rău*.

În mintea sa, analizează în fiecare moment o posibilă infidelitate întrucât i se reproşează în permanenţă o asemenea situaţie ipotetică – ceea ce în caz extrem îl poate face să aibă într-adevăr o aventură. Întrucât nu i se acordă crezare în niciun fel, respectivul partener va căuta persoane care să îl creadă, ceea ce poate duce iarăşi la infidelitate.

Chiar şi siguranţa sa de sine este afectată. El „vrea" să rezolve situaţia, fiind însă imobilizat într-o postură dublă foarte dificilă.

Cu alte cuvinte: *sistemul* său este pus în permanenţă la îndoială, întrucât însăşi propriul partener, care ar fi trebuit de fapt să fie cel mai puternic susţinător al său, îl chestionează în permanenţă.

Să ne străduim să dăm un scurt exemplu, fără a aborda subiectul cu prea multă seriozitate.

DRAMA GELOZIEI

Sarah aşteaptă nerăbdătoare la micul dejun. În sfârşit soseşte şi Markus, mirosind proaspăt după duş, puţin palid, cu prosopul strâns în jurul brâului. „Ar trebui să facă mai mult sport!", se gândeşte ea, însă îşi reprimă comentariul.

De ce? Sarah începe acum să analizeze, cu rapiditate uimitoare şi precizie de laser – pentru că nu e proastă. În definitiv, ea pune mare preţ pe latura estetică, însă orice neajuns cât de mic al lui Markus, îl face pe acesta mai puţin atractiv pentru celelalte femei, care-l aşteaptă la fiecare colţ, cu intenţiile lor perfide.

„Ei, te-ai şi trezit?" întreabă ea în schimb. Markus tace, el nefiind, de altfel, prea e vorbăreţ. Între timp, Sarah a terminat să se îmbrace şi este în cea mai bună dispoziţie. Astăzi planificaseră să meargă împreună la cumpărături.

„Ar trebui să ne grăbim, înainte ca toate magazinele să fie cuprinse de febra cumpărăturilor de Crăciun." Dintr-o dată, Markus devine şi mai palid. Ea continuă:

„Ce-i cu tine, dragul meu?"

„Mi-e rău!"

Aha! Sirenele de alarmă din corpul lui Sarah se pun în mişcare, părul de pe ceafă se ridică, adrenalina pompează preventiv cu presiune ridicată în circuitul ei sanguin. Aseara a fost la cor. Markus şi prietenii sai au fondat un cor de barbaţi. Inofensiv? În niciun caz! În loc să intoneze cuminţi repertoriul cântecelor naţionale tradiţionale, se ambiţionează să trâmbiţeze tot ce poate oferi cultura pop în materie de cântece pentru bărbaţi. Aiurea, asta le spun soţiilor...

Markus: „Ne-am dus apoi la o bere la Joe."

Ahaa!! Acum totul este clar pentru Sarah. Își măsoară bărbatul cu scepticism. Dar asta, ce-i asta? Ea identifică o zgârietură lungă pe brațul lui. Nivelul de adrenalină crește din nou. Ea indică rana și întreabă cu o voce rece ca gheața: „Și asta, asta o ai probabil de la Domenica Slawka?"

El se uită uimit la propriul braț. „Domänika Schlaffka? Despre cine vorbești?"

„Ah, da, am uitat că pe ospătărița lui Joe o cheamă acum Paris", răspunde Sarah veninos, referindu-se la frumoasa angajată cu picioare lungi. Pe dinafară menține încă o liniște periculoasă, însă nivelul adrenalinei se află la cotele ultimului tsunami din Asia.

„Nu, a fost Carlo!" se scuză el și încearcă instinctiv să-și tragă prosopul peste braț. Bineînțeles că nu reușește, pentru că astfel s-ar dezgoli o parte esențială a corpului său.

Aha, dă vina pe cotoi! Sarah simte cum înăuntrul ei crește o furie puternică, dar justificată. Parcă nu mai are destul sânge în sistem. Ea nu consideră că o probă de cor ar trebui să se încheie într-o beție generală, cu siguranță nu într-o seară de luni și absolut în niciun caz cu o zgârietură lungă, provenită probabil de la o gheară artificială, vopsită în roșu, care încearcă voluptuos să își extindă teritoriul. Furia ei iese la iveală: „Dacă tot trebuie să bei un pahar mai mult decât își spune setea..."

„E un virus", o întrerupe el, „de abia dacă am băut ceva." Fruntea i s-a umplut de sudoare, pielea pare dintr-o dată și mai livida.

Sarah trece în revistă tot ce a observat: există numai două posibilități, fie mă minte – sau e într-adevăr bolnav. Dar, cu neîncrederea e la fel ca și cu fecioria. Ori ești, ori nu ești. A avea puțină încredere este deci de domeniul imposibilului, motiv pentru care Sarah nu va crede niciun cuvânt.

Dar ce simte Markus?

Uimit, se uită la propriul braț. „De unde naiba e zgârietura asta? Habar n-am! Să fie pisica, sau copiii? Nu mă doare, în schimb capul îmi bubuie de durere, de nu mai pot!" gândește el. Dacă vocea ei n-ar fi atât de țipătoare ca în această dimineață. Fiecare cuvânt se simte ca un mic cui, care i se înfige în țeastă.

Se gândește repede la cele petrecute în seara anterioară: „Am exersat *A Hard Day's Night* de *Beatles*. În sfârșit a mers ca pe roate – un deliciu muzical. O realizare în sine, dacă ne gândim că numai cinci dintre noi știu de fapt să citească partitura. Ce reprezentație!

După aceea a trebuit să bem ceva, nu era și normal? Cu toate că n-am vrut să fim din nou ultimii care pleacă, ne-a prins din nou ora închiderii, chefuind și cântând cu voce tare din repertoriul nostru, despre care trebuie să recunosc că este destul de limitat. Pe la unu și jumătate am ajuns la apogeu cu *10 kleine Jägermeister* de la *Toten Hosen* – am cântat cel puțin pe opt voci, fără exagerare. Cu toate că am trâmbițat *We are the Champions* de *Queen*, într-un stil a cappélla aproape identic cu originalul, nu ni s-a mai permis să comandăm nimic. Poate că Charles n-ar fi trebuit să ia tocmai tacul de biliard ca să dirijeze. Sau poate că nu trebuia să batem tactul cu bocancii și să răsturnăm acvariul în ritmurile săltărețe ale Polonezei, trezind sentimente adverse în sufletul gazdei noastre. Și astfel am rămas la un număr mai degrabă limitat de beri. Poate puțin prea multe pentru capacitatea mea, însă tocmai de ajuns, ca să mă simt astăzi atât de mizerabil. Cum să-i explic asta iubitei mele Sarah? Doar planificasem să mergem împreună la cumpărături!"

Tot mai multe broboane de sudoare își fac apariția pe fruntea lui Markus. În ciuda stării sale deplorabile – am putea-o numi mahmureală – începe să înțeleagă că se află la ananghie. Promisese soției sale această zi, însă acum era bolnav – fără certificat medical și bănuit că și-a făcut-o cu mâna lui. Gura i se umple de salivă, totul se rotește. Îi mai rămâne doar o incursiune rapidă în baie. Și speră să termine la timp...

Aici am mai putea adăuga o întreagă comedioară, însă cred că ați înțeles situația. Gelozia se alimentează singură, e vorba de un cerc vicios din care nu prea mai poți ieși. Orice ai zice, e greșit.

Cu cât îl critică Sarah mai mult pe Markus, cu atât mai complicată devine situația. Markus, bântuit inițial de sentimente de vinovăție, va dori într-un târziu să lovească înapoi, pentru că sistemul său este în pericol.

El va înțelege că a fost bănuit în totalitate pe nedrept. Situația se va ascuți din ce în ce mai mult. Și când ne gândim că totul începuse, de fapt, cu o singură observație critică...

CONCEDIEREA

Probabil că una dintre cele mai neplăcute situații din activitatea profesională a unui antreprenor sau a unui șef de personal este discuția purtată cu ocazia concedierii. Te gândești dinainte la respectiva persoană, pe care tocmai trebuie să o lași fără serviciu. Multe aspecte umane și emoționale joacă aici un rol foarte important. Cum va găsi din nou de lucru? Când va găsi din nou un job? ...
Pentru un moment te gândești cum va ajunge respectivul angajat acasă, să-i explice soției că tocmai și-a pierdut slujba. Reacția copiilor, care sunt atât de mândri de tatăl sau de mama lor. Problemele financiare care se vor ivi. Apoi treci încă o dacă în revistă motivele concedierii. Ce a greșit? A fost susținut îndeajuns de Companie în atingerea obiectivelor sale profesionale? I s-au oferit destule șanse și mijloace pentru a-și remedia greșelile sau pentru a-și atinge totuși obiectivele ratate anterior.
După ce răspunzi prin da sau nu la toate întrebările, de abia atunci decizia este fermă. Angajatul trebuie să plece.

Dar haideți să fim cinstiți. În sine, adevăratul vinovat este întotdeauna angajatorul. Pentru că cel care a angajat respectiva persoană sau patronul însuși a trebuit la un moment dat să ia o decizie cu privire la cât de bun e Cel nou sau Cea nouă pentru propria organizație. Dacă angajatul nu funcționează corespunzător, este vorba despre o clară deficiență de evaluare din partea personalului de conducere, cu privire la aptitudinile, cunoștințele, educația sau competența și integritatea socială a respectivului angajat.
Prin urmare, cum poate decurge o discuție de concediere?

Sunt de părere că fiecare concediere poate fi argumentată într-adevăr foarte cinstit cu evaluarea inițială greșită a respectivului angajat – bineînțeles doar în măsura în care nu este vorba despre un hoț sau un șarlatan. Pentru că tocmai în acest detaliu rezidă de fapt orice concediere, dacă nu cumva este făcută din motive organizatorice – sau, mai pe șleau, dacă există prea puțină activitate pentru a mai păstra respectivul angajat.

V-aș recomanda ca în cadrul discuției de concediere să nu criticați angajatul, reamintindu-i greșeala făcută. O știe mult prea bine. Ar trebui mai degrabă să prezentați consecințele comportamentului său, deci modul în care comportamentul său s-a răsfrânt asupra firmei și asupra celorlalți angajați. Ați putea prezenta și încercările de soluționare întreprinse de firmă sau de conducere, dar care nu au avut succes. Totodată, ar fi oportună și o anumită compasiune pentru situația angajatului.
Pe de altă parte, tocmai la discuția de concediere ar trebui prezentate punctele forte ale angajatului. Poate că este supracalificat pentru anumite activități. În cazul angajaților problematici, care trebuie concediați datorită capacității lor reduse de integrare socială, nu ajută cu nimic dacă prezentați ce a greșit, ci mai degrabă ce efect a avut comportamentul său asupra colegilor de serviciu.

Deseori se impune chiar și o scuză, atunci când angajatul trebuie concediat datorită unei evaluări eronate din partea conducerii care l-a propus la un moment dat pentru respectiva poziție.
O discuție de concediere, plină de demnitate, ar trebui întotdeauna să includă ambele părți și ambele puncte de vedere și nu trebuie să-i răpească respectivului angajat speranța, întrucât la un moment dat ne-am asumat noi înșine responsabilitatea de a-l angaja. Și din acest motiv avem și responsabilitatea de a-i oferi cel puțin o despărțire onestă.

O CHINTESENȚĂ

După cum puteți observa, critica nu duce niciodată, sau poate doar extrem de rar, la modificări comportamentale. De fiecare dată este atacat *sistemul* nostru, motiv pentru care suntem tot mai puțin dispuși să ascultăm.
Dacă dorim într-adevăr să-i influențăm pe ceilalți, trebuie să alocăm „criticii" valențe complet noi. În caz ideal, ar trebui să renunțăm complet la ea! Doar în acest fel putem crea premisele unei modificări comportamentale.

Cât de tare poate distruge o critică neintenționată toate căile de comunicare dintre două persoane, am putut afla la un moment dat, în cadrul carierei mele antreprenoriale, într-o situație care astăzi mă amuză.

O critică la adresa criticii

Totul se petrecea la începutul carierei mele antreprenoriale. Ca proaspăt ofertant de servicii IT, am obținut într-o bună zi – după o lungă muncă de convingere prin telefon – o întâlnire cu șeful departamentului de prelucrare informatizată a datelor din cadrul unui mare concern internațional de produse alimentare.
O întâlnire foarte interesantă! Scopul meu era să îl conving să-mi devină client. Și nu era vorba despre orice client, ci despre un client mare! De fiecare dată mă flituise cu argumente de genul „nu avem nevoie de nimic, suntem bine organizați...". După luni întregi de încercări și nenumărate telefoane, precum și scrisori adresate personal, am reușit în cele din urmă să obțin o întâlnire. Argumentul noului meu produs, care i-ar fi putut crește cu 50% viteza calculatoarelor, l-a convins în cele din urmă să mă primească.
Am început cu binecunoscutul small-talk și am discutat despre probleme neinteresante. Îmi pregătisem niște istorii pline de umor, știind că acestea detensionează de regulă orice discuție, și cugetam la modul în care să le introduc în discuție la momentul oportun. Comunicarea s-a desfășurat în mod plăcut și într-o atmosferă relaxată. Pe măsură ce trecea timpul, începea să se contureze o anumită simpatie reciprocă. Clientul era încântat de prezentarea produsului meu și vroia în orice caz să-l testeze.
Fără să vrem, am ajuns la subiectul sport, mai exact la golf. Și imediat mi-am adus aminte de o glumiță, pe care i-am spus-o imediat. Și anume:
„De ce să joc golf, dacă încă mai pot face sex".
Înainte de a putea măcar să râd de propria mea „glumă", am observat cum fața interlocutorului meu s-a transformat în stană de piatră. Versatul achizitor IT, care tocmai era pe cale să-mi devină „prieten", s-a lăsat ușor înapoi în spătarul scaunului său, încrucișându-și brațele defensiv (pentru a se sprijini) la piept. Părea să fie profund jignit.
Am observat imediat atitudinea sa de respingere și am încercat îndârjit să salvez situația, menționând faptul că „mulți dintre prietenii mei sunt pasionați de golf". Totodată am atras atenția și asupra faptului că acest sport este cu siguranță o chestiune foarte interesantă, în măsura în care i-ai fi stăpân, dar că din păcate mie îmi lipsește acest talent...

Totul, în van! Îl lovisem pe acest bărbat atât de tare, încât își blocase toate căile de acces. Iar încercarea mea de a mă dezice de întreaga poveste, nu a făcut decât să înrăutățească totul și mai tare, evident fiind faptul că nu reprezenta nimic altceva decât o încercare (lipsită de onestitate) de a salva ce mai putea fi salvat. Iar acest lucru a condus indubitabil la pierderea totală la încrederii. În cele din urmă, a întrerupt discuția foarte brusc și mi-a promis că mă va contacta cu privire la testarea respectivului program.

Înainte să ies din biroul managerului / achizitorului, am văzut o fotografie înrămată pe perete. Îl reprezenta în postură de campion, la cupa 18 a unui teren de golf.

Nu cred că mai trebuie să vă povestesc sfârșitul poveștii!

Bineînțeles că n-am mai auzit nimic de la marele meu client. Încercările mele ulterioare de a mă apropia de el, nici nu treceau de zidul de beton reprezentat de secretara sa.

CRITICA ȘI SISTEMELE

Știți ce a dat greș aici, nu-i așa? Prin critica mea involuntară și neintenționată, îi rănisem *sistemul* – și nu oricum, ci extrem de puternic.

Prin observația mea prostească ferecasem din nou portița care-mi deschidea accesul la interlocutorul meu.

A critica un om pe care dorim să-l câștigăm în scopurile noastre, e sinucidere curată. Chiar și o critică aparent inofensivă, cum a fost glumița mea de doi bani, s-a dovedit a fi ucigătoare. Concepția generală, cu privire la faptul că prin critica noastră exprimăm foarte multă *competență*, este complet eronată. Pentru că interlocutorul nostru, care își poate permite să aibă alte puncte de vedere, își formează foarte repede exact părerea contrarie: și anume, că aici cineva dă dovadă de o mare incompetență!

Probabil că în sinea sa, clientul meu se gândea în felul următor: „Dacă ăsta e atât de prost, încât să aibă o părere atât de proastă despre golf, înseamnă că trebuie să fie un mare prost. De ce să cumpăr vreun software de la un «asemenea prost»...?"

În special atunci când întâlnim o persoană pentru prima dată, critica, reclamațiile, observațiile, plângerile sau formularea excesivă de judecăți de valoare sunt complet antiproductive. Ele nu fac decât să ne catapulteze cu totul în afara sistemului de ordine al interlocutorului nostru. Iar din această poziție e aproape imposibil să câștigi încredere. Critica este contraproductivă, pentru că îl împinge involuntar pe interlocutorul nostru într-o poziție defensivă, din care el încearcă să se justifice. Atacarea sistemului de ordine rănește și jignește. În măsura în care criticăm într-un cadru social subordonat (familie, colegi de serviciu), în locul motivaţiei intenţionate se vor ivi doar sentimente de revoltă şi de resemnare. Sub presiunea unei autorităţi, tensiunile şi dezacordurile generate ar putea schimba situaţia pentru o scurtă perioadă de timp, însă nu duc la o modificare *reală* a punctelor de vedere.

Aşadar, atitudinea „critică" pe care o putem observa astăzi pe la toate colţurile şi care e atât de preaslăvită, este de fapt cea mai prostească dintre virtuţi.

Pe scurt, putem afirma următoarele:

Dacă vreţi într-adevăr să aveţi succes atunci când încercaţi să îi convingeţi pe ceilalţi, renunţaţi la critică. Dacă doriţi într-adevăr să obţineţi ce vă doriţi, respectaţi sistemele partenerului dvs. de comunicare!

Să analizăm încă un exemplu, care aprofundează aceste afirmaţii.

MALLORCA, MALLORCHEZILOR

Ah, cât de des ne-a învăţat istoria, că o ţară ar trebui să aparţină locuitorilor ei. Sloganurile sunt numeroase:
„America, americanilor!", se urla cu furie din rărunchi, pe vremea când englezii îi mai tachinau pe americani cu impozite şi încercau să conducă îndepărtata ţară de pe insuliţa lor mică.
Ştiţi bine, cum s-a încheiat „distracţia": Statele Unite s-au separat de Anglia, iar regele britanic de pe vremea aceea, George, a rămas cu buza umflată.

Pe insula spaniolă Mallorca mi s-au întâmplat la un moment dat următoarele: Acum câţiva ani am vizitat această minunată insulă, amplasată în faţa părţii continentale a Spaniei şi avansată cam din anii optzeci la rangul de destinaţie preferată a nemţilor, dar şi a turiştilor altor ţări europene sau de peste ocean. Din punct de vedere al terenului şi al climei, insula este un adevărat vis. Partea continentală a Spaniei se află la doar cca. 30 minute durată de zbor depărtare, iar aeroportul internaţional din Palma oferă conexiuni sau chiar zboruri directe către aproape toate metropolele Europei. Pe baza infrastructurii dezvoltate a insulei, a poziţiei sale favorabile, a climei plăcute şi a numeroaselor posibilităţi de distracţie şi de recreare, pe insulă s-au mutat de-a lungul anilor numeroşi nemţi, englezi şi alţi europeni, care, prin investiţiile lor, au continuat să dezvolte insula. În special nemţii au avut un aport foarte important în acest sens, ceea ce a reprezentat un avantaj puternic pentru mallorchezi. Nimeni nu a fost lăsat pe dinafară. Astfel, pe lângă turism, s-au dezvoltat şi alte ramuri ale comerţului, care au devenit importante surse de venit ale economiei interne a insulei, dar şi a numeroşilor „imigranţi", care-şi petreceau întregul an pe insulă. Capitalul curgea către insulă, iar mallorchezii se bucurau de o bunăstare prosperă.

La prima vedere ar părea că aveam de-a face o situație win-win, în care atât „locuitorii originari", cât și „vizitatorii" sunt mai mult decât mulțumiți. Însă realitatea se prezenta exact pe dos. Mallorchezii au început foarte curând să aibă „impresii" – în special cu nemții.

Iar acum, să trecem la experiența mea personală: Pe vremea aceea am cunoscut câțiva „băștinași" și am început în scurt timp să le prețuiesc modul de viață tipic sudic, atât de familiar mie. Fiind pe jumătate italian, nu mi-a fost greu să pătrund în mentalitatea lor și să le accept comportamentul uneori îndărătnic.
De fiecare dată, mallorchezii îmi explicau că nu aveau de fapt nimic împotriva „nemților", dacă și-ar putea ține în frâu *critica*. Comentează despre mâncare, se plâng despre modul local (îndărătnic) de a înțelege punctualitatea, iar mulți dintre ei nici măcar nu acceptă faptul că pe Mallorca se vorbește spaniolă. Ar trebui mai degrabă să fie fericiți că se pot bucura de o insulă atât de frumoasă.
Pe de altă parte, imigranții nemți se plângeau întotdeauna despre ingratitudinea și încăpățânarea mallorchezilor, ...*care ar trebui să fie fericiți că nemții locuiesc pe insulă, întrucât aceștia s-au ocupat de fapt de dezvoltarea și bunăstarea „civilizată" a insulei*...

După cum se poate observa atât de des în cazul diferențelor ideologice și culturale, este anevoios și probabil chiar lipsit de sens să încercăm să identificăm cauza problemelor. De la un anumit moment dat, este total neimportant cine a început de fapt jocul. Important este însă faptul că în ambele tabere, critica a dus la întărirea fronturilor și – la fel ca în cazul de față – la formarea unei anumite imagini despre celălalt, imagine aproape imposibil de corectat.

Cititorul critic ar putea obiecta acum, că este dreptul său să-și exprime opiniile și părerile și că am avea o anumită *responsabilitate* atunci când întâlnim *păreri „greșite"*. Eu însă afirm că evitarea unor astfel de atacuri nu este o *slăbiciune*, ci mai degrabă o dovadă de mare tărie de caracter și o reacție foarte *înțeleaptă*. Trebuie să conștientizăm faptul că nu există adevăr absolut, universal valabil – cu toate că părerile sunt foarte împărțite în această privință. Și astfel, cel mai înțelept lucru pe care l-am putea face este să ne reprimăm critica!

Încercați și dvs. cu următoarea ocazie. Sunteți într-o împrejurare sau într-o situație care v-ar provoca să criticați. Totul în dvs. să răzvrătește în dorința de a „clarifica" sau de a corecta starea de fapt. Dumneavoastră însă tăceți, așteptați și savurați poziția dominantă obținută prin reprimarea criticii.

În continuare, ar trebui bineînțeles să analizăm mai îndeaproape ideea „responsabilității". Aici trebuie să facem o mică diferență. Cu siguranță că e bine să avertizăm pe cineva cu privire la urmările pe care ar trebui să le suporte, de exemplu dacă s-ar arunca în gol de la etajul zece, ceea ce i-ar aduce un prejudiciu „evident". Însă pentru *părerile*, pentru *comportamentele* etice şi culturale, pentru *religia*, *predilecţiile*, *gusturile* şi *ideologiile* celorlalţi nu suntem nicidecum răspunzători. Nici noi, la rândul nostru, nu prea acceptăm ca cineva să preia pentru noi „responsabilitatea" unor asemenea situaţii. Pur şi simplu, aşa este: a-ţi asuma răspunderea asupra cuiva care nu doreşte acest lucru, înseamnă *a-l incapacita.*

Chiar şi o observaţie subtilă poate fi percepută ca un atac puternic. Nu trebuie să fie de fiecare dată un exemplu atât de clar, ca acela al glumei proaste despre jocul de golf, unde am sugerat incapacitatea sexuală a interlocutorului meu.

FASOLE CU CEAPĂ

Să presupunem că v-aţi hotărât să-i gătiţi partenerului dvs. ceva gustos. Aţi pregătit totul cu minuţiozitate. După o zi lungă de muncă şi ambuteiaje interminabile în trafic, vă îngrămădiţi la casa de plată a unui oarecare supermarket şi vă supăraţi pe stresul general şi pe tipul care tocmai v-a călcat pe picioare cu căruciorul. Ajungeţi acasă şi vă proptiţi ore întregi în bucătărie, pentru a vă transpune în realitate ideea culinară. În cele din urmă, totul e perfect. Acum vă puteţi invita partenerul la ospăţ. La început, acesta vă laudă până în al nouălea cer. Sunteţi fericită şi mândră că eforturile dvs. sunt recunoscute.
Partenerul dvs. gustă flămând din fasole. Doar în treacăt aflaţi că fasolea e într-adevăr delicioasă, *însă* lui îi place fasolea cu ceapă, dacă ar fi vorba despre un meniu perfect. Această critică este, cu siguranţă, justificată din punct de vedere obiectiv şi este orice altceva decât dramatică. Însă dvs. aţi fi dorit ca totul să fie *perfect* – şi după cum se pare, nu aţi reuşit. Aşadar, totul a fost în van, concluzionaţi dvs. în tăcere.
Urmarea este o mare dezamăgire.
Jocul ar mai putea continua, de exemplu cu dumneavoastră, în poziţie de apărare, spunând că *nu aţi folosit ceapă în mod intenţionat, întrucât nu s-ar potrivi cu garnitura...*
Cel târziu răspunsul „*...da, însă cu toate astea, mie îmi place fasolea cu ceapă...*" va exprima o critică, care ar relativiza întreaga chestiune, din punctul de vedere al efortului depus de dumneavoastră. Iar la observaţia, „*...îţi aduci aminte că mama mea gătea întotdeauna fasolea cu ceapă...*", întregul meniu v-ar sta în gât.

REALITĂŢI SUBIECTIVE

Bineînţeles că şi aici am putea continua cu nenumărate comedioare, însă din păcate, situaţiile prezentate dau mult prea des naştere unor tragedii.

Care este însă motivul lăuntric care a condus la o asemenea situație? Să pornim de la premisa că nu a existat nicio intenție răutăcioasă. Partenerul dvs. a vrut doar să vă ajute. S-a simțit răspunzător să dea un răspuns *cinstit*, pentru ca dvs. să învățați pentru viitor. Pe de altă parte, dacă nu comunicăm imediat și direct punctul nostru de vedere, ceea ce în cazul de față se solicită în mod implicit, nu înseamnă că renunțăm astfel la el.

Cu alte cuvinte: chiar și o critică formulată „cu cele mai bune intenții" poate răni o altă realitate subiectivă!

Să formulăm așadar foarte clar concluzia noastră:

Schimbarea unui punct de vedere trebuie să parvină de la însuși partenerul nostru de comunicare, pentru că adevărurile se construiesc, nu pot fi impuse.

O soluție pentru dificultățile descrise mai sus ar fi de exemplu ca partenerul, căruia fasolea nu i s-a părut perfectă, să gătească la un moment dat el însuși fasole și să adauge ceapă după dorință, fără a ateționa asupra acestui lucru. E posibil ca celuilalt partener să-i placă noul meniu și să îl preia în propriul rețetar. „*...aha, cu ceapă! Super idee!...*"

Am dat voit un exemplu aparent banal. El ne învață însă că, de obicei, tindem să supradimensionăm atacurile asupra noastră, fapt ce rezidă în mecanismul de autoapărare al sistemului nostru de ordine. Pentru că „atacurile", reale sau închipuite, pot fi foarte periculoase pentru propriul nostru sistem.

Se înțelege de la sine că totul poate fi îmbunătățit, că orice poate fi optimizat. Ar fi însă mult mai inteligent, după cum observăm din exemplul nostru cu fasolea, dacă am prezenta arta noastră culinară, fără a o impune. Cu alte cuvinte:

Dați-i celui, pe care doriți să-l influențați, posibilitatea de a ajunge singur la „noi cunoștințe". Numai felul acesta, ele vor deveni propria sa realitate.

Strategia evitării criticii nu se traduce însă prin acordarea unei încrederi absolute. Ea reprezintă însă o cale, care se îndreaptă în direcția corectă. Ea vă ajută să deschideți ușile pe care interlocutorul dvs. le-ar închide complet în caz contrar. Pentru că, utilizând critica, accentuați „scepticismul normal" față de tot ce e „nou".

Evitarea criticii atrage după sine manifestarea sincerității și câștigarea simpatiei, întrucât implică o recunoaștere indirectă a celuilalt, care la rândul ei implică o conformitate a sistemelor.

Tocmai această concluzie ne duce către o metodă, care oferă o serie întreagă de posibilități practice de aplicare.

Dominare prin subdominare

Dacă sunteți într-adevăr capabili să evitați critica, chiar și critica neexprimată – aduceți-vă aminte, nu vă puteți sustrage comunicării! – veți avea, eufemistic vorbind, întreaga lume la picioare.

Așadar, dacă doriți să influențați o altă persoană, trebuie să renunțați la observațiile negative (în special la acestea), care pun sistemul celuilalt sub semnul întrebării. Numai atunci veți reuși să dominați comunicarea. Și nu puteți realiza acest lucru decât dintr-o poziție aflată *în afara* sistemului. Iar pentru a ajunge într-o asemenea poziție, trebuie să-i permiteți interlocutorului dvs. să vă domine în cadrul sistemului de comunicare, cel puțin la început, și anume acceptându-i opiniile și comportamentul.
O concluzie chiar foarte importantă!

Să repetăm: atunci când îi *permiteți* partenerului dvs. de discuție sau de comunicare să vă domine în decursul interacțiunii, *dumneavoastră* veți fi de fapt acela care domină. Pentru că partenerul dvs. de comunicare domină numai pentru că *dvs.* îi permiteți acest lucru. După cum puteți observa, este vorba despre un instrument foarte important de manipulare a situațiilor – termenul fiind înțeles tot în sens pozitiv.

Tocmai aceasta este metacomunicarea. Într-o asemenea situație, nu faceți doar să priviți și să analizați în mod izolat partenerul dvs. de comunicare, comportamentul său, ori pe dvs. înșivă, ci priviți interacțiunile dintre cele două părți. Sau, altfel spus, vă sustrageți sistemului. Adică: vă comportați într-un asemenea fel, încât să atrageți o anumită reacție din partea interlocutorului dvs., în acest caz una binevoitoare, datorită faptului că nu îl atacați. În cele ce urmează, *dvs.* veți fi cel care stabilește regulile acestei comunicări.
Să analizăm câteva exemple din viața cotidiană.

INTERVIUL DE ANGAJARE

Puteți utiliza această concluzie în orice situație imaginabilă – atât din punct de vedere teoretic, cât și practic.
Gândiți-vă doar la un interviu de angajare cu un șef de personal care foarte probabil este egocentric.
De obicei, interviul de angajare decurge astfel: șeful de personal citește CV-ul și diplomele aspirantului, după care începe să pună o serie de întrebări dinainte stabilite. Unele dintre aceste întrebări încearcă să „facă lumină în culise" sau chiar să-l destabilizeze pe candidat. În sine, o joacă prostească! Mai mult, dacă avem de-a face cu un șef de personal care trebuie să-și plaseze mereu egoul în centrul atenției și care plesnește de auto-importanță, dvs., în calitate de aspirant, aveți toți așii în mână.
Într-o asemenea situație ar trebui să-i reconfirmați egocentrismul exagerat. De exemplu, atunci când o asemenea persoană e de părere că săptămâna de lucru de 37 ore e o batjocură – lăsați-l să-și spună părerea.
Nu veți discuta despre faptul că există legi, drepturi legale, drepturile omului sau sindicate. Din contră, dvs. ar trebui să accentuați faptul că fiecare dintre noi ar trebui să muncească mult mai mult… iar economia ar înflori din nou!
În sine, tot ce trebuie să faceți este să analizați egoul prea mare al acestui șef de personal, cu atenția care i se cuvine. Poate că are opinii de-a dreptul copilărești. Poate că insistă asupra faptului că un angajat bun ar trebui neapărat să facă sport, în special jogging, la fel ca și el, pentru că astfel s-ar menține în formă pentru serviciu.
Dacă vreți postul și puteți gândi în *sisteme*, lăsați-l să-și etaleze opiniile nebunești și atrageți-i atenția că pe peretele din sufragerie aveți o poză cu Armin Harry, fostul campion mondial la 100 m sprint, în fața căreia aprindeți zilnic două lumânări, eufemistic vorbind.
După ce ați reconfirmat în acest fel *sistemul* șefului de personal, foaia se va schimba într-un mod de-a dreptul miraculos: veți fi privit cu interes, în special dacă ați știut să prețuiți în mod corespunzător modul său inteligent de a pune întrebări și dacă nu i-ați demontat părerile preconcepute prin contraargumente războinice.
Poetul arab Al. Ahriri (cca. 1054 – 1122) recomanda bunăoară:
„Înainte de a mulge, mângâie;
Înainte de a ruga, alintă."
Nu confundați însă acest sfat cu cele concluzionate anterior. Trebuie să vă poziționați *deasupra* unui sistem sau în *exteriorul* sistemului, acceptând pentru început sistemul existent.
Vedeți dvs., utilizând această metodă la un nivel mai degrabă trivial, am putea discuta despre „manipulare" și „lingușeală" și complimente false – nu sunt adeptul unor asemenea atitudini.

Pe de altă parte, ați putea înțelege această metodă drept acceptare și înțelegere inițială a *sistemului* partenerului de discuție, sincer și la cel mai profund nivel – această atitudine îmi place mult mai mult.

Așadar, încercați să abordați această metodă cu puțin umor și cu o anumită seninătate filozofică – aceasta este calea corectă.

Este cu siguranță cât se poate de adevărat: dacă bombardați un sistem existent cu gloanțe și ghiulele, eufemistic vorbind, nu veți mai avea niciun mijloc la dispoziție, prin care să puteți controla situația. Ați ieșit din joc! De obicei, pentru totdeauna.

VÂNZĂTORUL DE MAȘINI

Prin urmare, trebuie să ne poziționăm deasupra sistemelor sau în exteriorul sistemelor!

Haideți să ne închipuim un pseudo-tehnician, căruia doriți să-i vindeți o mașină – un fanatic al tehnicii, care principial știe totul mai bine decât dumneavoastră.

Tehno-fanaticul nostru va încerca probabil să vă impresioneze prin cunoștințele sale de specialitate și va utiliza întregul vocabular din dotare. Va încerca să vă răstignească formal cu toți termenii posibili și imposibili, ceea ce bineînțeles este doar o metodă de a vă demonstra cât de deștept, genial și cunoscător este.

Pentru numele lui Dumnezeu, nu-i răpiți bietului om egoul!

Chiar dacă în sine dvs. vă gândiți că este vorba despre un biet nevolnic, care încearcă cu disperare să-și demonstreze superioritatea – ceea ce, doar ca informație suplimentară, este de obicei un semn că, în lăuntrul său, respectiva persoana este de fapt extrem de nesigură pe sine –, ar trebui să demonstrați destulă tărie de caracter pentru a nu-l desființa complet la prima greșeală pe care o face.

Din contră, ar trebui să vă arătați uimiți despre cunoștințele sale de specialitate!

Veți descoperi că partenerul dvs. de discuție va începe de-odată să plutească, metaforic vorbind. Îi reconfirmați sistemul, îl ascultați cu răbdare, tocmai pe el, care probabil este admonestat de două ori pe săptămâna de soția sa, care nu-i mai poate suporta pălăvrăgeala.

Rezultatul? Foarte probabil va cumpăra mașina!

GASTRONOMUL ARTIST

Pe de altă parte, vă puteți sustrage (ca bărbat) în mod iscusit unei situații gastronomice, dacă pretindeți că nu știți să gătiți. Bineînțeles că știți să gătiți, dar poate că nu vreți. Într-o asemenea situație aplicați regula de bază care presupune reconfirmarea, prețuirea și proslăvirea *sistemului femeie*.

Femeia, la rândul ei, ar putea insista asupra faptului că femeile sunt principial superioare bărbaților.

Superb!
Poftă mare!

Dar chiar și *femeia* îi poate juca bărbatului o festă cu astfel de cunoștințe.
Dacă femeia prețuiește în mod corespunzător *sistemul bărbat*, care rezidă în a aduce lună de lună bani acasă și în prezentarea zilnică în arena în care trebuie să lupte mai abitir ca un toreador, ea poate atrage atenția asupra acestui lucru, într-un mod foarte iscusit! Ea poate accentua importanța neprețuită a bărbatului, care zău dacă mai trebuie să și gătească acasă!
Astfel, femeia se ridică deasupra sistemului!
Ulterior nu va mai fi nicio problemă dacă-i va spune soțului, cu lejeritate și cu cel mai dulce surâs: „Ah, dragule, poți să amesteci tu puțin ulei în salată?"
Sau să observe: „Doamne Dumnezeule, dacă ți-ai canaliza toate cunoștințele profesionale în arta culinară, ai fi nu maestru-bucătar!"

Așadar, în ce rezidă deci înalta artă de a primi într-adevăr ce vă doriți – care e secretul?

SENSUL ȘI NONSENSUL EXISTENȚEI

Vechii filozofi, începând cu Pitagora și Socrate, până la kantieni, hegelieni și la gânditori moderni și profunzi ca Heidegger și Sartre, ar putea vorbi despre „sensul și nonsensul existenței", atunci când vine vorba de evaluarea „observațiilor utile".

Însă, ce sunt de fapt observațiile și părerile utile și inteligente?
Pentru început, observăm că un răspuns este întotdeauna plin de cunoștințe și este întotdeauna extrem de subiectiv.

De atâtea ori avem de-a face cu situații-limită, unde – din punctul nostru de vedere – ni se reproșează destul de multă „prostie", ba chiar atâta nonsens, încât de abia ne mai putem stăpâni! Atunci când suntem ferm convinși că *avem dreptate* sau că am înțeles mult mai bine conexiunile *logice*, se pun în mișcare o serie de mecanisme care se pot lovi foarte repede de limitele noastre de toleranță. Pe de altă parte, la fel de critice sunt situațiile în care unii dintre semenii noștri pur și simplu își susțin propriile lor reguli și comportamente foarte speciale, pe care noi le percepem ca fiind impertinente sau chiar perverse și imorale. E foarte greu să nu criticăm atunci când avem de-a face cu persoane al căror comportament, din punctul nostru de vedere, se lovește de limitele concepției noastre estetice. Iar atunci când ceilalți se comportă vădit în mod urât sau chiar injurios, trebuie să fii aproape un semizeu pentru a utiliza metoda tocmai descrisă.

Ați înțeles că aici discutăm despre o persoană cu adevărat antipatică (există cele mai diverse forme de exprimare pentru acest tip de om, dar la care aș dori să renunț în acest context), care pur și simplu ne face viața amară prin felul ei de a fi. Într-o asemenea situație, nimic nu e mai la îndemână decât să tragem adânc aer în piept și să-i dăm respectivului o replică, cu toată agresivitatea și întreaga artă oratorică de care dispunem. Această atitudine este intrinsecă, absolut umană și cu siguranță legitimă.

SITUAȚII LIMITĂ

Nu doresc să-mi ridic în slăvi propriile metode și nici să vă conving că puteți face față oricărei situații cu ajutorul lor – cunosc prea bine rasa umană, pentru a nu încerca așa ceva. Chiar dacă ascultați cu mare atenție și înțelegeți *sistemul* unui dictator brutal și lipsit de scrupule, veți avea foarte puține șanse de a-l schimba. Să ne gândim doar la Adolf Hitler, care după 1939 a fost înconjurat numai de persoane care-i aprobau orice mișcare, care-i înțelegeau *sistemul*, adică sistemul nazismului. Chamberlain, care urmărise timp îndelungat o politică de *appeasement* (textual: liniștire, conciliere, pacificare) în raport cu Hitler, a eșuat în cele din urmă într-un mod lamentabil și a fost mustrat ulterior de lumea întreagă. A fost nevoie de un Churchill și de SUA, pentru a pune la pământ această oroare. Fără dubiu, există o limită etică, care ne cere să ne opunem, tactica depășirii ei fiind o adevărată lașitate.

Dar să nu ne concentrăm asupra unor asemenea excepții. În principiu – și sper că ați înțeles deja acest lucru – cu siguranță nu veți reuși să schimbați un partener de discuție antipatic prin utilizarea principiului *atac-contraatac*. Din contră! Un contraatac duce de obicei la escaladarea situației și atrage după sine un nou atac... În cele din urmă, trebuie să punem în balanță și să evaluăm situația concretă, ceea ce bineînțeles îi revine fiecăruia în parte. Într-o astfel de situație trebuie să diferențiem, respectiv să identificăm ce dorim de fapt: vrem să ne spunem păsul pentru a ne simți ulterior mai bine, de exemplu rănind pe altcineva, care nu ne-a făcut nimic rău; sau vrem să continuăm să fim stăpâni pe situație, să dominăm și să schimbăm ceva?

Dacă reușiți să demonstrați cu o lejeritate neașteptată, că atacurile interlocutorului dvs. nici nu vă ating și dacă reușiți astfel să-i reconfirmați comportamentul în cu totul și cu totul alt fel, la care probabil că nu s-ar fi așteptat în veci, veți deține, exprimându-mă rezervat, cel puțin cărțile mai bune.

Însă, în definitiv, decizia va fi întotdeauna a dumneavoastră proprie și personală.

Adevărul este întotdeauna doar adevărul *nostru*, adică este subiectiv. Infractorii sunt criticați de o mare parte a societății. Comportamentul lor nu este acceptabil

sau tolerabil, întrucât creează uneori prejudicii masive altora. Cu toate astea, ei înșiși consideră că opiniile lor sunt „adevărate", ba chiar nobile!
În acest sens, să luăm exemplul celui mai periculos și mai temut șef interlop din orașul Chicago al anilor treizeci: Al Capone.
Merită să-i acordăm puțină atenție, atunci când discutăm despre *sisteme* și despre adevăr.

BIETUL AL CAPONE

După cum ziceam, Al Capone a fost unul dintre cei mai renumiți șefi ai lumii interlope din întreaga istorie a Americii, chiar dacă apogeul carierei sale infracționale se limitează la anii 1926–1931. Cu toate astea, el poate fi caracterizat ca fiind personalitatea cu „cea mai mare influență", chiar dacă mai degrabă în sens negativ.
Al Capone, renumitul șef al lumii interlope, s-a născut ca Alphonse Gabriel Capone pe 17 ianuarie 1899, în Brooklyn, New York, ca fiu al unor imigranți italieni. Tatăl său exersa respectabila profesie de frizer, iar mama se ocupa de creșterea marii familii. Al Capone avea șase frați și două surori, în total, nouă copii care trebuiau îngrijiți.
În 1904, băiatul de cinci ani a început școala, care s-a terminat însă înainte de termen, atunci când i s-a recomandat să părăsească instituția educațională. Mai exact, a fost exmatriculat – motivul principal fiind foarte probabil un act de violență împotriva unui profesor. Al avea 14 ani. Fără bacalaureat, nu i-a rămas la început altă soluție, decât să accepte oferte zilnice, pentru a se menține astfel la limita de plutire. În această perioadă a avut primele contacte cu scena criminalității. A făcut diferite comisioane pentru gangsterul Johnny Torrio, după care a devenit membru al bandei Frankie-Yale. La sugestia lui Yale s-a dus la Chicago, unde s-a raliat din nou lui Johnny Torrio, a cărui bandă a preluat-o ulterior. Acești doi bărbați i-au acompaniat întreaga viață în calitate de eroi, Capone trăind în *sistemul* lor. De la ei a învățat tot ce a considerat că trebuie să știe.
Influența și puterea sa în Chicago au crescut cu repeziciune.
Dacă privim mai atent mediul în care a activat, vom observa că Al Capone a folosit de fapt numai structuri infracționale deja existente. Cu toate acestea, a fost ridicat la poziția de arhetip al șefului interlop american.
Și în tot acest timp, Capone însuși considera că face un favor societății în care trăiește. La un anumit moment dat a încercat chiar să se prezinte ca binefăcător, având grijă de straturile mai nevoiașe ale societății. Capone și-a construit o adevărată fațadă pentru public, a romanțat într-o oarecare măsură instituția gangsterilor și a creat, ca să zicem așa, un nou *sistem estetic* al șantajului, mitei, jafului, crimei și omorului. În același timp se prezenta ca om de afaceri serios, un

comerciant respectabil de antichități, care se implică însuflețit și cu ardoare în viața culturală.
Porecla sa, Scarface (Cel cu cicatrice pe față), pe care a urât-o toată viața, nu l-a împiedicat să aibă o părere foarte bună despre sine însuși. Rana de pe obraz o căpătase în urma unei bătăi cu Frank Gallciano sau Frank Gallucio, pe a cărui soră o jignise, adică flirtase cu ea.
Dar chiar și aici a jucat un rol de gentleman: se pare că ulterior, Al Capone l-a acceptat pe Frank Gallciano în organizația sa și l-a ridicat la rangul de om de încredere. Pe de altă parte, Al Capone trăia într-un lux extrem, în apartamentul unui hotel de înaltă clasă, deținând totodată numeroase reședințe splendide în alte zone, cum ar fi Florida, reședințe care mai pot fi vizitate și idolatrizate chiar și astăzi. Capone a organizat festine mari și îmbelșugate, fiind considerat un bărbat generos, ba chiar (între timp) milos.
În tot acest timp, în culise, banda sa lucra cu revolvere și mitraliere. Al Capone controla într-adevăr viața interlopă, după bunul său plac. I s-au reproșat numeroase crime, printre altele a fost acuzat de participare la estorcare de taxe de protecție, prostituție, comerț cu carne vie și trafic de alcool pe perioada Prohibiției, precum și de numeroase asasinate. Niciuna dintre aceste crime nu a putut fi dovedită în mod indubitabil, însă nu-ți trebuie multă fantezie pentru a înțelege că se făcea într-adevăr vinovat de toate acuzațiile. Pe de altă parte, interdicția de a consuma băuturi alcoolice nu era acceptată de largi pături ale populației.
Iar Capone arunca cu bani în dreapta și-n stânga.
Nu a fost pedepsit cu adevărat pentru niciuna dintre infracțiunile sale, până la una singură, de care, în aroganța sa, a uitat – evaziunea fiscală. Capone trăia deja într-o lume proprie, însă a căzut în plasa propriului său sistem, întrucât de mult se considera deja inatacabil. Așa-numiții „Incoruptibili", o echipă de polițiști tineri, au ajutat la dărâmarea șefului interlop. E adevărat, l-au prins cu acest delict trivial al evaziunii fiscale. Tribunalul l-a condamnat în 1931 la unsprezece ani de închisoare și la plata unei amenzi pecuniare semnificative. Solicitarea de eliberare pe cauțiune a fost refuzată. Prima oprire a fost închisoarea de stat din Philadelphia. Fapt neobișnuit pentru un evazionist fiscal, Capone a fost transferat în 1934 pe legendara insulă-închisoare Alcatraz. Aici i-au fost refuzate toate privilegiile.
În 1939 a fost transferat într-un spital, bolnav fiind de sifilis. Eliberat în 1940, marele Al Capone și-a petrecut ultimii ani din viață într-o stare jalnică, în Miami, sub semnul bolilor care-l măcinau. A murit în ianuarie 1947 în Palm Beach, Florida. Capone, care a vrut să înșele cel mai mare sistem al tuturor timpurilor, sistemul american, a eșuat așadar, cu surle și trâmbițe, din cauza impozitelor. (23)

Prin urmare, până și Al Capone a rămas înlănțuit în propriul său sistem, care i-a creat iluzia că ar putea ignora celelalte sisteme – o greșeală fatală. În cazul său,

bineînțeles că a fost vorba despre unul dintre cei mai mari infractori. Și-a croit drumul adâncit în sânge până la brâu, fără să dea nici măcar doi bani pe viața unui om. Și totuși, se pare că nu și-a conștientizat nicicând cu adevărat *vina*. Capone se caracteriza în felul următor:
„Mi-am petrecut cei mai buni ani încercând să aduc bucurie semenilor mei, pentru ca viața să le facă măcar puțină plăcere. Drept mulțumire, sunt ocărât și fugărit! "

Infractorul probabil cel mai periculos și mai brutal al tuturor timpurilor se vedea pe sine însuși ca filantrop și binefăcător. Din punctul său de vedre, oamenii pur și simplu s-au înșelat în privința sa – bietul Al Capone.

În astfel de situații se înțelege de la sine că este extrem de dificil să ne reprimăm critica. Chiar și această tehnică de a încerca să înțelegem un sistem încercând să-l interiorizăm, își are limitele sale. Însă până și Al Capone, cazul extrem, poate fi înțeles mai ușor atunci când îl abordăm prin observarea sistemelor. Și vom înțelege astfel, cât de convinsă poate fi o persoană că are dreptate, chiar dacă s-a afundat până la gât în greșeală!

Dar să nu ne concentrăm de astfel de cazuri extreme.
Prin urmare, dacă ne-am hotărî să plutim deasupra sistemului, mult mai sus și mai îndelungat decât am făcut-o până acum, și să privim într-o oarecare măsură de la mare înălțime, vom avea parte de o răsplată considerabilă.

CUM NE RIDICĂM DEASUPRA SISTEMELOR

Pe de altă parte, trebuie să recunoaștem că nu este întotdeauna simplu.
De obicei, numai o „voință" foarte puternică și o autodisciplină foarte riguroasă ne ajută să ne desprindem *noi înșine* din mecanism actual, pentru ca ulterior să putem influența *din exterior* sistemul care tocmai se derulează în fața ochilor noștri. Acest lucru se aplică în special atunci când noi înșine suntem implicați emoțional, după cum este întotdeauna cazul în relațiile interumane.
Pe de altă parte, ne-ar putea ajuta să recunoaștem că *până și noi ne-am înșelat la un moment dat* și am insistat cu cea mai mare vehemență asupra faptului că părerile noastre sunt de fapt cele corecte. Dacă mai suntem apoi în stare să conștientizăm și faptul că *întotdeauna* pot exista explicații și răspunsuri la întrebări de genul: *de ce gândește cineva tocmai așa cum gândește sau de ce se comportă cineva așa cum se comportă*, vom evita utilizarea discutabilă a criticii ca pe o obligație intrinsecă a propriei identități.

Nu pierdeți din vedere următoarele:

Stăpânind arta criticii, nu vă deziceți de propriul dvs. punct de vedere, ci îl exprimați doar într-un alt fel. Îl utilizați mai inteligent, pentru a reuși în cele din urmă să convingeți cu adevărat – sau mai bine zis, pentru a conduce partenerul de discuție către o concluzie, la care va ajunge de fapt el însuși.

Prin evitarea criticii, chiar și în situații limită (în special în acestea), vă veți afla într-o poziție din care veți putea influența într-adevăr lucrurile.

Prin urmare, rețeta este următoarea:

1. Exprimați *franchețe*, în loc de spirit de frondă, ceea ce, în funcție de situație, îl va dezumfla pe interlocutorul dvs. deja nervos. În acest fel veți reuși să dezamorsați în cea mai mare măsură potențialul existent de agresivitate.

2. Arătați *înțelegere* pentru *celălalt* punct de vedere, chiar dacă este „numai" înțelegere pentru faptul că există motive întemeiate pentru care *cineva gândește altfel* sau *se comportă altfel*.

3. Reconfirmați indirect sistemul partenerului de discuție și veți fi privit ca *prieten*.

4. Detașându-vă de sistemul în care vă aflați, *dominați* comunicarea.

5. Acum influențați deja, pentru că dvs. definiți modul și decursul comunicării. Prin comportamentul dvs. puteți evita de exemplu o escaladare eventual „planificată" a situației. Iar în acest fel, *dumneavoastră* controlați deja situația prin comportamentul *dumneavoastră*.

Să privim încă o dată câteva exemple interesante pe care ni le oferă istoria și care reconfirmă această rețetă – sau, analizând din altă perspectivă, cât de tare putem greși atunci când „criticăm" necugetat și desconsiderăm total sistemul celuilalt.

Comunicarea în istorie

Istoria este într-adevăr plină de exemple pentru gândirea „în sisteme", atunci când discutăm despre comunicare. În același timp, istoria este mult prea plină de exemple care ilustrează faptul că aproape întotdeauna critica este urmată de alte dificultăți, care dau de fapt naștere adevăratului conflict – și care în nici un caz nu asistă la găsirea unei soluții.

Astfel, ideologiile politice s-au aflat întotdeauna într-o dilemă comunicativă. Iar asta, indiferent dacă utilizează cu precădere și în mod activ violența în apărarea propriului lor sistem sau dacă evită acest tip de controversă. Dilema fiecărei ideologii este aceea, că prin apărarea propriei poziții, ea *trebuie* să critice sistemul de ordine al celeilalte ideologii. Astfel, conflictele inter-ideologice sunt bineînțeles intrinseci.

Înțelegând însă sistemul comunicativ de ordine, vom avea revelația clară a faptului că o asemenea apărare reprezintă întotdeauna un atac. În anii șaizeci, joaca de-a criticatul și de-a învinovățirea aproape că a dus la declanșarea celui de-al treilea război mondial.
Permiteți-mi să mai analizăm încă o dată Criza Cubaneză, la care am făcut deja unele referiri în cadrul Războiului rece.

CRIZA CUBANEZĂ

În anii cincizeci, un *Fidel Castro* declarat comunist a câștigat prin luptă puterea în Cuba. Cuba s-a dezvoltat tot mai mult într-un alt „bastion" al URSS-ului de atunci, care vedea în America o amenințare masivă, latentă – și o mai vede și astăzi.

Să ne aducem aminte. La începutul anilor șaizeci s-au ascuțit tot mai mult tensiunile între SUA și Cuba, ceea ce a dus la ruperea completă a relațiilor diplomatice în ianuarie 1961. În aprilie 1961, SUA a susținut o invazie în Golful

Porcilor, o invazie a cubanezilor care trăiau în exil, care a eșuat însă datorită rezistenței cubanezilor autohtoni. După aceea, Cuba a fost exclusă din Organizația Statelor Americane. Pe de altă parte, URSS a folosit acest prilej pentru a susține Cuba din punct de vedere economic, militar, financiar și diplomatic.
Fronturile s-au întărit definitiv.

Ambele părți se simțeau amenințate în aceeași măsură. SUA era văzută (de către ruși) ca forță militară superioară la acea vreme. Pentru a restabili „echilibrul terorii", în Cuba s-a accelerat construcția deja începută a bazelor de lansare pentru rachete sovietice cu rază medie de acțiune. Prin intermediul acestor rachete, președintele sovietic de pe vremea aceea, *Hrușciov*, intenționa să se asigure împotriva unei posibile invazii americane, să-l stabilizeze pe Castro și să-l transforme într-un fel de „avanpost" politic în emisfera politică nord-americană. Din punctul său de vedere, era vorba doar de o *apărare* împotriva unei amenințări. URSS și-a luat măsurile necesare, iar Castro a ordonat activarea a 270.000 de rezerviști.
Oamenii de stat de ambele părți au izbucnit în acuze și bănuieli: *Hrușciov* vorbea pe 24 octombrie, într-o scrisoare adresată lui *Kennedy*, despre „*nebuniile imperialismului degenerat*" și despre „*banditismul public din SUA*". Kennedy a acuzat URSS de „*încercarea periculoasă de a modifica un status quo mondial*".

Importanta decizie de a staționa rachete în Cuba a fost luată de șeful partidului și guvernului sovietic, *Nikita Hrușciov*, in mai 1962, în cadrul unei vizite în Bulgaria. În memoriile sale spunea că ajunsese pe vremea aceea la concluzia, că numai „*instalarea rachetelor noastre în Cuba... ar împiedica Statele Unite de la o acțiune militară precipitată împotriva regimului Castro. Trecând peste faptul că au apărat Cuba, rachetele noastre au realizat ceea ce vestului îi place să denumească «echilibrul de forțe»:... Noi n-am făcut nimic altceva, decât să le administrăm puțin din propriul lor medicament.*"

În octombrie 1962, președintele J. F. Kennedy a solicitat dezafectarea imediată a bazelor sovietice din Cuba și returnarea către Uniunea Sovietică a tuturor rachetelor livrate.
„*Va fi politica acestei națiuni de a privi orice rachetă nucleară lansată din Cuba către oricare dintre națiunile din emisfera vestică, ca pe un atac al Uniunii Sovietice împotriva Statelor Unite, care impune o lovitură compensatorie în plină forță împotriva Uniunii Sovietice*", a declarat Kennedy într-un discurs televizat. După refuzul demontării rachetelor prin lipsa unei reacții, SUA a impus o blocadă maritimă împotriva Cubei, pentru a evita alte livrări destinate bazelor militare. Criza se accentua tot mai tare. În acest moment nu se mai putea exclude nici măcar o lovitură militară cu utilizarea armelor nucleare. De abia în octombrie 1962, când Kennedy s-a arătat dispus să retragă rachetele americane

cu rază scurtă de acțiune din Turcia, URSS s-a arătat dispusă să dezafecteze bazele din Cuba, ceea ce a dus la încheierea crizei.

Escaladarea comunicațională din perioada Crizei cubaneze, de la începuturile acesteia și până în cele mai acute faze, adică până la *„Sâmbăta neagră"*, când a fost luat în considerare un război nuclear mondial, a potențat tot mai tare *pericolul real* de izbucnire a unui război. În lumina informațiilor tocmai prezentate, acest lucru poate fi înțeles mai bine ca niciodată. Unul dintre cele mai importante elemente care a condus către escaladarea conflictului, a fost *presupunerea* perpetuă, că intențiile adversarului ar fi agresive și că acesta și-ar plănui deja următorul pas. Situație doar parțial corectă.
Hrușciov a presupus că rachetele Jupiter au fost dispuse în Turcia pentru a iniția pe termen mediu o *lovitură preventivă* nucleară asupra Uniunii Sovietice. Când de fapt acestea trebuiau retrase deja din decembrie 1960, detaliu care fusese însă omis.
Pe de altă parte, Kennedy considera că doborârea pilotului U2 deasupra Cubei ar reprezenta o escaladare voită a situației din partea URSS. În realitate însă, totul a fost doar o greșeală, datorată unor probleme de coordonare.
În permanență s-a presupus o agresivitate superioară a adversarului, ceea ce nu reflecta întocmai realitatea.
Partea bizară și totodată perversă a situației, având în vedere investițiile economice în înarmare din perioada Războiului Rece, rezidă în faptul că niciuna dintre părți nu comunicase în mod explicit vreo intenție de atac asupra celeilalte părți. Din contră: cu toții își justificau în permanență măsurile prin necesitatea de *a se apăra*. Ambele părți, atât SUA, cât și URSS-ul de pe vremea aceea, erau (și continuă și astăzi să fie) în stare să se anihileze reciproc *de mai multe ori* cu resursele nucleare de care dispuneau.

Principiul logicii dovedește extrem de clar faptul că orice altă înarmare efectuată de către o parte sau de cealaltă, ar fi fost în sine lipsită de sens. Pentru că posibilitatea de a ne putea distruge adversarul de 50 ori nu ne oferă *mai multă* siguranță, și asta întrucât orice lucru poate fi *distrus complet* numai o singură dată. Pe de altă parte, în această situație, posibilitatea unei anihilări reciproce multiple prin baze militare din Turcia sau Cuba nu reprezintă o măsură de (re-)stabilizare. Prin urmare, elementul care a dus la evitarea scenariului apocalipsei nucleare de la începutul anilor șaizeci nu au fost în niciun caz măsurile concrete luate, ci comunicarea, respectiv, în cazul de față, *retragerea sau corectarea unei critici*.
În anul 1963 s-a inaugurat linia telefonică directă între Casa Albă și Kremlin. Însă a mai durat aproape treizeci de ani, până la încheierea completă a Războiului Rece, un război pe care, conform istoricului *Richard Ned Lebow*, l-am pierdut cu toții: „*We all lost the Cold War.*" (24)

CÂND SUNTEM ATACAŢI

O bună parte dintre semenii noştri insistă să-şi atace partenerii de comunicare prin critică personală, uneori chiar brutală. Se spune că deseori asemenea persoane critică doar de dragul criticii, ceea ce implică şi o oarecare patologie. De fapt, nici nu ştim din ce motive o persoană critică o altă persoană. Poate că vrea să se reconfirme pe sine în mod repetat, prin raportarea la ceilalţi. Poate că suferă de complexe de inferioritate. Poate că tocmai are o problemă personală. Poate că pur şi simplu este „prostuţă" sau, în anumite situaţii, îi lipsesc anumite informaţii. Poate că vrea să contureze o lume „mai bună" şi să-i ajute pe ceilalţi, pentru că se simte *responsabilă*. Poate că totul rezidă în comportamentul provocator al celorlalţi, iar ea nu face decât să reacţioneze... Poate că se simte singură şi caută comunicare? În cele din urmă, motivele diverse, „reale" ale respectivului spirit de frondă se sustrag întotdeauna percepţiei noastre. Singura certitudine pe care o putem avea este că asemenea persoane *aşteaptă o reacţie*. Adică, într-o primă etapă, cel criticat va reacţiona prin respingere.

De obicei prima noastră reacţie atunci când suntem criticaţi este de a ne apăra poziţia sau comportamentul. Însă în acest fel ne aflăm automat, din nou, în rolul celui care critică. Critica înseamnă dubiu sau negare. Prin urmare, în sens dualist, reacţia nu poate fi decât o „contra-negare". Printr-o asemenea negare nu facem decât să atacăm din nou şi să continuăm jocul de-a „ce-i adevărat şi ce e fals", urcând în continuare pe aceeaşi spirală.

Calea de scăpare din această dilemă este să nu confirmăm şi nici să nu respingem critica, ci să arătăm de exemplu înţelegere tocmai pentru *acest* mod de gândire al partenerul nostru de discuţie. Şi deja am „ieşit" din problematica „*adevărat* sau *fals*", *confirmare* sau *refuz*. Prin acest mod de a reacţiona părăsim interacţiunea controlată de sistem şi ne îndreptăm către planul metacomunicativ deja menţionat. Ne poziţionăm *deasupra* comunicării actuale. Decidem să nu intrăm în acest joc, cu toate că în anumite situaţii suntem puternic atacaţi. Şi astfel, redefinim regulile interacţiunii. Dacă ne-am apăra în mod direct, ceea ce rezidă de fapt în natura sistemului nostru, am fi prinşi în capcană, iar consecinţa ar fi contra-critica noastră, ceea ce nu ar mai permite influenţarea persoanei care tocmai ne-a criticat. Găsirea altor *soluţii*, respectiv a soluţiilor noastre, este îngreunată întrucât ambele părţi sunt preocupate numai de găsirea altor argumente – izvorâte din propriul sistem –, care să sprijine propriile opinii. Însă tocmai acest lucru trebuie evitat. Dacă vrem să transmitem *soluţia noastră*, o putem face numai dacă reuşim să ne „eliberăm" partenerul de comunicare din propriul său sistem de autoapărare. Doar pe acest plan există mai multe posibilităţi decât *adevărat* sau *fals*, *conform sistemului* sau *contrar sistemului*. Iar astfel apare brusc o *terţă* posibilitate, care nu fusese luată în considerare mai devreme.

ÎNCĂ O DATĂ: BĂRBAȚII ȘI FEMEILE

Câte exemple am putea enumera cu privire la probabil cea mai interesantă comunicare din lume, respectiv cea dintre bărbat și femeie, pe care o putem observa zilnic sau pe care o percepem noi înșine în fiecare zi! Pur și simplu, este cel mai drăguț domeniu tematic al comunicării. Am discutat puțin mai devreme despre fenomenul geloziei.

Oare cât de des gesturile sau acțiunile formulate cu bune intenții nu sunt interpretate ca atacuri răutăcioase sau încercări paternaliste. Cunoașteți povestea cu scama? Bărbatul și femeia ies în oraș. Stau liniștiți unul lângă celălalt și beau o cafea. Discută puțin. Însă un observator atent va înțelege din gesturi și vorbe că între cei doi există o anumită tensiune, oricare ar fi motivul acesteia. El citește ignorant ziarul, în timp ce ea se străduiește să comunice: „Ia uite, păsările, ce frumos..." El își ridică pentru o milisecundă privirea deasupra ziarului și comentează: „Da, foarte frumos." Orice observație cât de drăguță din partea femeii este percepută de cealaltă parte ca o inoportunare. După aceea, ea își schimbă strategia. Descoperă o scamă pe sacoul lui, care o supără, și vrea, grijuliu, să o îndepărteze. Ce greșeală fatală, ce atac brutal asupra masculinității lui! Cel târziu în acest moment, el reacționează foarte agresiv, mimica lui trece abrupt de la indiferență la cea mai profundă furie și la o lipsă revoltată de înțelegere – și-i respinge mâna. El se așează din nou, clătinând din cap, aproape cu spatele către ea.

Ce s-a întâmplat aici? Ei bine, ea a vrut pur și simplu să-i arate lui cât de drag îi este, demonstrând prin grija ei, cât îi este el de important. Pe de altă parte, el percepe acest lucru ce un atac puternic asupra masculinității sale, se simte paternalizat și speră doar ca nimeni să nu fi observat cum îl dădăcește femeia.

O situație trivială, e drept. Însă cu siguranță nu atât de atipică. Și oricât de trivială sau de banală ne-ar părea situația descrisă, nu putem nega faptul că însumarea mai multor variante de comunicare de acest gen din cadrul unei relații ar putea într-adevăr provoca suferințe puternice ambilor parteneri și ar putea genera astfel un adevărat conflict. În anumite relații, astfel de (prezumtive) atacuri reciproce pot escalada într-un adevărat război. Cât de des am auzit de la prieteni și cunoscuți după separarea acestora, că de fapt își iubeau partenerul, dar că la un moment dat pur și simplu *nu mai puteau discuta cu acesta*. Orice discuție normală escalada la un moment dat într-o ceartă furtunoasă. Niciunul dintre parteneri nu-și dorea de fapt un conflict. Din contră, fiecare conversație, fiecare zi începea cu cele mai bune intenții. Însă cu toate acestea, totul se termina aproape întotdeauna cu o ceartă... Foarte trist.

O SOLUŢIE POSIBILĂ: METACOMUNICAREA

Cu siguranţă nu vreau să devin consilier matrimonial, însă această breaslă ar trebui să acorde puţin mai multă importanţă comunicării, în loc să caute soluţii în comportamentul şi în starea psihică a partenerilor.

Din experienţă vă pot spune că astfel de conflicte pot fi evitate nu atât gândindu-ne *cum* gândeşte partenerul, ci cum comunică acesta, şi bineînţeles cum comunicăm noi înşine. Doar prin formularea acestei întrebări vă aflaţi deja la metanivelul comunicării şi vă sustrageţi dilemei sistemului – în caz ideal, împreună cu partenerul dumneavoastră.

Bineînţeles că nu este întotdeauna uşor, în special în situaţii cu înaltă încărcătură emoţională sau în situaţii sensibile. Însă de obicei este singura cale către o soluţie. Cât de des nu ne întrebăm în cazul conflictelor dintr-o relaţie, oare de ce este partenerul nostru tocmai aşa cum este? Oare ce am făcut? Oare ce s-a întâmplat?

„DE CE SE ÎNTÂMPLĂ" E NEIMPORTANT

Deseori nu ştim din ce motiv se întâmplă un anumit lucru sau din ce motiv funcţionează – dar totuşi funcţionează. Acum câţiva ani mă aflam în Singapore, la un road-show al investitorilor. În timpul călătoriilor mele foloseam de obicei un singur taxi, care mă plimba toată ziua oriunde aveam nevoie. După cum ştiţi, în Singapore se conduce pe partea stângă, ceea ce e complet neobişnuit pentru noi, europenii, cu excepţia Angliei. Una din obişnuinţele mele este de a mă aşeza întotdeauna pe scaunul din dreapta spate al taxiului. În Singapore, această obişnuinţă a dus la un grav accident. Când, după o lungă zi de prezentări şi numeroase întâlniri, taxiul m-a adus în faţa hotelului, am coborât, ca de obicei, fără a mă asigura, pe partea dreaptă a maşinii şi m-am trezit astfel fără să vreau în mijlocul şoselei Orchid Road. Un automobil aflat tocmai în trecere m-a înşfăcat prompt, împreună cu uşa taxiului meu şi ne-a trântit la câţiva metri mai în faţă pe şosea. Cu mare noroc, trecând peste câteva vânătăi dureroase, nu mi s-a întâmplat mare lucru. Însă biata şoferiţă a maşinii care mă acostase pe şosea se afla într-o stare mult mai jalnică. Avusese un şoc puternic şi de abia dacă putea să respire, nici vorbă de a articula vreun cuvânt. Poliţia, care s-a grăbit imediat să ajungă la locul incidentului, a insistat să fiu dus imediat la spital. La vremea aceea se pare că exista o lege care presupunea că orice pieton rănit ca urmare a unui accident rutier trebuia neapărat supus unui examen medical. Prin urmare, am acceptat situaţia şi m-am lăsat transportat în poziţie culcată până la spital. Deja din salvare mă gândeam îngrijorat în ce stabiliment voi ajunge aici, în Asia, la capătul lumii. Foarte greşit. Am rămas uimit de această clinică high-tech, unde am fost examinat în cele mai mici detalii timp de peste patru ore. Acum însă începusem să simt deja durerea. Nu exista aproape niciun os şi niciun mușchi care să nu mă doară. Și în ciuda presupunerii mele că mi se vor administra sedative puternice, am fost dus într-o cameră de repaus și am fost supus unei ședințe de acupunctură. Vă puteți imagina cât de sceptic am fost în respectivul moment. Verde-albastru pe întregul corp, aș fi urlat de preferință după morfină. Dar a funcționat. Deja după câteva minute durerea a început să scadă. Am revenit la clinică zilnic timp de o săptămână și m-am lăsat tratat cu acele ace. Când m-am întors acasă, nu mai simțeam niciun fel de durere.

De ce a funcționat? Bineînțeles că nu vă pot da niciun răspuns. Chiar și explicațiile drăguței asistente și a doctorilor nu erau de fapt explicații adevărate. Se pare că există anumite puncte din totalitatea sistemului nervos uman, care generează anumite efecte atunci când sunt stimulate. Dar probabil că nimeni nu știe din ce cauză se întâmplă acest lucru și ce se ascunde în spatele lui. O tradiție de milenii, care pur și simplu funcționează.

Cunoaștem asemenea fenomene din experiențele cu „leacurile bunicii". De exemplu nimeni nu a putut dovedi vreo substanță tămăduitoare specială în compoziția mierii. Și totuși, funcționează. Mii de substanțe active – după cum o spune și numele – pur și simplu acționează, cu toate că nu prea știm din ce motiv. Doar ca observație suplimentară, nu sunt nicidecum o persoană ezoterică. Ședințele transcendentale cu aerul lor îmbibat de bețigașe aromate și muzică atonală îmi repugnă. Ezotericii dintre dumneavoastră ar trebui să-mi scuze această prezentare ușor provocatoare și presărată cu umorul meu puțin sarcastic.

Încercați însă să priviți și comunicarea într-un mod similar. Deseori pur și simplu nu este important de ce se întâmplă, de ce funcționează sau nu funcționează ceva – mai degrabă este important simplul fapt că funcționează. Un bun exemplu este sexualitatea. Ceea ce se petrece aici din punct de vedere hormonal, fiziologic și cu siguranță și psihologic – în spirit și în corp – este cu siguranță de importanță secundară. Nici nu vreau să intru în detalii cu privire la ce se gândesc bărbații (și cu atât mai puțin femeile) în timpul uneia dintre cele mai plăcute activități ale bărbatului. Însă cu siguranță că în cele mai rare situații este vorba despre compozițiile chimice sau despre interacțiunea dintre adrenalină, endorfină, testosteron și osteogen. Și totuși, funcționează. Cred că îmi veți da dreptate.

SEMENI NEPRIETENOȘI

Cu toții știm despre ce e vorba. Servire neprietenoasă în restaurante (în Europa, din păcate un standard), poștași plictisiți, vecini agresivi, administratori autoritari...

Un adevărat fenomen! Intrați bine-dispus, motivat și senin într-un magazin și doriți apoi (prietenește) să achitați nota... Sunteți însă întâmpinat de un mârâit neinteligibil, nemotivat, neprietenos. Pur și simplu, nu vi se împărtășește – nici măcar aparent – buna dumneavoastră dispoziție. O nesimțire! Dar de ce simțim de fapt astfel? Ei bine, cineva insistă să nu împărtășească simțămintele noastre actuale și deja ne simțim puternic atacați. Sistemul nostru este programat în acel moment pe bună dispoziție, dar ni se răspunde prin lipsă de înțelegere.

În timpul călătoriilor mele în America Latină, unde am lucrat câțiva ani în calitate de diplomat, europeanul din mine, cu mentalitate mai degrabă gânditoare, a început să aprecieze mentalitatea acestor oameni, extrem de prietenoasă și plină de viață. Aproape că nu există piață, bar sau magazin, unde să nu cânte în permanență muzică latino-americană. Chiar și într-o farmacie, în care a trebuit la un moment dat să intru, m-au întâmpinat deja de la intrare siluete care se unduiau în ritm de salsa. Oamenii pur și simplu funcționează altfel acolo. Au alte priorități în sistemul lor de viață.

Îmi aduc aminte de o întâmplare, care mi-a exemplificat atât de frumos cât de diferiți suntem. Așteptam într-o cafenea, pe care o vizitam destul de des, să intru în audiență la un politician de rang înalt din Panama. Trebuia să-l conving să finanțeze construcția unui spital neapărat necesar la granița cu Columbia. Cu câteva zile înainte, fusesem acolo într-o expediție. Într-un sat extrem de sărac mi s-au prezentat cinci copii morți. Am avut un adevărat șoc. O doamnă mai în vârstă m-a condus într-o colibă dărăpănată, unde se aflau trupurile neînsuflețite ale copiilor. Probabil că erau acolo de câteva zile bune. Copii muriseră de malarie. Incredibil! Eram îngrozit că într-o țară atât de avansată copii trebuiau să moară din cauza unei boli care putea fi tratată sau evitată cu ajutorul unor pastile dintre cele mai ieftine. Dar în regiunea menționată domnea o penurie generală. Infrastructurile din Panama sunt exemplare pentru întreaga America Latină, însă nu și în regiunile marginale și de graniță. Pe scurt, m-am hotărât să organizez finanțarea și construcția unei clinici în respectiva zonă, ceea ce mi-a și reușit cu ajutorul unor prieteni. În cadrul discuției cu politicianul de rang înalt nu a fost atât vorba despre autorizația de construcție, care bineînțeles nu reprezenta o problemă, ci mai degrabă despre problematica cheltuielilor viitoare de întreținere a clinicii, după finanțarea și finalizarea construcției. Mijloacele necesare s-au strâns uimitor de repede. Problema era, cum se va întreține spitalul după darea în folosință. Iar în acest sens aveam nevoie de guvern, pentru că o clinică privată nu s-ar putea susține doar de dragul unui proiect în respectiva zonă.
Pe când gândeam așa în fața cappucino-ului meu, la modul în care l-aș putea convinge pe politician, având în permanență imaginea copiilor morți în fața ochilor, ospătărița prietenoasă, o doamnă mai în etate și cu rădăcini columbiene, m-a mângâiat drăgăstos pe umăr și m-a întrebat: „Qué pasa, amor? Estás bien? Que te pasó? Quieres un agua?" Observase într-adevăr grijile mele și și-a oferit

cu afecțiune ajutorul. Iar asta, cu toate că în afară de „buenos dias", notarea comenzii și „adios" nu schimbaserăm niciodată vreun cuvânt. Nu cred că vi s-ar putea întâmpla așa ceva într-o cafenea din Times Square sau din Berlin. Recunosc că implicarea ei neinvitată m-a iritat la început, însă în cele din urmă, zâmbetul pe care l-a atras după sine acest gest de prietenie mi-a ridicat motivarea și mi-a dat putere pentru discuția dificilă cu politicianul.
În cele din urmă am obținut într-adevăr garanția guvernului pentru întreținerea clinicii.
Cum am reușit?

RENUMITA VANITATE

Ei bine, nu a fost chiar așa ușor, întrucât ne aflam în plin an electoral. Iar în Panama, guvernul și președintele pot fi aleși doar o singură dată, pe o perioadă de cinci ani. După aceea, candidatului îi este interzis să se prezinte la următoarele două scrutine. Asta înseamnă că politicienii actualului regim trebuiau să mizeze pe absolvirea lor din funcție într-un termen destul de scurt și erau orice altceva decât motivați în a-și exprima, la puțin timp înaintea acestei schimbări, acordul pentru niște costuri oarecare, nebugetate ale unui nou proiect medical.

Astfel, am purces la descrierea situației și a celor văzute în respectivul sat și am apelat nu la umanitatea politicianului, ci la vanitatea lui. I-am explicat cât de glorios ar fi, să poată privi înapoi către activitatea sa politică, în calitate de salvator a vieților multor copii. I-am spus că hotelurile, autostrăzile și complexele portuare, pe care le aprobase și le susținuse pe perioada mandatului său, vor fi probabil uitate în scurt timp. Însă despre acest spital, care cu siguranță va salva numeroase vieți și va promova în același timp întreaga regiune, se va mai discuta încă mulți ani. Atunci când i-am mai oferit și perspectiva ca spitalul să-i poarte numele, și-a exprimat în sfârșit acordul de a susține întreținerea clinicii.

CUM S-AR FI PUTUT EVITA AL DOILEA RĂZBOI MONDIAL

Vă rog să nu mă înțelegeți greșit: cu siguranță nu intenționez să apăr într-un fel sau altul comunismul, care, din estimările unor istorici de renume, are pe conștiință circa 100 milioane de victime.
Interesul meu se îndreaptă mai degrabă către prezentarea unei posibilități de evitare a conflictelor.
În acest context, haideți să ne uităm puțin la Germania perioadei imediat ulterioare Primului Război Mondial: forțele victorioase, în frunte cu un oarecare președinte al Franței (Clémenceau), au încercat să pună Germania și mai tare la

pământ şi să îi pună în cârcă întreaga vină a Primului Război Mondial. SUA s-a comportat mult mai generos, Anglia la fel. Dar Franţa suferise mai mult decât orice altă ţară! Şi astfel, încerca să umilească Germania.
Dar foaia s-a schimbat după scurt timp:
În 1924, în Franţa a fost investit prim-ministrul Édouard Herriot (1872 – 1957), căruia îi plăceau clasicii germani şi astfel implicit şi Germania. Cu alte cuvinte: El iubea *sistemul Germania*!
Ca urmare, francezii s-au retras din bazinul Ruhr, iar germanii au răsuflat uşuraţi.
În continuare, cancelarul german Stresemann a încheiat o serie de acorduri care ţinteau către reconfirmarea necesităţii de siguranţă a anumitor ţări, cum ar fi Franţa şi Belgia. La rândul său, Stresemann îi înţelegea pe francezi, înţelegea *sistemul Franţa*. Cu ruşii s-a încheiat chiar un acord de prietenie.
În 1926, Germania a fost acceptată în Liga Naţiunilor, care fusese constituită cu scopul de a evita izbucnirea unor alte războaie nimicitoare. Am discutat deja despre acest subiect.
Când francezul Aristide Briand (1862 – 1932) a ajuns ministru de externe (şi chiar şef al guvernului, pentru o scurtă perioadă de timp) în Franţa, un politician cu vederi ample şi orientat exclusiv constructiv, speranţele s-au ridicat la cele mai înalte niveluri. Iarăşi exista pe partea franceză o persoană, care înţelegea *sistemul Germania*! Totodată, el înţelegea faptul că nu *toţi* nemţii sunt criminali şi că nu *toţi* nemţii iubesc războiul. Briand dispunea de o capacitate uimitoare de diferenţiere.
Şi ştia că nu va ajunge niciunde criticând.
În anul 1929 au fost analizate din nou plăţile reparatorii ale Germaniei. Iarăşi au fost îmbunătăţite condiţiile Germaniei.
Briand – care împreună cu Stresemann a fost cu siguranţă de departe cea mai constructivă personalitate a mediului politic al vremii – a început chiar, pentru prima dată în istorie, să formuleze un „plan pentru unirea Europei". În consecinţă, acest lucru ar fi dus bineînţeles la evitarea tuturor războaielor viitoare din Europa!
Să repetăm: un politician francez extrem de inteligent, Briand, împreună cu un politician german extrem de inteligent, Stresemann, aproape că au reuşit să întoarcă roata în cadrul Ligii. Ambii au încercat să se ridice deasupra vechilor sisteme. Au încercat să se ridice „deasupra" sistemului Franţa sau Germania, accentuând ideea Europei.
Totul, totul se mişca în direcţia corectă, Germania se bucura acum de democraţie, de garantarea unor libertăţi importante, îşi recâştigase respectul celorlalte naţiuni şi se redresase economic, în momentul în care a fost lovită de două lovituri gigantice ale sorţii:
1. Stresemann moare şi
2. criza economică începe să-şi arate urâta faţă. (25)

Iar acest lucru a permis din nou ascensiunea la putere a unor personaje, care nu reuşeau să se ridice deasupra vechilor sisteme.
Din nou s-a instaurat critica până la sfântu-aşteaptă.
Hitler a băgat instinctiv cuţitul în vechea rană şi a despicat-o mai tare, tocmai atunci când începea să se instaureze reconcilierea. Şi a adus vechile sisteme din nou în prim plan.
Restul e istorie.

CELĂLALT MOD DE A PROCEDA

Ce înţelegem de aici? Ei bine, repet încă o dată şi de câte ori va mai fi necesar: trebuie să ne ridicăm deasupra sistemelor. Atunci când nu răspundem criticii la adresa noastră apărându-ne, influenţăm deja situaţia. Atunci când nu răspundem criticii prin apărare, obţinem trei rezultate imediate:

1. Dacă nu opunem rezistenţă directă criticii, deschidem calea comunicării ulterioare.

2. Ne împotrivim capcanei sistemului celui care critică şi generăm astfel în primă etapă o iritare. Cel care critică se aşteaptă la o apărare şi la o contra-critică, care însă nu mai vin. Se creează dezordine, ceea ce poate reprezenta o bază pentru ceva nou. Am discutat deja despre „*Deschidere prin iritare*".

3. Abordarea neaşteptată a atacului iniţial lansat de partenerul nostru de comunicare, ne permite să dominăm acum noi înşine comunicarea. Avem sceptrul în mână şi putem influenţa.

Exemplul Herriot-Briand, care împreună cu Stresemann a deschis uimitoare căi pentru acţiuni politice, ar putea fi detaliat chiar mai mult.
Stresemann, un politician care, din punctul meu de vedere, ar merita mult mai multă consideraţie, s-a putut deci ridica deasupra sistemului existent. A putut accepta critica. Pe de altă parte, Herriot şi Briand înţelegeau sistemul Germania, ba chiar îl iubeau, cel puţin în părţile sale pozitive.
Atât politicienii francezi, cât şi Stresemann, au reuşit astfel să se ridice deasupra trecutului. Au fost la un pas de a schimba întreaga istorie, de a-i da un alt curs, mai bun. Omenirea ar fi fost scutită de enorm de multă suferinţă.

Aşadar, în această situaţie, s-a făcut *uz* de critică.
Iar această concluzie ne duce la rândul ei către alta, care, textual vorbind, vă poate schimba întreaga viaţă.

Cum ne folosim de critică

Iată o abordare complet nouă, care nu mai reacționează alergic, dacă putem spune așa, la critică, ci, asemenea unui judocan, o folosește în propriile scopuri. În judo, tehnica de luptă se bazează pe folosirea mișcărilor și forței adversarului în avantaj propriu. De exemplu, dacă aplicați presiune asupra umărului adversarului dvs., acesta se va apăra exercitând presiune în același loc. Și tocmai această contrapresiune punctuală o puteți utiliza, accentuând presiunea aplicată în respectivul punct, ceea ce-l va face pe adversarul dvs. să se împotrivească și mai mult. La momentul oportun, reduceți pentru o clipă presiunea exercitată asupra respectivului punct al adversarului și utilizați apoi propria sa forță, pe care nu o va mai putea controla la această viteză, pentru a-l arunca în direcția dorită.
Tot așa sau similar ar trebui să abordăm și critica.

După cum ne arată exemplele, utilizarea corectă a criticii poate da naștere unui potențial ridicat de încredere. Astfel, în funcție de situație, ar putea fi util să formulăm *voit* o critică, pentru a o confirma apoi, generând astfel conformitate. În acest fel putem utiliza critica, cu care ne confruntăm noi înșine, în scopul influențării altora.

Să presupunem că doriți să vizitați un muzeu împreună cu partenerul dvs., însă acesta nu înțelege scopul unei asemenea vizite. Îi e o foame de lup și se gândește numai la mâncare. Acum puteți să atrageți atenția asupra faptului că nu sunteți un bucătar bun. Ca urmare, partenerul reconfirmă faptul că nu sunteți tocmai luminat într-ale gătitului.
Acum, reconfirmați acest lucru, ceea ce duce la instaurarea unei anumite conformități și unei anumite lungimi de undă. Partenerul dvs. este uimit, cât de „lejer" v-a dat gata. Își simte valoarea reconfirmată, se simte mai bine.
Iar acum, puteți utiliza această critică autoprovocată și puteți propune partenerului dvs. să mai schimbați rutina și să mergeți la un restaurant elegant. În definitiv, am putea discuta în liniște după aceea despre o vizită la muzeu...

DE CE AR TREBUI ÎNTR-ADEVĂR SĂ IUBIŢI CRITICA

Bineînţeles că adepţii bunului filozof Hegel sau cei ai controversatului domn Marx n-ar putea să se abţină să nu discute în acest context despre o triadă. Ar încerca să invoce teza, antiteza şi sinteza. Dar nici măcar nu avem nevoie de aceste baze filozofice.
Singurul lucru de care avem nevoie cu adevărat, este să înţelegem sistemele.
Dacă reuşim să le înţelegem, vom putea utiliza critica, pentru a găsi, pentru început, un numitor comun – şi pentru a ne ridica apoi deasupra sistemului.

Ne lovim de critică în fiecare zi şi în cele mai diverse locuri. În special atunci când lucrăm cu multă lume, ne expunem zilnic criticii. Încercaţi şi dvs. să observaţi următorul lucru: nu există aproape nicio comunicare, în decursul căreia, mai devreme sau mai târziu, să nu fie formulată vreo critică. Deseori percepem „părerea" exprimată de partenerul nostru de comunicare sau chiar şi o simplă opinie cu privire la o „problemă de gust", ca o critică (la adresa noastră) şi astfel ca un atac, atunci când opiniile formulate nu se potrivesc propriei noastre viziuni asupra lumii sau părerilor noastre „importante". Atunci când cineva îşi exprimă opiniile cu privire la un anumit subiect şi nu întâmpină nici aprobare, nici critică, va căuta atât timp argumente de susţinere a tezei sale, până când fie va obţine conformitate, fie opiniile sale vor fi în sfârşit criticate.
Iar din acest moment, roata se pune în mişcare.

Totodată ar trebui să fim conştienţi de faptul că până şi exprimările sau părerile pozitive pot fi lesne percepute ca atacuri sau critici grosolane. Pentru că de îndată ce se formulează un punct de vedere în cadrul unei comunicări, încep să lucreze şi să reacţioneze sistemele de ordine – începem să *comparăm*. De exemplu, dacă suferiţi de o alergie acută la căpşuni şi numai gândul la căpşuni vă dă cele mai crunte iritaţii, senzaţii de vomă sau atacuri de astm, o persoană pe care aţi cunoaşte-o la o *întâlnire* romantică şi care v-ar prezenta îngheţata de căpşuni ca fiind cea mai mare pasiune a sa, nu va obţine tocmai puncte plus de la dumneavoastră.

International Herald Tribune raporta în decembrie 2003 despre comportamentul unui întreg grup social, ceea ce dovedeşte faptul că până şi critica „bine intenţionată" poate genera de fapt opusul intenţiei sale.
Despre ce era vorba? Ei bine, conform unui studiu realizat de cercetătorii britanici, bărbaţii homosexuali tind mai degrabă să renunţe la protecţia oferită de prezervative, a raportat renumita publicaţie. În original:
„Bărbaţii reacţionează astfel printr-un fel de împotrivire rebelă faţă de campaniile de sănătate unidirecţionale ale diferitelor organizaţii, pe subiectul «Sex mai sigur». *Am putea chiar spune că permanentele avertizări cu privire la SIDA chiar îi excită la riscantele raporturilor sexuale. În cadrul unui sondaj în*

rândul homosexualilor din Londra, din 1998, 38 procente au recunoscut că au avut relaţii sexuale neprotejate, în comparaţie cu 32 procente în 1996. În SUA s-a observat o tendinţă similară, menţionează cercetătorii. O acceptare a riscului pare să fie abordată tot mai mult ca o rebeliune. Cercetătorii atrag atenţia asupra faptului că autorităţile din sănătate ar trebui să modifice campaniile anti-SIDA în mod corespunzător." (26)

POSIBILITĂŢI DE INFLUENŢARE

Dar ce înseamnă asta?
Ei bine, repet a nu ştiu câta oară: acest lucru înseamnă evitarea criticii. Iar aici există două feţe ale monedei.
În primul rând, ar trebui să evităm utilizarea criticii în comunicare, chiar dacă ne stau pe limbă câteva sfaturi prieteneşti.
Pe de altă parte, acest lucru înseamnă totodată că nu ar trebui să demontăm cu orice preţ criticile care ne sunt adresate.
Dacă vom proceda întocmai conform acestor sugestii, vom dispune de un bun mijloc de influenţare. Astfel, veţi avea şansa de a reconfirma sistemul partenerului de comunicare *prin dvs. înşivă* şi de a vă ridica astfel deasupra comunicării. În cele din urmă se va contura un nou punct de vedere, care va deveni noul adevăr al partenerului de comunicare.

Dar cum ar trebui să reconfirmăm un anumit lucru?
Ei bine, cu siguranţă nu prin cereri explicite precum „*Ai încredere în mine!*" sau „*Crede-mă!*", ci mai degrabă *construind comunicativ* sistemul, respectiv *lăsându-l pe interlocutorul dvs. să-l construiască*. Aş dori să atrag încă o dată atenţia asupra faptului că *un punct de vedere se schimbă numai atunci, când şi l-a formulat însuşi partenerul nostru de comunicare, pentru că adevărurile se construiesc, ele nu pot fi impuse.*

În cele din urmă, ia naştere o nouă „realitate" sau un nou punct de vedere, care n-ar fi văzut niciodată lumina zilei.

Sistemele de ordine sunt extrem de pretenţioase, condiţionate fiind de mecanismele lor de protecţie. Stările şi situaţiile necunoscute sistemului uman pe planul relaţiilor (de rang secund), sunt percepute în primul moment ca un pericol şi sunt respinse prin negare. Într-o asemenea situaţie, schimbările pot surveni numai dinspre exterior.

Am putea însă obiecta, că în felul acesta se îngrădeşte liberul-arbitru al individului. Aşadar, lăsaţi-ne să detaliem puţin mai în profunzime subiectul „liberul-arbitru", la care au cugetat deja atâţia şi atâţia filozofi.

LIBERUL-ARBITRU

Max Planck declara în *"Scheinprobleme der Wissenschaft"* (Problemele aparente ale științei):
"Privită din exterior, voința este determinată cauzal, privită din interior, voința este liberă. Înțelegerea acestei stări de fapt, soluționează problematica liberului-arbitru. Ea a apărut numai datorită faptului că s-a omis stabilirea explicită a punctului de vedere care stă la baza analizei." (27)

Cu alte cuvinte: nu atacăm liberul-arbitru. Din contră! Permițând unei persoane să vă perceapă sistemul ca fiind "sigur", îi permiteți să-și manifeste liberul-arbitru, ceea ce la rândul său poate iniția în cele din urmă schimbarea părerii acestei persoane, și anume din proprie inițiativă, "privit dinspre interior", cum ar spune Max Planck.

Reformulând, am putea spune: cu cât mai mult luați în considerare "lumea", adică opiniile și părerile unei persoane, cu atât mai ușor această persoană va putea să respecte opiniile și părerile dvs. – mergând până la modificarea propriului punct de vedere anterior, întrucât, nu în cele din urmă, i-ați permis "să aibă dreptate".

Așadar, e important să utilizăm critica, și anume în mod corect – acesta este unul dintre secretele comunicării.

REGULILE

Comunicarea decurge întotdeauna după anumite reguli. Însă: regulile unui jucător de fotbal american, de exemplu, se aplică numai pe terenul de fotbal. Printre regulile jocului se numără blocarea și atacarea adversarului prin forță sau violență. Dacă jucătorii s-ar comporta pe stradă la fel ca și pe terenul de joc, dacă s-ar arunca asupra unui polițist enervant care li se pune în cale, în ciuda oricărei toleranțe, lumea ar considera un asemenea comportament drept absurd.

Înțelegând mecanismele interacțiunii umane și ale sistemelor, dispuneți acum de avantajul enorm de a vă putea poziționa în afara sistemului. Cât timp vă aflați în interiorul sistemului, nu veți fi niciodată în stare să percepeți respectivul sistem în totalitatea sa. Astfel, ne e destul de greu să ne percepem pe noi înșine în totalitatea noastră, întrucât ochii noștri, ca parte tocmai a acestei totalități, nu ne pot vedea spatele și nici alte zone ale corpului. Dacă dorim însă să influențăm sistemic, este neapărat necesar să ne amplasăm în afara cadrului relațional. De îndată ce abordăm critica în forma descrisă puțin mai sus, facem tocmai acest lucru.

Prin urmare, moto-ul este: *"Afară din sistem!"* Numai din această postură puteți iniția modificări.

Lăsați-ne să analizăm încă o dată două exemple din mediul politic, un exemplu pozitiv și unul negativ, care demonstrează în mod univoc aceste două comportamente și urmările acestora.

EPOCA MCCARTHY

Așa-numita Epocă McCarthy a durat între 1945 și 1957. Războiul Rece dintre Statele Unite ale Americii și Uniunea Republicilor Sovietice Socialiste (URSS) se afla în plină desfășurare. În Statele Unite ale Americii, dar și în Europa, domnea în perioada respectivă, într-o largă parte a populației, o frică lăuntrică față de „comuniști". Rădăcinile acesteia datează deja din anii douăzeci, când era denumită „Red Scare" („Sperietoarea Roșie"). Această frică s-a întețit din nou în Epoca McCarthy și a devenit cunoscută sub numele de „Red Scare II". În 1945 a luat naștere un comitet, care răspundea în SUA de probleme de siguranță internă. S-a inițiat o „vânătoare a comuniștilor", generalizată, chiar și în cinematografie:
În 1948, așa-numitul grup de regizori „Hollywood Ten" s-au împotrivit cooperării cu acest congres și au fost pedepsiți cu închisoarea. În același timp, diverși autori au fost nevoiți să emigreze. Aproape fiecare ar fi putut fi, teoretic vorbind, un agent al comunismului, în special atunci când dispunea de un anumit respect în ochii publicului. În special artiștii și oamenii de știință nu au rămas neatinși de dușmăniri și persecuții.
Punctul culminant al isteriei a fost atins între 1950 și 1954. Aceștia au fost anii în care senatorul SUA Joseph Raymond McCarthy a organizat renumita sa „vânătoare de vrăjitoare" împotriva presupușilor comuniști. Nu numai partidul comunist din America a fost urmărit în detaliu de către guvern. Teroarea a mers însă atât de departe, încât până și locțiitorul ministrului de finanțe, Harry Dexter White, precum și Alger Hiss, la vremea aceea consultantul lui Franklin D. Roosevelt, au fost suspectați ca fiind agenți ai Uniunii Sovietice. Ca urmare, s-a decis introducerea unor teste de loialitate, cărora au fost nevoiți să se supună toți angajații guvernamentali și cei ai autorităților publice. Aceste teste au fost coordonate de FBI, Federal Bureau of Investigation. La început trebuiau prezentate dovezi pentru confirmarea „vinei" celor suspectați. Ulterior, a fost de ajuns chiar și o simplă suspiciune că un angajat ar fi adept al comuniștilor sau că întreținea contacte cu aceștia.
Prin aparițiile sale în mass-media și prin modul său imprevizibil, McCarthy a devenit emblema anticomunismului. După 1950, opinia publică l-a remarcat din ce în ce mai mult. În 1951, McCarthy l-a atacat chiar și pe generalul Marshall și l-a acuzat de atitudini procomuniste. McCarthy a argumentat acest lucru prin faptul că pe perioada celui de-al Doilea Război Mondial, generalul a fost activ în mediul politic din Asia. Începând cu 1953, funcționarii publici trebuiau chiar să-și dovedească în mod activ nevinovăția. În plus, McCarthy și-a început cercetările împotriva armatei. Ce proporții a căpătat în următorii ani această

demență a persecuției, poate fi exemplificată prin intermediul a două personalități de renume: până și Charlie Chaplin a fost bănuit că ar fi un comunist fanatic, un inamic al statului – cu toate că în această perioadă aproape nimeni nu exprimase o atitudine mai clară decât el împotriva dictaturii și a sistemelor totalitare. La un moment dat, FBI i-a refuzat lui Chaplin viza de revenire în țară, pe vremea când se afla în Europa. Cariera sa actoricească a avut foarte mult de suferit în această perioadă, datorită represaliilor.

În același timp a fost bănuit și marele Walt Disney, care – în ciuda faptului că se pare că activa în calitate de informator al FBI – a fost pus pe lista celor suspecți. Sfârșitul poveștii? În anul 1954, Epoca McCarthy a început să se îndrepte către final. Atunci când s-a discutat modul de acționare fanatic, foarte îndoielnic, al lui McCarthy în cadrul unei emisiuni politice televizate, oferind astfel opiniei publice posibilitatea de a-și face o imagine proprie asupra situației, McCarthy s-a autodistrus în decursul argumentării sale. Încet, încet, tot mai mulți politicieni, precum și opinia publică a început să înțeleagă dimensiunea nebuniei acestor persecuții. Mulți senatori și colegi s-au distanțat de McCarthy și de campania sa împotriva tuturor și a fiecăruia. (28)

Nu cred că mai trebuie să continuăm cu exemple pentru modul în care un sistem, care este complet intolerant și nu permite decât existența altor opinii decât a celor proprii, se poate duce pe sine însuși *ad absurdum*.

Sunt sigur că și dvs. cunoașteți numeroase exemple în acest sens.

AKBAR – „MARELE REGE"

Exact opusul îl reprezintă stilul de guvernare a lui Akbar, „Marele Rege", după cum a fost numit – un domnitor, care a ținut în mâini sceptrul Indiei între 1556 și 1605. A fost cu adevărat un conducător de excepție, care a condamnat războiul, a rărit rândurile armatei, a introdus blândețe în legislație, a interzis în sfârșit incinerarea văduvelor, a militat împotriva corupției și înșelăciunii, a interzis căsătoria cu minori și a abrogat pedeapsa cu mutilarea. Mai departe, a scăzut impozitele și a redus cheltuielile. În schimb, a promovat artiștii și oamenii de știință prin numeroase măsuri, ca niciodată anterior.

Și mai presus de toate, a devenit cunoscut în special pentru atitudinea sa față de religie. Deja din acele vremuri existau în India cele mai diferite confesiuni de credință care se războiau vehement între ele. Adepții lui Zarathustra luptau împotriva sectelor indiene, hindușii împotriva creștinilor, musulmanii împotriva budiștilor.

Și ce a făcut Akbar?

Ei bine, a organizat o mare conferință, la care au fost invitați toți reprezentanții importanți ai marilor religii. Aici s-a obligat față de diferiții preoți și brahmani să mențină pacea și a emis diferite edicte de toleranță.

Lui însuși i se citea numai din sfintele texte hinduse, ceea ce nu l-a împiedicat însă să-i liniștească pe creștini, traducând Biblia, iar pe musulmani, căsătorindu-se atât cu femei brahmane și budiste, cât și musulmane. Akbar înclina probabil către doctrina metempsihozei, după cum ne asigură anumiți istorici, însă a refuzat să-și impună părerile ca fiind rețeta mântuirii, legea unică și adevărul absolut al întregii țări.

Către sfârșitul vieții sale, Akbar a inițiat un experiment unic: a fondat o religie complet nouă, pentru a se ridica deasupra diferitelor religii existente – o religie, care se baza în cea mai mare parte pe rațiunea umană.

În această nouă religie – sau mai bine zis biserică – s-au contopit științele zoroastriene, creștine, iudaice, musulmane, hinduse și budiste.

Bineînțeles că experimentul guvernamental nu a funcționat, însă a reușit cel puțin să facă pace între diferitele comunități religioase, care își spărgeau capetele de secole întregi. (29)

Concluzia este clară: cu cât dăm dovadă de mai multă deschidere și toleranță și cu cât ne ridicăm mai ușor deasupra sistemelor existente, cu atât mai pozitive vor fi rezultatele.

Capacitatea de putea asculta, de a suporta critica, de a înțelege cu adevărat alte puncte de vedere și de a nu le respinge din primul moment, prin generalizare, nu definește numai un spirit luminat, ci și o persoană care în cele din urmă realizează schimbări pozitive și care îi poate influența pe ceilalți.

Să mai analizăm puțin câteva exemple din practică, care vorbesc de la sine, și care au puterea de a ne explicita pentru o ultimă oară gândirea sistemică.

Teorie şi practică

O teorie – aşa am putea argumenta filozofic – este valabilă numai în măsura în care poate fi pusă în practică. În caz contrar este vorba numai despre un episod distractiv cu caracter academic, nimic mai mult.
Aşadar, lăsaţi-ne să verificăm posibilităţile de utilizare a teoriei noastre şi să vedem în ce măsură poate fi pusă în aplicare în viaţa cotidiană.

TREBUIE SĂ ŞTIM SĂ NE VINDEM?

Cu toţii ne întrebăm dacă este într-adevăr necesar să stăpânim arta de a ne vinde pe noi înşine.
Ei bine, pentru a răspunde la această întrebare vom merge împreună la o petrecere.

Poate vi s-a întâmplat şi dumneavoastră. Ajungeţi la o petrecere şi vă alăturaţi unui grup care trage de timp făcând conversaţie, doar pentru a trece timpul. Unii se cunosc între ei, alţii sunt complet străini. Se discută despre una, despre alta. Însă de obicei, în fiecare grup este cel puţin o gazdă, care vorbeşte foarte mult. Subiectul discuţiei? Ei bine, de obicei gazda vorbeşte despre sine însăşi. Vorbeşte despre ceea ce poate face, despre ceea ce are, ce ştie şi bineînţeles despre cum vede lumea şi lucrurile care o înconjoară. Tocmai relatează în cele mai mici detalii, ce chestie interesantă a făcut şi ce armăsar tare este...
În cele din urmă întâlniţi o persoană care nu face nimic altceva decât să asculte, pune puţine întrebări, dar serioase, şi arată un interes real şi adevărat pentru dumneavoastră.

Rememorând petrecerea după câteva zile, care dintre cei prezenţi la petrecere vă trezeşte amintiri plăcute şi care, impresii mai degrabă negative sau poate un oarecare scepticism?

Veți putea răspunde cu mare ușurință la această întrebare: bineînțeles că „armăsarul" a rămas în amintirea celor mai puțini – și dacă a rămas, atunci nu neapărat cu conotații pozitive.

Iar asta, datorită faptului că în interlocutorul din fața noastră trebuie să se *trezească*, să ia *naștere* un interes real, onest; el nu poate fi în niciun caz *pretins*.

O situație de excepție ar putea fi muzicianul talentat, starul de cinema sau oratorul de înaltă clasă – cu toții știu cum să adapteze comunicarea la publicul receptor astfel încât să-i gâdile interesul.

Dar cu excepția artistului de scenă și a oratorului profesionist, semenii de rând care câștigă această cursă sunt cei care nu se poziționează pe ei înșiși în centrul atenției.

Cu alte cuvinte, fiecare persoană care v-a ascultat cu atenție vă va fi cu siguranță mult mai simpatică, iar asta întrucât v-a reconfirmat *sistemul*.

Prin urmare, nu trebuie să vă vindeți singuri, oricum nu în mod direct, dacă doriți să atrageți atenția asupra dumneavoastră.

Primul talent pe care îl stăpânește cunoscătorul într-ale sistemelor, este capacitatea de a asculta și de a a-i aborda pe ceilalți.

Se înțelege de la sine că roata se întoarce la un moment dat, iar oamenii încep să vă acorde *dumneavoastră* atenție.

Următoarea frază, pe care am folosit-o în deschiderea mai multor prezentări, ar trebui să pună punctul pe „i":

*Discutați cu oamenii în mod **pozitiv** despre **ei înșiși**, iar aceștia vă vor asculta de-a pururea.*

CICATRICI, BĂTĂTURI ȘI ALTE POVEȘTI EROICE

Există atât de multe situații în care puteți verifica această tactică: o petrecere, ca cea descrisă mai sus, în cadrul căreia unul dintre participanți se amplasează pe sine însuși, cu toate puterile, în centrul atenției și căruia îi este complet indiferent, cât de mult se plictisesc ceilalți, o negociere de afaceri, la care concurentul dvs. încearcă să conducă discuțiile vorbind în permanență, fără oprire, sau clientul, care pur și simplu nu vă permite să luați cuvântul, pentru că îi este atât de important să-i percepeți firma ca pe cea mai importantă din domeniu.

Dacă veți încerca să destabilizați un asemenea interlocutor (care se ridică pe sine însuși în slăvi) prin aceleași mijloace ale propriei dvs. proslăviri, veți fi predestinat unui eșec lamentabil. Pentru că respectivul interlocutor va încerca – asta, în condițiile în care a făcut efortul de a vă urmări discursul – să vă depășească exemplele sau evenimentele descrise sau faptele eroice pe care vi le-ați asumat, prin unele mult mai spectaculoase. E la fel ca și în cazul cicatricelor. Nu se poate să nu fi trecut prin așa ceva! Un coleg povestește în grup despre ultimul său accident tragic cu un oarecare vehicul, la care aproape că și-a pierdut viața, și prezintă, căutând compasiune, dar și cu evidentă mândrie, cicatricea rămasă în urma respectivului incident. Pot să pariez că nu durează nici cinci secunde până când un alt coleg din grup va avea o poveste similară de prezentat, dar bineînțeles mult mai tragică și cu mult mai multe cicatrici. Și astfel, jocul continuă până când, la un moment dat, îi vine fiecăruia rândul să se autodepășească în povești dramatice. Iar dacă în cele din urmă niciunul nu mai poate depăși tragedia celuilalt, mai există, slavă Domnului, accidentul lui Nikki Lauda de pe circuitul din Nürburgring sau ultimul cutremur din Haiti, despre care se mai poate povesti. Oamenii sunt pur și simplu așa. Iar asta nu e o pură „problemă de profilare a masculinității"! Îmi aduc aminte de discuțiile unor doamne mai în vârstă, care transformaseră evoluția propriilor boli și a altor infirmități într-un adevărat grand prix al poveștilor cu suferințe. Cu asemenea ocazii este cu adevărat interesant să observăm cum restul grupului ascultă aparent cu cel mai mare interes, poate chiar numai pentru a-și aroga ulterior dreptul de a prezenta neperturbat și bineînțeles fără întrerupere, propria-i dramă. Puteți recunoaște o asemenea situație întotdeauna atunci când o persoană tocmai povestește ceva, iar celălalt stă doar și ascultă cu buzele tremurânde, strâns lipite și acoperite de ambele mâini, cu obrajii îmbujorați și cu ochii însângerați, nimic nefăcându-i de fapt mai mare plăcere decât să-și propovăduiască tocmai acum propria-i poveste, incomparabil mai bună. Însă nu numai cicatricele și suferințele reprezintă un subiect interesant pentru poveștile în crescendo din cadrul grupului. Acest comportament se poate observa și în cazul poveștilor de eroism. Ați auzit vreodată de ex. doi bărbați vorbind despre sex? Nu, nu mă refer la o discuție generală despre sex, ci la sexul *lor* sau cel al partenerelor lor. Permiteți-mi să vă spun că unii discută extrem de concret *despre ei înșiși*, atunci când vine vorba despre acest subiect. Tare aș mai vrea să văd reacția partenerei lor într-o asemenea situație, parteneră care a asistat pe ascuns la relatările campionului nostru la decatlon. Oare și-ar recunoaște eroul? Pe de altă parte, mi s-a spus că și în cazul femeilor, discuțiile în grup, între prietene, pe acest subiect intim, decurg de obicei puțin mai onest, dar nu mai puțin intens și nici mai puțin concret...

Dar să revenim la tactică: după cum putem observa, este evident că nu ne ajută cu nimic dacă încercăm să impresionăm sau să întrerupem un erou care relatează cu o ardoare rudă cu extazul, despre propriile-i fapte de vitejie. El va încerca să ne supraliciteze povestea prin una proprie, mult mai interesantă. Dar ceea ce funcționează întotdeauna este contraatacul prin reconfirmare. „Măi nene, cât de bine ai rezolvat totul! Respectele mele! Dar cum ai reușit? Încerc și eu de ani de zile... dar pur și simplu nu merge..." Și înainte ca acesta să-și poată exprima mândria evidentă prin alte povești plictisitoare, îi adresăm imediat o nouă întrebare, care reiterează interesul nostru pentru propria-i persoană. Ideală ar fi o întrebare la care trebuie să răspundă pe scurt și care să-l facă și mai important.

"Apropo, aveți copii?" El va răspunde iute la această întrebare, pentru că, în secret, așteaptă deja următoarea dvs. întrebare, care să-l pună și mai bine în lumina reflectoarelor. Privirile celorlalți ascultători, de obicei mult prea plictisiți, se vor îndrepta acum către dumneavoastră. Vă garantez că în acest moment nu veți capta doar întreaga atenție, ci veți fi totodată salvatorul situației. Doar auzirea unei alte voci, după lungile relatări ale interminabilului povestitor, va fi întâmpinată cu mulțumire de către ceilalți ascultători. În funcție de situație și de atmosferă, ați putea acum întreba o a treia persoană, care nu a ajuns nici ea la cuvânt până acum, despre părerea ei... și așa mai departe... Dumneavoastră aveți acum sceptrul în mână și vă transformați dintr-un ascultător pasiv, în moderatorul întregului sistem. Și nu ați povestit nimic, dar absolut nimic, despre dvs. înșivă. Și cu toate astea, toată lumea vă ascultă. De ce? Foarte simplu, ceilalți vor aștepta acum și ei întrebările dvs., care le vor oferi posibilitatea de a se prezenta. Există chiar posibilitatea să vi se aloce întreaga putere decizională asupra situației, respectiv cu privire la cine, când și în ce context poate lua cuvântul... Pentru că dvs., prin acțiunile dvs., și anume prin tactica încorporată într-o aparentă "pasivitate" totală, v-ați transformat într-un lider neutru, care a rezolvat în sfârșit situația. La un moment dat vi s-ar putea alătura chiar și un al doilea moderator. Perfect, pentru că acum vă puteți concentra mai mult pe o anumită persoană-țintă, pe care poate că ați identificat-o între timp (prin întrebările dvs.) ca fiind interesantă și prin intermediul căreia ați putea obține ceea ce vă propuneți.
Așa funcționează comunicarea.

STRATEGIE ȘI TACTICĂ

De-a lungul analizelor mele anterioare am menționat termenul de tactică. În acest moment ni se deschide o nouă și interesantă posibilitate de utilizare a problematicii comunicării, și anume prin diferențierea mai exactă între strategie și tactică. Acești doi termeni sunt deseori utilizați greșit în același context și cu aceeași semnificație. Veți vedea că diferențele, care rezidă în special în dezvoltarea tehnicilor de comunicare și a metodelor descrise în această carte, sunt extrem de mari și de semnificative.
Într-adevăr, în capitolele anterioare am discutat în special despre *tactică*.
Permiteți-mi acum să pierd câteva cuvinte despre termenul *strategie*, tratat uneori cu prea mare lejeritate.

În comparație cu tactica, căreia ne vom dedica puțin mai târziu, o strategie se bazează de obicei pe un concept primar. Ea este orientată către un obiectiv, însă nu include întotdeauna indivizii în mod direct. Strategiile sunt ușor reproductibile, întrucât urmăresc factori obiectivi, mai mult sau mai puțin previzibili. O strategie ar putea fi caracterizată ca linie directoare, care poate fi utilizată ca bază decizională pentru nenumărate situații posibile.

O strategie include (pe cât posibil, toate) situațiile și condițiile cadru relevante și posibile din punct de vedere obiectiv, care determină decursul unei acțiuni planificate. Astfel, strategia descrie un proces „lent", care se întinde pe termen lung și care conduce pas cu pas către un anumit obiectiv.

O strategie îți permite să reflectezi și să faci obiecții. Bazele ei sunt însă întotdeauna speculative și ipotetice, întrucât se referă la evenimente din viitor, respectiv presupune existența acestora și, pe baza acestor presupuneri, formulează alte instrucțiuni de acțiune. Până aici, totul e în regulă.

Dar strategiile ascund și câteva pericole. Întrucât de regulă sunt teoretice, ele pot fi notate pe hârtie și pot fi prezentate în grafice impresionante. Acest lucru oferă numeroase avantaje managerilor, care se pot înarma astfel împotriva criticilor ulterioare și a posibilelor greșeli. Pentru că o strategie poate fi concepută și în mod general valabil, neangajant, incluzând deja riscurile corespunzătoare, inclusiv riscul propriilor greșeli. Dacă astfel de strategii sunt într-adevăr acceptate, respectivul manager s-a asigurat mai mult decât excelent, întrucât posibila prostie astfel documentată tocmai i-a fost tolerată prin acceptare.

Problema este că astfel de strategii servesc mai degrabă justificării propriilor greșeli sau erori și nu au nicio valoare reală pentru firmă sau pentru un anumit produs.
Foarte mulți consultanți antreprenoriali trăiesc din dezvoltarea unor concepte strategice, care sunt încredințate apoi răbdătoarei pagini de hârtie. Pentru organigramele extensive și pentru graficele impresionante se pot emite acum facturi pe sume mari. În decursul activității mele de consultant, în special în cadrul unor concerne multinaționale, am văzut literalmente tone de hârtie care au costat milioane de euro, dar al căror conținut nu se ridică nici măcar la valoarea hârtiei pe care au fost concepute. Un studiu realizat de o renumită firmă de consultanță și expertiză contabilă cu privire la „modificarea perforării hârtiei igienice" (adică locul în care se rupe bucata de hârtie) și a strategiei de comunicare astfel necesare, cu includerea tuturor avantajelor, dezavantajelor și riscurilor posibile, s-a întins pe 1.240 (o mie două sute patruzeci) de pagini. Interesantă distracție!

Strategiile conțin de obicei scenarii *prezumtive*. Problema este că nu ne putem gândi de fiecare dată la toate scenariile posibile pentru că, trebuie să recunoaștem, viitorul nu este o certitudine. Există întotdeauna riscul de a fi omis ceva, fie și ceva aparent imposibil la respectivul moment, dar care în viitor va fi posibil, cum ar fi posibilitățile tehnice încă inimaginabile în prezent, dar care vor fi accesibile la un moment ulterior.

Pe de altă parte, dezvoltarea strategiilor oferă mari avantaje. Probabil că cel mai mare avantaj, unic în felul său, rezidă în faptul că în strategii se dezvoltă reguli și idei *noi*, posibile, în termenii cărora putem gândi creativ și putem specula. Dezvoltarea unei strategii ne ajută în propriul nostru proces de învățare și dezvoltare, și anume datorită faptului că ne permite să cuprindem cu vederea toate posibilitățile evidente. Câteodată tocmai elementele subtile sunt importante sau decisive pentru succesul unei idei sau unei schimbări. Ni se oferă astfel posibilitatea de a ne cunoaște mai bine adversarul, dar mai ales pe noi înșine, produsul nostru sau firma noastră. Dând frâu absolut liber creativității și fanteziei (bineînțeles, în caz ideal), acumulăm date și informații și punem eventual bazele uneia sau mai multor *tactici* cu adevărat noi.

În firmele pe care le-am condus, dar și în calitate de consultant, am organizat întotdeauna întâlniri strategice în cercuri restrânse, cu manageri, investitori, responsabili de produs și alți angajați. Rezultatul interesant și productiv nu a fost nici pe departe dezvoltarea sau modificarea unei strategii, ci procesul conceperii strategiei în sine. Niciun alt proces de gândire și de comunicare care, conform definiției, se preocupă de fapt cu viitorul, nu prezintă atât de evident unde suntem de fapt *acum*. O experiență foarte interesantă, care s-a reconfirmat în repetate rânduri.

Motivul? Strategia implică întotdeauna un anumit *timing*. Întrucât viitorul este de regulă consecința evenimentelor și faptelor trecutului apropiat, acesta, adică prezentul, trebuie perceput și înțeles cât mai bine cu putință. Iar pentru a percepe propriul prezent trebuie să părăsim pe moment *sistemul* în care ne aflăm, pentru a putea privi totul din exterior. Așadar, preocuparea cu viitorul acționează ca un catalizator care ne permite și ne ușurează tranziția către o asemenea poziție. Ne orientăm mental către viitor, iar de acolo privim înapoi în prezent, fiind într-un fel rupți de noi înșine. Încercați și dumneavoastră. S-ar putea ca această metodă să vă ofere un punct de vedere complet nou asupra situației dvs. actuale.
Am atras deja atenția asupra acestei metode într-unul dintre capitolele anterioare, însă nu am intrat prea mult în detalii. Așadar, propunerea mea este să plecați cu ochii minții către viitor, adică să vă închipuiți de ex. că ați atins deja un anumit obiectiv. Iar acum, din această postură, adică din afara realității actuale, priviți înapoi și uitați-vă la calea care v-a dus către respectivul obiectiv. Dispuneți astfel de marele avantaj de a putea renunța complet (pentru început) la milioanele de motive care există întotdeauna pentru a *nu* face ceva, adică la motivele potrivnice. Pentru că în mintea dvs. ați atins deja obiectivul. Prin urmare, trebuie să existe și o cale într-acolo.

Am putut observa de nenumărate ori faptul că gândirea în afara *sistemelor* aduce avantaje considerabile unei firme.
Dar putem aplica această tactică şi în alte domenii.
Pe scurt, putem spune următoarele:

Dacă doriţi să ştiţi cu adevărat unde vă aflaţi în relaţia dvs., la serviciu, în raport cu anumite produse sau în cadrul firmei dvs., reflectaţi – de preferinţă în cadrul unui grup – la strategiile şi obiectivele viitoare. Veţi fi surprinşi de rezultatul obţinut, în special dacă îl veţi compara cu propria dvs. autoevaluare actuală.

CUM SĂ ACŢIONAŢI TACTIC

În schimb, dacă dezvoltăm o *tactică*, ne vom concentra mai puţin pe Când, De ce, Unde şi Cum, şi ne vom întreba: *Prin ce mijloace?* Prin urmare, ne gândim *în ce mod* putem atinge un obiectiv sau *în ce mod* putem schimba ceva. În comparaţie cu strategia, tactica este mult mai individuală, mai concentrată, mai alertă, are un impact mai puternic şi se referă la situaţii clar definite.

O tactică nu se uită la mijloacele care trebuie utilizate la un anumit moment dat, ci mai degrabă la *cum* ar trebui acestea să-şi facă *efectul* în respectiva situaţie. Tactica este aşadar numai un mijloc pentru a pune în aplicare cu succes strategia.

Prin dezvoltarea unei tactici decidem instrumentul care ne este necesar pentru a atinge un anumit obiectiv sau un anumit ţel intermediar foarte specific. De altfel, nu rareori tactica este decisivă pentru succesul sau insuccesul unei strategii, întrucât este mai specifică, mai individuală, mai clar direcţionată; are o disipare mult mai redusă şi – în caz ideal – este unică. Tactica presupune o atenţie mult mai ridicată din partea receptorului mesajului, deoarece ea influenţează obiectivul – adică respectivul sistem în sine – în mod direct şi bine determinat, şi anume prin reconfirmare.
Tactica acţionează mai repede. De obicei, efectul unei tactici este imediat măsurabil, el bazându-se pe interacţiune. Tactica include *acţiune* şi duce astfel, de regulă, la o *reacţiune*, la o *reacţie* imediată.

Tactica poate fi foarte vicleană, pentru că poate conţine elemente neaşteptate sau iritante. De exemplu, ea face uz de elementul surprizei sau acţionează prin mijloace precum conformitate, paradoxalitate şi dublă constrângere comunicativă.
Tactica este foarte greu de perceput şi astfel foarte greu de copiat. După cum am mai spus, ea penetrează sistemele, ocolind mecanismele lor de protecţie. O

strategie, care prin natura ei este mult mai evidentă și mai deductibilă, nu ar putea face niciodată așa ceva.

Când Napoleon, bătrâna vulpe a strategiei și tacticii, s-a căsătorit cu fiica împăratului austriac, a prins două muște dintr-o lovitură. Din punct de vedere tactic, el a penetrat sistemul Austria, căruia, dintr-o dată, îi era greu să lupte împotriva micului corsican.
Dar bineînțeles că Napoleon a urmărit și un obiectiv strategic. Prin legătura creată între dinastia sa și o fiică „reală" de împărat, Napoleon și-a ridicat numele la rang nobil și s-a poziționat astfel la același nivel cu bătrâna spiță regală și imperială.
Simbolistica acestei căsătorii a fost de natură strategică, adică de lungă durată.

Această *tactică* poate fi utilizată și în cadrul unei negocieri:
De exemplu, dacă doriți să vindeți produsul Y, se recomandă întotdeauna să analizați mai întâi atât sistemul de ordine al firmei, cât și sistemul de ordine al partenerului de negociere, cu care aveți de-a face.
Dacă veți investi destul timp pentru a cerceta sistemul cu care vă confruntați, respectiv pentru a ajunge la bazele acestuia, veți dispune de un avantaj considerabil.
Cunosc mulți vânzători care au ajuns vânzătorii anului după ce au învățat să vadă lumea cu ochii partenerului lor de negociere și să asculte cu urechile acestuia.

Pe scurt, diferența (modul de operare) dintre strategie și tactică, în desfășurarea acestora, arată în felul următor:

STRATEGIA:

- structurarea discuției
- pregătirea întrebărilor / răspunsurilor
- definirea obiectivelor
- planificarea în timp
- planificarea subiectelor de discuție
- planificarea strategiilor de evitare a răspunsurilor la întrebări incomode

TACTICĂ:

- pregătirea contra-întrebărilor, în scopul identificării sistemului de ordine
- evitarea declanșării mecanismelor de protecție

- reconfirmarea mecanismelor de protecție
- obținerea „încrederii" prin reconfirmare
- evitarea atacurilor
- formularea întrebărilor care să se potrivească sistemului de ordine

Atunci când reflectăm asupra metodelor de influențare utilizate de un vânzător sau asupra altor intenții de convingere, ar trebui să ne preocupăm mai degrabă cu probleme de tactică, decât cu probleme de strategie. Pentru „a obține ce vă propuneți" în diferitele situații de viață și de negociere, cu siguranță că elementul definitoriu nu va fi strategia, ci mai degrabă tactica pe care o veți utiliza.

Însă cunoștințele noastre despre convingere nu trebuie să se limiteze la astfel de situații.

Convingeți și influențați – Metode și aplicații

După cum observați, comunicarea este o chestiune extrem de interesantă. Cu toții comunicăm zilnic, însă conștientizarea numeroaselor efecte și valențe ale comunicării asupra comportamentului uman, în special asupra celui al partenerului nostru de comunicare, ne rămâne de cele mai multe ori ascunsă. Cred că implicațiile rezultatelor științelor moderne ale comunicării sunt privite cu prea puțină importanță în mediul cotidian, ne-clinic. Știința comunicării, după cum a fost ea formulată, analizată și descrisă uneori prin cele mai complexe conexiuni de către Paul Watzlawick și de către colegii acestuia, continuă să rămână în special un instrument de calmare a problemelor celor „psihic bolnavi" – și anume dintr-un alt punct de vedere decât cel clasic. În decursul timpului, acest instrument a reușit să sensibilizeze numeroși psihologi, psihoterapeuți și psihiatri în a-și schimba modul de gândire. În calitate de om de știință și întreprinzător, abordarea mea nu dorește a se limita numai la aplicabilitatea în cadrul altor științe sociale a rezultatelor și concluziilor înțelese și dobândite, ci încearcă totodată să găsească mijloace de atingere a obiectivelor personale. Bineînțeles că îmi este foarte clar că mă voi lovi, la fel ca Paul Watzlawick și colaboratorii săi, de aceleași obstacole din punctul de vedere al personalităților școlite în doctrina clasică, care își simt de-o dată propriul domeniu și propriul adevăr puse în pericol. Bineînțeles că abordarea mea este percepută ca un atac puternic asupra sistemelor lor și mă face pentru totdeauna nepopular în rândul lor. Dar, știți ce? Nici nu mă interesează.

Aplicare practică şi exemplificări

În ultima parte a acestei cărţii aş dori să mai ofer câteva exemple şi să dau câteva sugestii cu privire la punerea în practică a concluziilor şi metodelor prezentate, care se bazează toate pe modelul uman, respectiv pe modelul comportamental descris anterior, deci pe *gândirea constructivă în sisteme de comunicare*. Poate că unele dintre exemple vă vor fi familiare sau poate că aţi făcut chiar dvs. experienţe similare, însă nu aţi reuşit să vă explicaţi cu adevărat ce se ascunde în spatele lor. Prin cunoştinţele şi instrumentele pe care le aveţi acum la dispoziţie, lucrurile ar putea să vi se prezinte într-o lumină complet nouă, ne-psihologică. Ca să obţineţi ce vă propuneţi.

TEHNICA ÎNTREBĂRILOR POZITIVE

Tehnica formulării întrebărilor pozitive este de mare importanţă în vânzări. Ea descrie întrebări care incită la „da".
Prin urmare, tehnica greşită a întrebării ar fi: „Aveţi mâine după amiază timp şi interes, pentru a vă prezenta un produs?"
Teoretic, într-o asemenea situaţie, clientul va răspunde cu un simplu *nu*.
Ar fi mai bine dacă am întreba: „Când aţi avea timp să vă prezint personal avantajele acestui produs. V-ar avantaja dimineaţa sau după amiaza?
Tehnica pozitivă a întrebărilor ia în considerare *sistemul* clientului. Programul acestuia este abordat în mod concret. Un „nu" devine astfel destul de improbabil.

VIZUALIZAREA COMPORTAMENTULUI DORIT

Bineînţeles că există nenumărate posibilităţi de aplicare a gândirii sistemice cu scopul final de a convinge.
De exemplu, ne putem trata partenerul de comunicare ca şi când acesta s-ar comporta deja în felul în care preconizăm noi – după ce îi vom fi reconfirmat sistemul.

Astfel, în calitate de vânzător de autovehicule, după ce ați aflat că potențialul client are familie, puteți menționa de exemplu:
„Dacă vă veți plimba duminica viitoare cu familia dvs. în această mașină elegantă..." Aduceți-vă aminte de subiectul descris anterior, al dezvoltării unei strategii și a avantajelor acesteia. Ne plasăm spiritual în viitor, pentru ca de acolo să privim înapoi și să identificăm calea virtuală, dacă o putem numi așa, care ne-a adus tocmai acolo, unde ne aflăm cu spiritul. Un efect similar putem provoca și la un client, împingându-l să-și folosească imaginația. El își va părăsi sistemul „de la tine nu cumpăr nimic...", va pătrunde pe calea imaginației și își va închipui cât de bine ar fi dacă..., iar în caz ideal l-ați câștigat deja de partea dumneavoastră.

OAMENII VOR SĂ FIE IMPORTANȚI

Vă rog să nu uitați niciodată acest lucru: oamenii vor să fie luați în serios, vor să li se aloce cât mai multă importanță.
Din acest motiv ar fi inteligent să accentuați întotdeauna importanța și percepția celuilalt și să relativizați concomitent propria dvs. importanță – sau mai bine zis să o neglijați complet.
În sine, este de fapt foarte ușor să obțineți o cale de acces la o altă persoană. Trebuie doar să abordați un subiect care îl interesează foarte tare sau cel mai tare *pe celălalt*. Dacă reușiți să-i identificați cea mai arzătoare necesitate, veți obține cel mai rapid acces, în special dacă veți reuși să oferiți și o soluție.

TEHNICI DE CONVINGERE

Un insider știe: există numeroase tehnici de vânzare, discutăm despre o poveste fără sfârșit. Noi tehnici de vânzare văd în permanență lumina zilei, și nu pe nedrept. În permanență putem să mai învățăm sau să îmbunătățim ceva.
În vânzări, a ști să asculți cu mare atenție este un adevăr vechi și nou deopotrivă – această lege este reinventată de fiecare nouă generație de vânzători.

Formulări, precum

- „Legat de așteptările dvs., este adevărat că...?"
- „Ce părere aveți despre ideea...?"
- „V-ar plăcea ideea ca...?"
- „Din punctul dvs. de vedere, s-ar putea ca...?", și așa mai departe,

amplasează clientul în centrul interesului lor și îi reconfirmă astfel *sistemul*.

Puteți dezvolta propriile dvs. tehnologii de vânzare și de convingere, utilizând modul de gândire sistemic prezentat.

Mai mult, puteți aplica rezultatele gândirii în sisteme de comunicare și asupra unor numeroase alte domenii ale vieții de afaceri.

POSIBILITĂȚI DE APLICARE ÎN CAZUL ANGAJAȚILOR

Performanța trebuie recunoscută. În special în situații în care, pe baza rolului pe care îl jucăm, abordăm o poziție dominantă, cum ar fi atunci când sunteți într-o funcție de conducere, este important să reconfirmăm prin laudă rezultatele angajaților noștri.
Așadar, este foarte important să nu așteptăm până când un anumit angajat își prezintă singur propriile realizări, ci mai degrabă ar trebui să le recunoaștem și să le reconfirmăm noi înșine.
Pe de altă parte: atunci când un angajat face greșeli pe care nu le putem trece sub tăcere, se recomandă ca în același timp să îl lăudăm pentru rezultatele sale pozitive și să le amplasăm pe acestea în centrul atenției. Angajatului i se conturează astfel impresia *că ar trebui să schimbe ceva*, întrucât îi dați de înțeles că nu tot ceea ce face este rău. Așadar, la început îi reconfirmați *sistemul*.
Totodată ar fi eficient să îl întrebați de exemplu dacă ar fi interesat să se dezvolte în continuare și să-și optimizeze randamentul, dvs. stându-i cu plăcere alături, din punct de vedere profesional. Dacă este de acord, idee de la care trebuie să pornim de obicei, calea înțelegerii și corectării greșelilor este deschisă.

Nu în ultimul rând, puteți câștiga teren dacă acționați spre a-i înțelege *cu adevărat* pe angajați și pe stagiari.
Un exemplu: noul învățăcel al meseriei de electronist își dă mare osteneală în a răspunde cerințelor profesiei și în a-l mulțumi pe maistrul său. Însă de obicei, în ciuda celor mai bune intenții, mai degrabă „o dă în bară" decât că aibă rezultate profesionale pozitive. De exemplu, îl înțelege greșit pe șeful său și leagă faza cu masa în loc de a o asigura cu un izolator de porțelan. Urmarea: bineînțeles că la testul funcțional va face bum. La următoarea încercare, învățăcelul nu va mai putea lega contactele și, în ciuda mai multor încercări, problema va persista.
Șeful său înjură în tăcere de mai multe ori, având deja temeri cu privire la transformarea tânărului învățăcel într-un adevărat profesionist. Cel mai mult i-ar plăcea să țipe la el și să-l crucifice ca cel mai prost om al națiunii.
Însă cui i-ar ajuta asta? Munca tot nu ar fi corectă, maistrul s-ar fi supărat degeaba, iar încrederea în sine a novicelui ar fi rănită.
Prin urmare, maistrul îi explică răbdător învățăcelului cum se procedează corect. Îl încurajează pe tânăr să se preocupe și mai departe cu acest subiect. Dar știe că

nu discută cu un meseriaș. Și cu toate astea, băiatul trebuie să dispună de un talent. Dar care? Unde rezidă adevăratele abilități ale tânărului?
Maistrul îl trage pe tânăr de-o parte și discută despre dorințele și năzuințele acestuia, însă fără succes. Răspunsul se relevă mai degrabă din întâmplare. Învățăcelul discută într-o zi cu un client despre comutatoare și prize și-i povestește acestuia că există sisteme noi, cu posibilități tehnice superioare. Clientul este foarte interesat și dorește să cumpere produsul, în ciuda prețului mai mare. Maistrul tocmai îl laudă pe tânăr pentru consultația prestată, când îi vine ideea salvatoare: oare învățăcelul său n-ar fi un bun vânzător? Iar concluzia este pusă imediat în practică. La fiecare atelier electronic există o mică unitate de vânzări, aici își va poate face de cap învățăcelul.
Succesul acestuia îi dă dreptate. Modificarea contractului de școlarizare este realizată în scurt timp, iar problema e rezolvată.

Numai obținând acces la *sistemul* partenerului nostru de comunicare vom putea recunoaște talentele și necesitățile sale sau vom putea găsi elemente prin care să-i trezim pasiunea. În acest moment vom fi în stare să identificăm interesele partenerului nostru de comunicare și să punem accent pe ele, demonstrând astfel interes pentru el ca persoană.

Un principiu de bază spune: un lider ar trebui să dispună de capacitatea de a recunoaște talentul, de a-l promova și de a-l trimite pe calea sa, convins fiind de menirea sa. El nu ordonă, ci coordonează și asistă, stabilește obiectivele împreună cu colegii, pentru ca aceștia să se poată identifica cu ele. Îndeamnă angajații să gândească și să contribuie. Se asigură că soluțiile sunt identificate împreună cu, respectiv de către înșiși angajații. Doar în acest fel va reuși să protejeze diferitele sisteme și să le integreze în același timp într-un nou sistem.

La fel de importante, ba chiar mai importante decât mustrările sunt cuvintele de laudă. Numai acestea îi motivează cu adevărat angajații. Pentru că lauda reconfirmă.
Din acest motiv, un șef bun va avea grijă să scoată în evidență realizările.
Însă lauda trebuie întotdeauna argumentată, pentru a nu fi percepută ca lingușire sau fățărnicie.
Un exemplu, cunoscut probabil majorității utilizatorilor de programe sau calculatoare de prelucrare informatizată a datelor.
Munca se ridică până peste capul angajatului. Timpul se scurge cu o viteză uimitoare, termenul de predare își arată deja umbra amenințătoare. Și cât de natural pare totul atunci când sistemul de prelucrare a datelor se blochează din nou. Din fericire, specialistul e tocmai la fața locului și analizează problema. Câteva comenzi speciale, câteva cuvinte de îmbărbătare adresate calculatorului – și deja totul se repune în mișcare. Aici nu ne întrebăm dacă frazele bine intenționate adresate calculatorului ajută într-adevăr la rezolvarea problemei.

Oricum ar fi, specialistul rezolvă problema, iar angajatul îşi poate continua activitatea. În mod natural, urmează următoarele vorbe goale de mulţumire: „Mulţumesc frumos", „Dacă n-ai fi venit, m-aş fi aruncat pe fereastră" sau „Mi-ai salvat ziua". Specialistul va răspunde probabil că nu a fost nimic special, ci doar un mărunţiş. Poate că din punctul său de vedere are dreptate, însă trebuie totuşi să exprimăm o laudă într-o asemenea situaţie, o laudă sinceră, prin care să recunoaştem ajutorul primit. Totodată ar trebui să argumentăm în mod corespunzător, de exemplu prin faptul că vom putea rezolva problemele stringente în termenul cerut, sau chiar şi cu observaţia că acum am putea continua să lucrăm mult mai relaxaţi şi în special cu nervii mult mai liniştiţi. Ar trebui să menţionăm şi abilităţile şi capacităţile colegului salvator.

În general, realizăm mult prea puţin cât de mult are fiecare nevoie de câteva cuvinte de laudă şi de câteva cuvinte de mulţumire din partea noastră: suntem fixaţi mult prea mult pe propriul sistem şi, prin urmare, nu percepem destul de clar sistemele celorlalţi.

PARTEA REALĂ ŞI CEA IDEALĂ A DECIZIILOR

Nu ar trebui să uităm niciodată că fiecare decizie are la bază o latură reală şi una ideală.

Să analizăm un exemplu: pornim de la premisa că trebuie să scădem cheltuielile.

Latura obiectivă este reprezentată bineînţeles de faptul că vrem să reducem costurile pentru a avea un profit mai mare.

Însă pe plan ideal putem argumenta mult mai uşor: aici este vorba de a reduce costurile pentru a oferi un viitor mai sigur atât firmei, cât şi angajaţilor ei. Astfel, *sistemul* lor se află în prim-plan.

ŞEFUL ÎNŢELEPT

De îndată ce acceptăm rolul unei autorităţi, situaţie implicită unei funcţii de conducere, ne aflăm într-o poziţie specială. Trebuie să conducem, să delegăm, să dirijăm şi astfel să-i influenţăm în permanenţă pe ceilalţi. Cu alte cuvinte, modificăm şi „manipulăm" în permanenţă comportamentele. Însă dificultatea sau dilema funcţiei de conducere rezidă în faptul că respectivele comportamente se schimbă numai datorită faptului că, din motive organizatorice, istorice sau sociologice, funcţia de conducere, titlul sau poziţia au fost investite în prealabil cu *puterea* în acest sens. Adică, nu discutăm despre o schimbare reală în gândire sau despre o modificare adevărată a părerilor, întrucât legitimarea puterii este prea slabă într-o astfel de situaţie.

V-au fost deja prezentate câteva metode de a ocoli această dilemă. Astfel, pentru o funcţie de conducere este extrem de important să poată formula propuneri sub formă de întrebări – în loc de a da ordine, pentru a provoca astfel decizia la însuşi partenerul de comunicare. În caz ideal, instrucţiunile de acţionare ar trebui să se nască în însuşi receptorul mesajului, în cadrul propriului său proces de gândire. Aşadar, o persoană cu funcţie de conducere nu ar trebui să dicteze sau să ordone, ci ar trebui să conducă angajatul către decizii proprii, care să ia naştere în însăşi „receptorul ordinului" sau să fie formulate împreună cu şeful.

Un exemplu scurt, dar elocvent :
Greşit: „Trebuie să scădem cheltuielile. Toate avantajele speciale se anulează cu efect imediat."
Mai bine: „Presiunea pieţei este tot mai mare. Cred că trebuie să reacţionăm din timp, pentru a ne putea menţine pe piaţă şi în continuare. Iar pentru a reuşi acest lucru, trebuie să efectuăm câteva investiţii care ne vor stabiliza şi ne vor asigura poziţia pe termen mediu. Finanţarea acestora presupune analizarea cheltuielilor curente şi identificarea posibilităţilor de economisire... "

CUM SĂ ABORDAŢI RECLAMAŢIILE

Chiar şi în ceea ce priveşte reclamaţiile veţi fi cu un (foarte important) pas înainte, dacă încercaţi să gândiţi în sisteme de comunicare.
Dacă vreţi să abordaţi în mod eficient reclamaţiile, critica sau dorinţele altora, ar trebui mai întâi să exprimaţi o laudă sau cel puţin înţelegere.
„Bineînţeles că înţeleg faptul că în situaţia Dvs. nu puteţi reacţiona altfel! Dar nu s-ar putea ca..."
Totodată ar putea fi util să comunicăm mai întâi propria noastră imperfecţiune, înainte de a începe cu mustrările.
„Sunt departe de a mă pricepe în acest domeniu şi am făcut la un moment dat o greşeală foarte asemănătoare. Însă ..."
Ca regulă generală, critica şi mustrarea trebuie exprimate întotdeauna astfel încât cealaltă parte să nu-şi piardă obrazul.
Dar să mai rămânem încă o secundă la reclamaţii.

Greşite ar fi de exemplu răspunsurile din următorul scenariu:
Client: „Vă rog să îmi debranşaţi în sfârşit a doua conexiune la internet."
Telefonista: „De ce? Care-i problema?"
Client: „Acum câteva luni mi-aţi oferit un abonament DSL pauşal şi mi-aţi propus o schimbare tarifară."
Telefonista: „E corect. Dar tot nu vă înţeleg problema!"
Client: „Problema mea e că dvs. continuaţi să îmi facturaţi tariful vechi, la care adăugaţi şi costurile celui nou."
Telefonista: „Da, e corect. La noi sunteţi înregistrat cu două abonamente."

Client: „Tocmai despre asta e vorba. Am fost de acord cu schimbarea tarifară, nu cu două abonamente. Mă pot folosi numai de unul singur. De ce nu l-ați anulat pe celălalt? Nu se obișnuiește așa, în cazul unei schimbări?"
Telefonista: „Dvs. nu ați reziliat vechiul contract."
Client: „Nici nu trebuie să fac asta, pentru că e vorba de o schimbare de abonament, nu de o reziliere. Vă rog să anulați de îndată vechiul abonament. Nu vreau să-l mai plătesc și în continuare."
Telefonista: „De ce? Până acum nu v-ați plâns niciodată."
Client: „Acum mă plâng și vă cer să îl modificați în mod corespunzător."
Telefonista: „Să știți că pur și simplu nu înțeleg, până nu a fost nicio problemă."
Clientul, nervos: „Ba da, e o problemă."
Telefonista, obraznică: „Discuția cu Dvs. e prea tâmpită. Bună ziua!"
Client: „Stați, nu închideți... alo?"
Tat, tat, tat ...

Se poate și altfel! Și anume:
Client: „Mi-ați trimis un articol greșit."
Telefonista firmei: „Oh, îmi cer scuze. N-ar fi trebuit să se întâmple."
Client: „Bine, bine. Care este cea mai bună modalitate de a returna articolul?"
Telefonista: „Împachetați din nou articolul împreună cu foaia de livrare în punga în care v-au fost livrate și trimiteți-l gratuit înapoi. Vă rog să notați pe foaia de livrare, care este articolul pe care l-ați comandat. Veți obține în cel mai scurt timp produsul dorită."
Client: „Mulțumesc frumos."
Cred că în această situație, comentariile sunt de prisos.

TACTICA COMUNICĂRII INDIRECTE

Să revenim puțin la exemplul cu reclamația.
Există aici o mică șmecherie, pentru a putea reacționa într-un mod dezinvolt și haios.
Șmecheria constă în a transmite într-un mod „neintenționat" dar direct un răspuns la reclamația tocmai formulată a clientului, cu toate că aceasta nu este „de fapt" destinată lui. Într-o anumită măsură, reclamantul ascultă „din greșeală".
În același timp pregătiți un compromis de soluționare, pe care serviciul clienți îl va oferi ulterior clientului/reclamantului.
Un exemplu: clientul se plânge de calitatea redusă a unui produs. Acum scrieți un email către departamentul de asistență clienți, pe care însă îl trimiteți și „din greșeală" clientului dumneavoastră. În acest e-mail vă lăudați clientul până în al nouălea cer. În același timp oferiți acestui client important și o posibilă soluție.

Clientul, care „asistă" neintenționat la discuție, se ridică într-o poziție dominantă. Sistemul său este protejat!
În continuare, serviciul Asistență clienți poate acționa în consecință.
Astfel, clientului îi este deja cunoscută limita până la care firma este dispusă să meargă, pentru ca dvs. ați specificat-o deja în e-mail. Prin urmare, clientul va considera că el este de fapt cel „câștigat" în întreaga afacere.
Efectul va fi puternic! Reclamantul nu se va simți în niciun caz influențat, întrucât consideră că a „spionat" el însuși situația. Mesajul nu îi este adresat lui, ci unui terț, motiv pentru care capătă o nuanță mult mai neutră.

După cum puteți observa, metodele și posibilitățile de protejare ale unui sistem sunt multiple și poate că ar trebui să acordăm un premiu celor care stăpânesc deja arta protejării sistemelor!
Să ne îndreptăm încă o dată la eternul subiect al „iubirii" sau al conviețuirii, pentru că și aici există câteva opțiuni care ar putea fi utilizate în practică de către orice soț sau orice soție, dar și de perechea necăsătorită.

ÎN CHESTIUNI DE AMOR

Bineînțeles că putem aplica și în relația personală multe dintre exemplele tocmai prezentate la subiectul vieții de afaceri.
Dar haideți să ne imaginăm câteva situații concrete care ne-ar putea duce mai departe în cadrul unei relații în doi.

EVITAȚI CERTURILE

Cu toții cunoaștem această situație. Partenerul vine acasă, scoate un „Salut!" ușor câinos, atmosfera e tensionată, amândoi zâmbiți forțat, ușile se trântesc puțin mai zgomotos ca de obicei. Pe scurt: cod roșu.
Probabil că ați făcut o greșeală, însă, cu toată bunăvoința, cu vă puteți aduce aminte când și cum. În plus, nici dvs. nu ați avut cea mai bună zi a anului. Apoi, în sfârșit, se întâmplă: vi se aruncă un repros sau, mai periculos, se face o observație perfidă și subtilă: „Iarăși ți s-a terminat bateria la mobil? Am încercat de o sută de ori să te sun...!"

În acest moment ar fi greșit să nu acceptați critica. Din contră, inteligent ar fi să vă recunoașteți imediat greșeala. Nu putem fi specialiști universali ai tuturor domeniilor; din contră, vor exista întotdeauna persoane mai bine familiarizate cu un anumit domeniu decât noi înșine.
Și bineînțeles că numărul confruntărilor posibile este nelimitat. Prin urmare, ar fi poate mai înțelept să relativizați propriile teze, pentru a evita o confruntare.

„Cu toate că sunt de părerea Y, îmi pot închipui că ar putea exista situaţii în care să se aplice regulile X..."

ÎNTÂMPINAŢI CRITICA PRIN INIŢIATIVĂ

În cazul criticii neaşteptate ar trebui să procedaţi exact pe dos, respectiv să abordaţi interlocutorul din proprie iniţiativă şi să vă recunoaşteţi (aprioric) greşeala. Urmarea: celălalt îşi reconfirmă propria „măreţie" şi nu mai trebuie să-şi demonstreze puterea sau chiar să-şi trăiască propria răzbunare.

Această atitudine este extrem de importantă în relaţia cu partenerul de viaţă, şi nu numai.

Doar modul corect de a întreba poate fi decisiv în această privinţă.

Ar fi probabil fatal să spunem: „Eşti mulţumită cu modul în care decurge acum relaţia noastră?"

În schimb, ar fi mai bine să spunem: „Ce ar trebui să facem, din punctul tău de vedere, pentru a ne fi mai bine împreună?"

De fiecare dată când accentuaţi sistemul comun *şi* amplasaţi sistemul celuilalt în centrul atenţiei, sunteţi pe calea cea dreaptă.

SIMPATIE PRIN EMOŢIONALITATE

Dacă natura v-a înzestrat cu o fire emoţională sau puţin mai temperamentală, nu vă jenaţi să vă exprimaţi, chiar şi în modul dvs. caracteristic – nu greşiţi cu nimic. În special în situaţii în care s-ar impune de fapt cel mai ridicat grad de obiectivitate şi de stăpânire de sine, comportamentul dvs. emoţional ar putea fi privit drept o greşeală – însă prin emoţii dovediţi că sunteţi uman şi mai ales onest. Cei care îşi arată emoţiile oneste, netrucate, sunt deseori consideraţi a fi mult mai autentici. Chiar şi cel mai bun actor, care joacă zi de zi rolul unui manager supercool, rece ca gheaţa, va fi dovedit la un moment dat – iar ulterior, lumea nu-l va vedea decât ca un mare Păcălici.

DESPRE DECIZII

Opiniile şi părerile cele mai lăuntrice şi cu cea mai mare semnificaţie sunt cele pe care le-am elaborat sau le-am adoptat *noi înşine*. O părere sau un comportament pe care ni l-am elaborat, l-am conturat sau ni l-am educat noi *înşine*, este rezultatul propriului nostru proces de gândire, devenind astfel un fel de *recompensă a eforturilor noastre intelectuale*. Din acest motiv, astfel de tipare comportamentale sunt extrem de importante şi sunt aproape inatacabile din exterior. Căci: oare cine renunţă cu plăcere la o recompensă obţinută din greu?

Prin urmare, ar trebui să oferim partenerului nostru de comunicare dreptul de a lua cuvântul, în timp ce (în caz ideal) îl *conducem* către propriile *sale* decizii și idei, însă în asemenea fel, încât să aibă impresia că el însuși le-a formulat.

INTERES PRIN COMPASIUNE ȘI ÎNȚELEGERE

Compasiunea este una dintre nevoile de bază ale omului, pe care n-ar trebui să o pierdem din vedere. Compasiune înseamnă totodată înțelegere și reconfirmare.

Un exemplu: partenerul de comunicare se plânge despre un anumit comportament al partenerului său de viață.
Acum ar fi greșit să „știm totul mai bine", pentru că în acest fel am insinua faptul că partenerul nostru de comunicare a procedat incorect.
Corect ar fi să reacționăm cam așa:
„Da, da, știu prea bine...!" Dacă abordăm astfel problema și dacă relatăm o situație similară din propria noastră experiență, celălalt se va simți înțeles, iar porțile se vor deschide.

ÎMBRĂCAȚI PROPRIILE DVS. DORINȚE ÎN AVANTAJE

Îndeplinirea dorinței dvs. ar trebui să-i facă plăcere partenerului dvs. de comunicare – și anume, alocându-i și lui avantaje de pe urma respectivei situații. Un exemplu: „În seara asta ies cu un prieten, așa că vei avea în sfârșit liniștea ta, pentru a... pentru a-ți rezolva problemele."

Am arătat deja numeroase „reguli de sistem".
Întotdeauna ar fi mai bine să acceptăm și să tolerăm, decât să atacăm – am subliniat acest lucru de nenumărate ori.
Nu uitați, fiecare dintre noi ar putea avea motive personale bine întemeiate de *a gândi în felul în care gândește*.
De asemenea ar fi bine să accentuați întotdeauna elementele comune. Atunci când atrageți atenția asupra sistemului comun utilizat (familie, sport, asociații, hobby-uri și așa mai departe), creați un sistem dual!
Chiar și obiectivele comune cad sub incidența acestei reguli.
În definitiv, metoda formulării unei întrebări are întotdeauna rezultate mai bune decât cea a umflării propriului ego. Îndelungatele prezentări de sine sau expuneri de păreri sunt plictisitoare. Anumite descrieri nu interesează pe nimeni sau poate doar în cele mai puține cazuri. Chiar și „expunerea propriilor păreri" poate fi percepută ca atac, după cum am observat deja din câteva exemple.

Nu în ultimul rând, ar fi bine să confirmați la început afirmațiile partenerului de discuție și să prezentați numai după aceea o posibilă alternativă. Iată câteva fraze care se îndreaptă în direcția corectă:

„E într-adevăr corect, pot înțelege foarte bine acest punct de vedere! Hai să ne gândim împreună dacă mai există și alte opțiuni…!"
„Foarte corect! Am putea interpreta situația și în felul următor…?"
„Așa e! Acest lucru exclude oare și faptul că… ar putea fi adevărat?"

DESPRE DRAGOSTE

Un ultim gând cu privire la cel mai îndrăgit subiect din lume. Cândva i-am dat unui mult stimat prieten, care iarăși se îndoia de faptul că există „iubire adevărată", o definiție foarte personală a iubirii. S-au scris milioane de romane, filme și poezii pe acest subiect.

Dar pentru mine iubirea nu este nimic altceva decât dorința și necesitatea de a-l face fericit pe celălalt.

Dacă vă gândiți puțin la aceste cuvinte, veți observa că acest mod de a privi dragostea implică foarte multe. Chiar și lucruri pe care le-am discutat în cadrul acestei cărți se regăsesc în această definiție. Fericirea *proprie* este pe moment complet neimportantă, pentru că nu se regăsește în noi înșine sau într-un anumit eveniment și nici măcar în propriul sistem, ci rezidă pur și simplu în fericirea *celuilalt*, fericire pentru care dvs. vă simțiți responsabili. O afacere perfectă, care funcționează ideal – în măsura în care *ambii* parteneri gândesc în acest fel.

EDUCAȚIA

Atât din punct de vedere teoretic, cât și practic, puteți aplica și în relația cu cei mici și în educația acestora multe dintre concluziile și posibilitățile oferite anterior în raport cu relația profesională sau cu cea partenerială.
Să privim doar factorul laudă.
Cum sună: „Fă-ți temele, timpul nu stă în loc!" ?
Și cum sună pe de altă parte următoarele cuvinte:
„Gândește-te la tot ce ai putea face în seara asta, dacă reușești să-ți termini temele până la prânz!"

VISELE POT SCHIMBA LUMEA

În principiu, aceste „tehnici ale sistemelor de comunicare", cum le-am putea numi, pot fi utilizate în absolut orice domeniu.

Sunt într-adevăr ferm convins de faptul că „visele pot schimba lumea". Oare dau dovadă de un optimism incorigibil? Se poate!

Gândiți-vă de fiecare dată la ceea ce v-ați propus. Jucați-vă în gând cu scenarii care *s-ar putea* materializa atunci când veți obține ceea ce v-ați propus. Și veți dezvolta aproape automat cele mai diferite strategii, care se îndreaptă concret către atingerea obiectivului dumneavoastră. Dați frâu liber fanteziei. Ridicați-vă deasupra *sistemului prezent*! Dacă reușiți să vă deplasați cu gândurile către viitor, veți putea fi în stare să reflectați „înapoi" asupra prezentului dumneavoastră. Și s-ar putea să descoperiți apoi diverse detalii pe care ar trebui să le schimbați pentru a vă putea atinge obiectivele. Iar apoi, poate că la un moment dat vă veți lua inima în dinți și pur și simplu o veți face. Există întotdeauna mii de motive pentru a nu face ceva. Din experiență vă pot spune, că în special în momente de mare dubiu m-am aruncat asupra respectivei probleme, în loc să o evit. Pentru că tocmai în astfel de situații se ascund deseori cele mai mari șanse – tocmai datorită faptului că în acest fel abordați proiecte de care alții se dezic mult prea repede.

Puneți-vă puțin în pielea unui scenarist, abordați punctul său de vedere și modul său de gândire. Filmul său nu e nimic altceva decât un *sistem*, compus din mulți actori, dialoguri, interacțiuni și scenarii, pe care le inventează și le determină din exterior autorul. Încercați să deveniți autorul propriului dvs. film – în mod ideal, bineînțeles, o superproducție. Nu aveți nimic de pierdut.

Să revenim pentru ultima dată la subiectul „critică".
Am văzut în nenumărate rânduri cât de important este să ne ridicăm deasupra criticii și a propriului ego, dacă dorim să avem succes.

Cel mai inteligent lucru pe care-l puteți face este de a vă ridica deasupra criticii. Cu toate că istoria omenirii sau „doar" analizarea relațiilor interumane oferă un bagaj impresionant de dovezi ce sprijină afirmațiile mele, aș dori să revin încă o dată la câteva critici la adresa acestora, critici și pe care consider că nu ar trebui să le luăm în derâdere – în cele din urmă, trebuie să demonstrez faptul că mă supun acelorași reguli descrise în această carte, atunci când vine vorba de critică.

Totul, doar manipulare?

Prima obiecție la adresa afirmațiilor din această carte ar putea fi aceea, că am avea de fapt tot dreptul de a susține un punct de vedere, motiv pentru care nu am putea renunța la critică.
De acord, pot înțelege de unde se vine această atitudine!
A ne apăra în mod corespunzător propriul punct de vedere este dreptul intrinsec al fiecăruia dintre noi.
În principiu, nimic mai corect.

Însă dacă doriți într-adevăr să-i *convingeți* pe ceilalți, fiți atât de inteligenți să vă prezentați punctul de vedere în așa fel, încât să nu criticați și nici să nu răniți partenerul de discuție. Ideea celor prezentate anterior *nu* este de a adopta punctul de vedere al celuilalt și de a nega propriile noastre păreri, valori și principii – în niciun caz! Ar fi o dovadă de fățărnicie, iar, în majoritatea cazurilor, partenerul dvs. de discuție va observa acest lucru. O persoană convingătoare, cu conștiință de sine, nu vrea de fapt să-i fie repetate propriile cuvinte. Ceea ce doresc să recomand cu cea mai mare tărie, este ca întotdeauna și în permanență să luăm în considerare și faptul că noi înșine ne-am putea înșela.
Teoretic ne-am putea înșela în absolut orice situație.
Și *teoretic*, am putea învăța într-adevăr ceva, dacă am încerca să înțelegem mai întâi cu adevărat și în totalitate un alt punct de vedere, oricât de respingător sau chiar prostesc ne-ar părea.

Gândiți-vă puțin cât de des v-ați schimbat părerea de-a lungul vieții, în afaceri, cu prietenii sau cu partenerul de viață! Cât de des nu ați fost ferm convinși de un anume lucru, poate chiar ani de zile sau decenii, motiv pentru care l-ați apărat până în pânzele albe. Însă de la un anumit moment dat, poate tocmai datorită unui eveniment ieșit din comun, unei pățanii sau datorită intrării unei noi persoane în viața dvs., v-ați schimbat punctele de vedere sau chiar și comportamentul!

Abordat pozitiv: fiecare dintre noi are dreptul de a-și susține părerea, dar are totodată și dreptul de a-și *schimba* părerea. Konrad Adenauer, marele cancelar al Germaniei, a ilustrat acest drept într-un mod incomparabil, atunci când, răspunzând la întrebarea obraznică a unui jurnalist care-l critica pentru faptul că el, Adenauer, și-a schimbat la un moment dat părerea asupra unei anumite probleme, a răspuns capricios (în stilul întrebării):
„Bunul meu domn, ce mă interesează prostiile de ieri!" (în original: „Ce mă interesează rahatul de ieri!")

Așadar, dacă ascultați cu atenție și îl înțelegeți pe celălalt, faceți doar uz de dreptul și de opțiunea dvs. de a vă putea schimba părerea și de a învăța.
Deci nu este nici pe departe vorba de fățărnicie, ci mai degrabă de disponibilitatea dvs. de a învăța și despre deschiderea dvs. către nou și către diferit.
În contextul strategiei sistemelor de comunicare care a fost prezentată anterior, această disponibilitate de a învăța vă permite așadar să vă influențați cu adevărat partenerul de discuție – ceea ce cu siguranță nu este un avantaj minor.

Ce înseamnă acest lucru în practică? Ei bine, în cadrul *fiecărui* proces de comunicare și în special atunci când vreți să influențați o altă persoană, ar trebui să încercați să înțelegeți faptul că celălalt are cu siguranță motivele sale pentru care gândește în felul în care gândește, precum și motivele pentru care acționează în felul în care acționează.

Pe de altă parte, mai există și reproșul manipulării (condamnabile), de care mă lovesc întotdeauna în cadrul prezentărilor mele. Care este însă adevărul despre acest reproș?

În principiu trebuie să admitem următoarele.
Științele sunt neutre prin definiție.
Această afirmație nu este nicidecum nouă. Ea a fost formulată deja de multe minți luminate și de numeroși cercetători, precum Humboldt sau Einstein.

Științele conduc în permanență către noi descoperiri. Însă aceste descoperiri și rezultate ale științelor sunt doar una dintre fațetele medaliei. Posibilele urmări și modificări astfel rezultate sunt cealaltă fațetă, pentru care răspund oamenii înșăși.

Știința a modificat și continuă să modifice în permanență lumea – bineînțeles și mediul politic. Să ne gândim numai la inventarea motorului cu aburi de către James Watt, care a declanșat astfel așa-numita *Revoluție industrială*. Lăsați-ne să analizăm puțin mai atent această epocă.

REVOLUȚIA INDUSTRIALĂ

Ea a durat de la sfârșitul secolului al XVII-lea până în secolul al XIX-lea, iar dacă o privim cu atenție, nu s-a încheiat nici astăzi, întrucât numeroase țări din lumea a treia tocmai trec, cu oarecare întârziere, prin revoluția industrială. Începuturile ei se situează în Anglia. În paralel cu revoluția industriala, populația omenirii a cunoscut o creștere explozivă. Iar acest lucru a atras la rândul său o cerere considerabil mai mare de mărfuri de consum.

Pe de altă parte, condițiile de muncă și structurile sociale au cunoscut o transformare masivă, care a catapultat societatea agrară direct în epoca industrială. Nobilimea, până atunci dominatoare, a pierdut tot mai mult în importanță, societatea civilă devenind tot mai sigură pe sine, inteligența mai importantă decât proveniența – ceea ce poate fi doar salutat din punct de vedere istoric, întrucât a influențat-o aproape în exclusivitate în mod pozitiv.

În această perioadă au avut loc aproape concomitent mai multe salturi uriașe în domeniul tehnologiei și științei.

Dintr-o dată, mașinile de tip nou puteau realiza o multitudine de activități efectuate anterior manual. Motorul cu aburi putea să dezvolte energie mult mai mare – ceea ce a crescut valoarea materiilor prime cărbune și fier.

Sistemul societate se redefinise de la zero.

Unul dintre cei mai importanți cercetători și inventatori ai acestor vremuri a fost scoțianul James Watt (1736 – 1819). Iar una dintre cele mai strălucite realizări ale sale a fost îmbunătățirea motorului cu aburi. El a reușit într-adevăr să crească de câteva ori gradul de eficiență al motorului cu aburi.

În 1712, Thomas Newcomen a realizat primul motor cu aburi funcțional, care era utilizat la pompele de evacuare a apei din mine, dar care nu era foarte eficient. Un astfel de motor cu aburi a fost supus unor reparații în anul 1764. Contractul l-a obținut James Watt. Însă Watt avea cu totul alte planuri. Îl fascina ideea de a dezvolta anumite detalii pentru a ridica motorul cu aburi la un nivel nemaivăzut. Iar această viziune nu i-a mai dat pace. Prin urmare, s-a preocupat înnebunit cu lucrările lui Denis Papin, a uitat de întreaga „teorie a căldurii" și s-a concentrat intensiv pe condensarea aburilor și pe încălzirea și răcirea succesivă a cilindrului. S-a cramponat efectiv de lucrarea sa și a căutat soluții care nu puteau fi oferite de nivelul tehnicii vremii. Pe el îl interesa un *sistem* complet nou, un sistem tehnic. În cele din urmă, a renunțat entuziasmat chiar și la postul său de constructor de instrumente, pentru a se putea dedica cu totul pasiunii sale.

Watt a trebuit să rezolve nenumărate probleme. Iar problemele tehnice se prezentau din plin: probleme tehnice, lipsa sponsorilor, falimentul, care nu l-a pândit numai o dată și așa mai departe.

Însă la un moment dat strădaniile sale au fost încununate cu succes. James a jubilat.

În 1769, motorul său cu aburi era complet funcțional și a fost patentat. După cererea de prelungire, drepturile asupra motorului cu aburi conceput de el au fost prelungite până în 1800.

În 1776 a fost dat în exploatare primul motor industrial. Acest aparat a permis economisirea a 60% din cărbune – un avantaj economic enorm! Brusc, se discuta despre sume mult mai mari, pentru că multe firme își doreau puțin vânt în pânze. Dintr-o dată, forța de muncă umană putea fi multiplicată, iar salariile, uneori prea mari, nu-și mai aveau rostul.

Și astfel a luat naștere o competiție economică fără egal în întreaga istorie.

Averi de milioane și miliarde au văzut dintr-o dată lumina zilei, fiind realizate aproape din nimic.

Iar Watt? Ei bine, inventatorul nu s-a oprit din cercetare.

El și-a continuat evoluția, prezentând în 1780 o presă de copiere, respectiv un aparat care putea să multiplice hârtia tipărită cu cerneală. Până atunci, documentele importante trebuiau copiate manual de fiecare dată. El a patentat și această invenție, un aparat cunoscut și sub numele de Presa lui Watt, care este utilizat în numeroase birouri până în secolul XX.

James Watt a fost imortalizat în Sistemul internațional de unități (SI) – unitatea de măsură „Watt" definind astăzi unitate de măsură a puterii electrice.

Însă dezvoltarea economică inițiată de James a continuat cu pași uriași. Și s-a detașat complet de persoana sa.

Pe lângă Watt, și-au făcut simțită prezența și alți inventatori și cercetători.

Primul aparat industrial de filat, utilizat la filarea lânii și a firelor textile, a fost inventat și a fost botezat cu drăgălășenie „Spinning Jenny" (Jenny Țesătoarea). Din punct de vedere optic, ea se prezenta ca o roată de tors, însă dispunea de până la 100 de fusuri. Doar imensa forță productivă a lui „Jenny" a creat aproape o revoluție în cadrul revoluției. Avantajele ei majore rezidau în faptul că mai era acționată prin forță fizică, găsind astfel o largă întrebuințare. Înaintea acestei invenții deschizătoare de drumuri, raportul dintre filatori și țesători se afla între 4:1 și 8:1. Mulțumită acestei invenții, un filator putea acum să pună destul material la dispoziția unui țesător.

Și așa a continuat totul, pas cu pas.

Însă reversul medaliei a fost faptul că revoluția industrială a adus multă lume pe baricade. Oamenii își pierdeau locurile de muncă – se anunța epoca mașinilor. Numeroși țesători au luptat împotriva acestei evoluții și au distrus noile mașini de filat. Însă progresul nu mai putea fi oprit...

Restul e istorie și nu mai trebuie amintit aici. Bineînțeles că noile mașini au câștigat lupta, însă și problema socială a fost soluționată în cele din urma, mai mult sau mai puțin.

Dar ce legătură au toate acestea cu tema noastră?

ȘTIINȚA DĂTĂTOARE DE ȘTIINȚĂ

Să repetăm: știința în sine este întotdeauna neutră din punct de vedere ideatic. Ea creează cunoaștere. Cine ar putea, cine ar vrea să-i reproșeze lui James Watt că a inventat și a îmbunătățit motorul cu aburi? Într-adevăr, fără a intenționa, el a deschis calea revoluției tehnologice și economice, ale cărei urmări cu siguranță nu i-au fost clare în momentul inventării sau descoperirii. Însă Watt în sine era condus de cele mai bune intenții. El își transformase visele în realitate și reușise într-adevăr să schimbe lumea.

Trebuie totuși să recunoaștem că se poate face abuz de știință. Și bineînțeles că și gândirea în sisteme de comunicare poate fi utilizată atât în sens pozitiv, cât și în sens negativ.

Într-adevăr, ea poate deschide porțile manipulării și poate fi utilizată atât în scopuri bune, cât și în scopuri rele.

Însă nu putem (și nici nu ar trebui) să împiedicăm schimbarea lumii prin intermediul științei – am da dovadă de o atitudine naivă și copilărească.

Noile descoperiri deschid aproape întotdeauna posibilități nebănuite anterior.

Știința este progres, progresul este inovație, iar inovația este bună. Pentru că inovația presupune voința de a aborda subiectele dintr-o perspectivă nouă, pentru a ajunge astfel la o nouă soluție, în loc de a ne limita la simpla optimizare a elementelor deja cunoscute ale unui anumit sistem.

Deseori, atunci când discutăm despre o nouă invenție sau despre o inovație spectaculoasă, utilizăm comparativ termenul de tranziție cuantică. Însă când discutăm de fapt despre renumita tranziție cuantică? Cu siguranță nu atunci când este vorba doar de îmbunătățirea unui lucru sau unei situații din cadrul unui sistem. Cred că expresia tranziției cuantice inovatoare se referă mai degrabă la făurirea unui sistem complet nou sau măcar la restructurarea totală a unui întreg sistem.

Nu pot identifica decât elemente pozitive din tot ce stă la bazele inovațiilor. Inovația înseamnă modificare, gândire transversală, creativitate, îmbunătățirea vieții, sau mai bine zis a condițiilor de viață, părăsirea căilor și modelelor de gândire obișnuite, spirit de inventator, crearea unor noi direcții, scrierea de superproducții, stabilirea de etaloane pentru viitor, realizarea unui plus de valoare, mișcarea lucrurilor mari prin intermediul unor idei mici și provocarea sau construirea neașteptatului.

Ce poate fi aici rău sau chiar periculos?

În orice caz, o inovație bună, adevărată, presupune întotdeauna depășirea limitelor (de sistem) acceptate sau presupuse la acel moment.

Poate că, din punct de vedere psihologic, am putea spune că

*limitele reprezintă de fapt întotdeauna numai sensul limitativ pe care ni-l impunem **noi înşine** în cadrul sistemelor. Inovaţiile, cum ar fi gândirea în sisteme de comunicare, ne pun în situaţia de a transcende acestor limite şi de a realiza astfel lucruri considerate anterior a fi imposibile.*
Ignorarea inovaţiei ar fi prostească.

MEDIUL POLITIC

Între timp am ajuns la un punct, în care, teoretic vorbind şi cu ajutorul noilor tehnici de comunicare, am putea schimba în bine mediul politic şi astfel istoria în sine.
Închipuiţi-vă puţin această dimensiune!
O adevărată tranziţie cuantică!
În momentul acesta, putem într-adevăr să manipulăm politica – bineînţeles, termenul se înţelege numai în sens pozitiv! Dar să repetăm ultima obiecţie, pe care doresc să o abordez cu mare seriozitate, şi anume obiecţia care invocă faptul că ar fi legitim să discutăm despre tehnici de manipulare comunicativă chiar şi atunci când obiectivele acesteia sunt constructive.
Din punct de vedere teoretic, n-ar putea chiar şi un suflet negru să facă uz de aceste metode?

MANIPULAREA MANIPULĂRII

Bineînţeles că termenul „manipulare" în sine exprimă deja o nuanţă negativă, cine ar putea nega asta? Însă măcar atât putem totuşi spune:
Manipularea (pe latină înseamnă *a mânui* sau *a mişca cu artă*) defineşte orice fel de mânuire sau prelucrare. Într-un context tehnic sau medical, cuvântul *manipulare* este utilizat complet neutru. Utilizarea sa se limitează aproape în exclusivitate la evenimente sau măsuri care se iau cu mâna. În orice caz, manipularea implică întotdeauna o încercare de *a modifica o situaţie printr-o intervenţie*.

Atunci când discutăm despre influenţarea oamenilor sau a modului uman de acţionare sau chiar de gândire, manipularea dobândeşte cu totul altă semnificaţie. Manipularea devine aici un termen asociat de obicei, fără doar şi poate, celor mai negative situaţii, respectiv intenţii. În special în context politic, manipularea (oamenilor) este privită întotdeauna foarte critic. Cui îi place să fie caracterizat ca fiind manipulator?! Pe de altă parte, detestăm să fim „manipulaţi" – iar asta, pe bună dreptate! Însă, atunci când discutăm despre semnificaţia „influenţării oamenilor", manipularea implică faptul că cineva trebuie să *convingă pe altcineva să acţioneze într-un anumit fel, contrar voinţei sale* – cu alte cuvinte, de a-l incapacita.

Însă tocmai acest lucru nu se întâmplă atunci când gândim în sisteme de comunicare.

Atunci când încercăm să *convingem* pe cineva în a-şi modifica modul comportamental sau de gândire – oare îl manipulăm? Răspunsul indubitabil este *da*. Însă decizia finală este a persoanei în sine, ea nu este incapacitată. Da, recunosc, în felul acesta încercăm să modificăm o situaţie sau o stare de fapt printr-un fel de intervenţie.

Iniţial nici nu este importantă motivaţia care stă la baza manipulării. De îndată ce facem, spunem sau propunem ceva, inclusiv atunci când impunem ceva prin presiuni autoritare sau de altă natura, încercăm să modificăm astfel comportamentul şi modul de gândire al celuilalt. Prin urmare, manipulăm în permanenţă, chiar dacă recunoaştem acest lucru sau nu.

Metodele prezentate în această carte vă ajută însă să manipulaţi într-un mod mult mai inteligent şi mai subtil. Iar acest lucru ne aduce la întrebarea, justificată de altfel, care mi se adresează în acest context în repetate rânduri la seminarii sau prelegeri:

Oare este etic sau legitim să dezvoltăm metode care să reprezinte un aşa-zis ghid sau cel puţin un mijloc de asistenţă în scopul influenţării oamenilor, deci în scopul manipulării?

Răspunsul meu foarte clar este *da* – este legitim. Ştiinţa în sine – adică studierea, descoperirea, înţelegerea, explicarea unui anumit fenomen, precum şi a rezultatelor acestuia – trebuie separate de responsabilitatea consecinţelor legale, etice, sociale şi istorice ale acestor rezultate. Dacă am împovăra ştiinţa cu responsabilitatea tuturor urmărilor rezultatelor ei, n-am face decât să o ţintuim în loc. Pentru că omul de ştiinţă studiază de dragul rezultatelor.

Acesta este scopul său primordial.

Totodată, vă rog să luaţi în considerare faptul că ar fi pur şi simplu imposibil să putem anticipa toate consecinţele posibile ale unei descoperiri. Un exemplu banal în acest sens ar fi roata. Oricine a fost cel care la un moment dat, undeva, a descoperit roata, el a făcut astfel un serviciu enorm umanităţii. Roata a schimbat lumea în multe privinţe. Însă inventatorul nu şi-ar fi putut imagina niciodată, că descoperirea sa va fi utilizată la un anumit moment dat la producerea unor dispozitive de război ucigătoare sau că se vor inventa autovehicule în care îşi vor pierde viaţa mii de oameni în fiecare an. Nu ştiu dacă inventatorul roţii şi-ar mai fi făcut publică invenţia, dacă ar fi ştiut toate aceste consecinţe.

Am mai putea menţiona şi analiza numeroase exemple, începând cu descoperirea curentului electric şi până la fuziunea nucleară.

Friedrich Dürrenmatt, marele dramaturg elvețian, a atenționat mai mult decât de ajuns asupra acestei problematici, în piesa sa „Fizicienii".
Am ajunge însă întotdeauna la unul și același rezultat: omul de știință trebuie să descopere și să inventeze, aceasta este sarcina și chemarea sa intrinsecă.

Astfel, nu știința este responsabilă pentru urmările ei, ci noi toți. Societatea și regulile sale politice și juridice sunt responsabile pentru urmările științei.

Prin urmare, este legitim să studiez care ar fi cea mai bună cale de influențare a oamenilor, în scopul atingerii propriilor obiective. Pentru că, în calitatea mea de antreprenor și om de știință, este sarcina mea să studiez care este în definitiv rezultatul experiențelor și concluziilor prezentate.

Și pot spune că nu au fost puțini aceia pe care i-am putut ajuta să-și îndeplinească obiectivele, utilizând unele dintre metodele și concluziile prezentate în această carte. Printre aceștia nu s-au numărat numai persoane cu funcții de conducere, antreprenori sau experți în comunicare. Am cunoscut părinți, care au dobândit o nouă cale de comunicare cu odraslele lor problematice, precum și parteneri de viață, care și-au reanalizat comunicarea din cadrul relației lor dintr-o perspectivă complet nouă, putând astfel să soluționeze vechile conflicte.

Rezultatele și concluziile prezentate aici au ajutat multă lume în remodelarea completă a propriei vieți private sau profesionale, pentru a avea în sfârșit succes, după atâta timp. Să renunțăm oare la aceste numeroase succese, numai pe baza pericolului potențial că cineva, cândva ar putea denatura aceste rezultate?

Nu cred! Bineînțeles că îmi doresc numai oameni responsabili și bineînțeles că îmi doresc ca rezultatele prezentate în această carte să modeleze lumea în sens pozitiv și constructiv, ceea ce într-adevăr cred că e posibil. În calitate de om de știință și antreprenor nu este însă sarcina mea să evaluez sau să condamn modul în care sunt utilizate rezultatele și strategiile dobândite. Sarcina mea este de a le identifica, de a le dezvolta, de a le prezenta și de a le explica.

Permiteți-mi acum să rup pentru ultima dată firul discuției și să continui povestioara de la începutul cărții.
Permiteți-mi așadar să revin la cazul de răpire, însă luând în considerare toate cunoștințele dobândite cu privire la sisteme, precum și posibilitatea modificării comportamentului unei persoane, în cazul nostru – comportamentul unei bande de gangsteri.

Pierdut în Africa (2)

Aş dori acum să revin la povestea noastră de la început, cea despre răpirea din Africa, şi v-aş ruga să citiţi povestea până la capăt, ceea ce ar putea părea puţin neobişnuit. După toate explicaţiile referitoare la comunicare, pe care am încercat să le presar cât de bine se poate cu exemple, dispuneţi acum de un punct de vedere complet diferit.

Lăsaţi-ne să purcedem direct la evenimentul în sine.

RĂPIREA

Întregul eveniment al răpirii despre care discutam la începutul cărţii a gravitat în permanenţă şi în exclusivitate în jurul *comunicării*, respectiv, mai bine zis, în jurul unei anumite metode de comunicare, şi anume observarea diferitelor sisteme.
Comunicarea este însă o armă, prin intermediul căreia pot fi înmuiate şi modificate chiar şi cele mai „rigide" comportamente, după cum aţi aflat deja.
Să continuăm acum tragicul eveniment al răpirii.

În principiu, nici în vis nu mi-aş fi închipuit că aş putea accepta acest caz, dacă nu aş fi conştientizat faptul că, datorită cunoştinţelor mele despre comunicare şi despre sisteme în genere, aş fi avut un oarecare avantaj. Din multe experienţe profesionale şi particulare, *ştiam* că metoda mea funcţiona. Şi astfel m-am avântat mai departe în această aventură de fapt periculoasă. Cu toate că în această perioadă am ajuns deseori la disperare, gândindu-mă la enorma responsabilitate a unei vieţi omeneşti, am simţit că trebuie să existe o soluţie.

Să dăm puţin timpul înapoi şi să ne aducem aminte: Întâlnirea iniţială dintre avocaţi şi răpitori nu durase mai mult de 20 minute. După aceea, răpitorii sau reprezentanţii acestora au încheiat orice discuţie cu avocaţii.

După citirea acestei cărți, veți ști ce a mers „prost": Bineînțeles că cei doi avocați s-au comportat într-un mod, în care răpitorii s-au simțit *atacați*. Amenințând cu consecințe legale, ei au accentuat și mai mult situația, fără a intenționa și fără a ști acest lucru.
Sistemul răpitorilor, care considerau în mod evident răpirea unei persoane ca fiind dreptul lor elementar, fusese rănit. Din punctul lor de vedere, era vorba despre un fel de sport profitabil.

De abia la o lună după răpire am aflat despre tragicul incident. Să continuăm să ne aducem aminte: M-a sunat soția prietenului meu și m-a rugat să o ajut. Trebuia să excludem intervenția autorităților locale și a poliției, întrucât din păcate în această țară nu puteai conta pe ajutorul lor. În anumite țări, poliția, ba chiar și politicieni de rang înalt, aparțin pur și simplu *sistemului* interlop.
Iar noi, în mediile noastre „civilizate", n-ar trebui să emitem, cu aroganță, judecăți de valoare asupra acestor lucruri. Legăturile mafiei până în cele mai înalte cercuri din Washington de-a lungul celui de-al Doilea Război Mondial sunt bine documentate, motiv pentru care ar fi greu să negăm acest lucru.
Și nu numai atât: În anumite orașe din SUA, până la 75% din polițiști erau plătiți de șefii drogurilor – lucru dovedit în mod indubitabil, după capturarea anumitor personaje-cheie care făceau aranjamentele...

Dar haideți să continuăm către rezultat!

O etapă importantă a planului meu dăduse roade. În calitatea și în rolul meu de negociator imposibil de impresionat, ședeam în aceeași barcă cu răpitorii sau, mai bine zis, mă aflam în interiorul *sistemului* lor. Eram evident de partea lor, reprezentam aceleași interese, respectiv acela de a încheia în cel mai scurt timp afacerea și în cele mai bune condiții. Din punctul de vedere al gangsterilor, era deci și în interesul meu personal, elementar, să obținem cea mai mare valoare de răscumpărare posibilă, întrucât comisionul meu ar fi fost în mod corespunzător mai mare.
În ceea ce privește comisionul, l-am coborât intenționat pas cu pas, prin negociere, până la 20%, oferind astfel un avantaj părții adverse și reconfirmându-i concomitent propria autoritate...

Cred că în acest moment m-am aflat cu adevărat în interiorul sistemului răpitorilor. Eram acceptat.

În cadrul unei discuții am propus stabilirea, de comun acord, a unor reguli de joc, pentru a putea comunica mai bine între noi, pe viitor. Într-adevăr, cealaltă parte a acceptat.

Ceea ce nu știa cealaltă parte era faptul că poți stabili noi reguli de joc imediat după ce ai fost acceptat în totalitate în cadrul unui sistem sau după ce ai reconfirmat un sistem.

Printre regulile de joc se număra și promisiunea reciprocă de a formula numai acorduri care pot fi respectate și de a fi punctuali la întâlnirile *online* stabilite. Totodată, orice comunicare ar fi urmat să aibă loc numai prin mine. Ceea ce însemna că răpitorii nu aveau voie să aibă niciun contact cu familia răpitului. În schimb, eu am renunțat la stabilirea oricărui contact cu răpitul până la termenul de predare, în schimbul prezentării unei dovezi a faptului că prietenul meu mai era în viață, înaintea efectuării oricărei plăți. Am sugerat această regulă pentru a fi sigur că identitatea mea adevărată nu va fi dezvăluită, dar și pentru a evita ca un terț să intervină emoțional în interacțiune și să pericliteze astfel întreaga tactică.

Prin stabilirea, de comun acord, a unor reguli de joc care presupuneau avantaje pentru ambele părți, mi-a reușit nu numai să pătrund în sistemul răpitorilor, ci și să îl modelez împreună cu aceștia. Prin urmare, mă aflam atât în interiorul, cât și în exteriorul sistemului – o poziție ideală. Răpitorii au crezut că într-o oarecare măsură aș fi complet de partea lor. Mă acceptaseră drept autoritate competentă în această situație.

Pentru prima dată am respirat puțin ușurat în lăuntrul meu. Cu toate acestea, întrebarea decisivă mai era încă deschisă: Cum puteam să-i conving pe acești oameni, că îi aștepta o sumă considerabil mai mică decât cea pe care o preconizau ei?
În cele din urmă, mi-a venit ideea de a-i provoca pe ei înșiși să dea un răspuns. I-am întrebat dacă ei consideră că suma de 500.000 USD ar fi realistă și dacă ar putea fi obținută. Mi-au răspuns că nu știu, dar că îl consideră pe răpit a fi un om de afaceri bogat. La auzul acestor cuvinte am ridicat pentru prima dată vocea și i-am întrebat dacă au fost atât de nechibzuiți încât să nu verifice lichiditatea răpitului și dacă m-au lăsat să telefonez și să lucrez zile întregi, fără a ști, de fapt, cât de gras e peștele prins în plasă! Tăcerea de la celălalt capăt al firului mi-a confirmat faptul că nimerisem direct la țintă. Toți se simțeau enervați și nesiguri. Cel puțin ca principiu, tactica mea începuse deja să funcționeze. Cealaltă parte nu a putut răspunde la întrebarea mea, întrucât bineînțeles că lichiditatea nu fusese verificată și probabil că nici nu putea fi verificată. Și tocmai acesta era scopul meu. Am provocat îndoiala și nesiguranța cu privire la ipotezele emise de răpitori. O ipoteză, care se baza pe întregul sistem al răpirii și pe *impactul* acestuia, devenise dintr-o dată îndoielnică. Pe de altă parte, am sugerat în mod indirect, prin reacțiile mele brutale, retorice, că s-ar putea să mă piardă ca partener. Dacă de-a lungul întregii perioade fuseseră atât de siguri pe ei, atât de

siguri că prinseseră un pește gras, această siguranță era acum doar relativă – ceea ce a deschis calea corectării acestei ipoteze.

Acum, totul era posibil, pentru că, între timp, mă aflam în interiorul sistemului răpitorilor. Puteam să pun la îndoială și să modific tot mai multe reguli de joc.

M-am liniștit aparent și m-am arătat înțelegător pentru greșeala lor și pentru naiva lor ipoteză, reconfirmând faptul că, într-adevăr, nu este simplu, în special din țara lor, să verifice lichiditatea financiară a unei anumite persoane. Cu alte cuvinte, trebuia să continui să mă mișc în interiorul sistemului lor. Imediat după aceea, am sugerat și răspunsul la această întrebare complet deschisă, respectiv am spus că mă voi ocupa personal de această verificare, întrucât aș avea posibilități mai bune în acest sens în Europa. Răpitorii au fost de acord cu propunerea mea. Am stabilit o nouă întâlnire în trei zile, timp necesar mie pentru efectuarea verificărilor și pentru a mă informa cu privire la situația financiară a răpitului.

Fără să vreau, ajunsesem persoana de decizie în acest joc.

Situația se accentua acum în mod dramatic. Am discutat de multe ori cu soția prietenului meu, care mă suna câteodată de mai multe ori pe zi și care, după cum era de înțeles, își pierdea din ce în ce mai mult atât răbdarea, cât și nervii. Toți simțeam o apăsare enormă. Între timp, am făcut rost de un raport de creditare a prietenului meu, care era într-adevăr negativ și care mă putea ajuta acum la demonstrarea situației precare a lichidităților.

Următoarea discuție cu răpitorii trebuia să ne conducă către *medias res* și să începem negocierea concretă a sumei. Eram însă conștient de faptul că rolul meu de prieten al acestei bande trebuia păstrat, orice ar fi.
Prin urmare, am deschis discuția cu o provocare. I-am acuzat pe gangsteri că totul e doar o glumă proastă. Le-am detaliat rezultatele cercetărilor mele și le-am trimis solicitarea de creditare de pe o adresă de e-mail anonimă. Am simțit cum se trezesc la realitate. Reacțiile lor dovedeau faptul începeau să-și pierdeau interesul pentru întreaga poveste. Pe de altă parte, situația devenea din ce în ce mai critică, întrucât mi-era clar că ostaticul lor reprezenta o valoare numai dacă exista o posibilitate de răscumpărare.

Cred că acesta a fost momentul în care, pentru prima dată, am pierdut într-adevăr, pe o scurtă perioadă de timp, controlul asupra situației. Nu doar o dată fruntea mi-a fost acoperită cu broboane de sudoare, pentru că nu era vorba despre o șezătoare academică, ci despre viață și moarte. Luptasem ca un leu pentru a ajunge de partea lor – însă acum, datorită ultimei mele mutări, ostaticul îşi pierduse brusc valoarea, ceea ce însemna că viaţa prietenului meu se afla în cel mai mare pericol.

Prin urmare, tactica mea iniţială, care picase ca o bombă – şi anume aceea, de a-i convinge pe răpitori de faptul că nu prinseseră în plasă un peşte mare – trebuia relativizată. Le-am explicat că investisem deja mult timp preţios în acest proiect şi că nu sunt de acord să plec cu mâna goală. Am propus să negociez acum direct cu familia şi să încerc, în numele răpitorilor şi bineînţeles şi în propriul meu interes, să găsesc cea mai bună soluţie posibilă. Am prezentat şi varianta procurării banilor de la prieteni sau de la familie. Gangsterii au acceptat, după ce declarasem că obiectivul meu personal era să rezolv totul în termen de trei zile. Altfel, puteau să uite de toată povestea.

A trebuit din nou să fac tot posibilul pentru a rămâne în sistemul răpitorilor, a trebuit să privesc lumea din punctul lor de vedere. Iar acest punct de vedere nu vedea nimic altceva decât bani şi lăcomie.

Spre uşurarea mea, răpitorii au fost de acord şi cu această propunere.

Trei zile! După cum îi evaluasem pe răpitori, în scepticismul lor încă existent, adevăratul proces de negociere pentru suma de răscumpărare trebuia să aibă loc într-un mod cât mai veridic. Astfel, în prima zi le-am comunicat într-o discuţie foarte scurtă, că familia putea să adune pe termen scurt 70.000 USD. Totodată le-am spus răpitorilor că nu sunt de acord cu această sumă, întrucât comisionul meu de 14.000 USD ar fi fost pur şi simplu prea mic. Am anunţat că voi face mai multe presiuni asupra familiei, în numele răpitorilor, ceea ce a întărit din nou poziţia mea în cadrul sistemului lor. A doua zi am anunţat că am ajuns la 100.000 USD şi le-am expus convingerea mea, că s-ar putea stoarce mai mult. A treia zi trebuia stabilită suma finală, acum era vorba despre 120.000 USD minus comisionul meu de 20%, adică 96.000 USD pentru răpitori. Am sperat la o acceptare imediată a ofertei, însă răpitorii m-au rugat să le dau încă o ultimă zi de gândire.

Nu vă puteţi închipui prin ce am trecut în noaptea respectivă şi în ziua de după – au fost cele mai lungi din viaţa mea. Şi pentru a mai pune paie pe foc, întâlnirea stabilită pentru ora 18:00 a zilei următoare nu a fost respectată de cealaltă parte. Am aşteptat trei ore în faţa unui calculator dintr-un internet café, de care mă folosisem întotdeauna pentru a comunica în mod anonim cu răpitorii. Apoi, în cele din urmă, s-a deschis fereastra *Skype*, iar răpitorii şi-au anunţat prezenţa. Acceptaseră oferta.
O piatră cât un munte mi-a căzut de pe inimă!

În decursul următoarelor zile am discutat și am organizat transferul banilor în țara răpitorilor, precum și predarea în sine, care a reușit chiar foarte bine, mulțumită ajutorului câtorva cunoscuți entuziaști de la fața locului. Prietenul meu a fost adus încă în aceeași seară, pe cale aeriană, într-o clinică din Roma, unde îl aștepta deja cu dor și nerăbdare soția sa. Însă datorită febrei și a administrării masive de sedative, se afla într-o stare extrem de critică și era încă inconștient.

Din păcate, o săptămână mai târziu, Thomas a murit datorită febrei, fără a se mai trezi în coma în care se afla. Soția sa nu a mai avut posibilitatea de a mai vorbi măcar o dată cu el...

Mulţumesc frumos!

Profunda mea mulţumire se îndreaptă către următoarele persoane, care m-au susţinut la scrierea acestei cărţi sau m-au inspirat (şi criticat) în numeroase discuţii şi conversaţii interesante:

Prof. Dr. Paul Watzlawick († 2007), soţiei mele, Alina De Micco, Patrizia De Micco, Alessandro De Micco, Charlotte De Micco, Simona Fiedler, Corneliu Vadim Tudor, Ionel Iosef, Florentina Pop, Radu Nistor, Zorin Diaconescu, Cristiana Sabau, Lorica Sut, Monica Urs, Simionca Ionel, Traian Larionesi, Adrian Scurtu, Ciprian Augustin Moldovan, Ghinet Doru, Geta Sangeorzan, Madalina Ciunterei, Daniel Larionesi, Ioan Schone, Pavel Sangeorzan, Ioan Magadan, Bar Vasile, Viorel Nicolae Pop, Marika Vasile, Anton, Elena, Adela, Jean Padureanu, Nae Manea, Jean Paler, Silvia Gavrila, Adina Gavrila, Mihaiela Gavrila, Cristina Lupu, Emil Nistor, Claudiu Lup, Oana Lup, Bogdan Matan, Casei de moda Liane, Fia Brunello, Catalin Maruta, Teo Trandafir, Gheorghe Funar, Viorel Cotutiu, Aurel Tamas, Ovidiu Todor Cretu, George Avram, Pavel Aurora, Dan Dumitru Zamfirescu, Giovani Becali, Marius Marinescu, Dan Capatos, Ovidiu Danci, Ioana Nicole, Gabrielle Raineri, Tudor Muntean, Ovidiu Grovu, Mihai Imbarus, Dorel Cosma, Oana Mihaela Dunca, Anuta Motofelea. jr., Mircea Armenean, Lucian Moldovan, Darius Carmaci, Madalina Ciocan, Costan Ioana Saveta, Adela Suia, Ana Maria Mogin, Andrea Marin, Cristina Stratulat, Dorel Virgil Sabau, Ioan Gabriel Tersanschi, Lucica Vaju, Leon Zbarci, Claudiu Sular, Andreea Esca, Anca Morar, Dorina Seni, Ionela Pop, Boldea Nelu, Mii de multumiri Ziarului, Libertatea, Pro tv, Acasa tv, TV Bistrita, Sangeorz TV, N1TV, Antena 1, Direct tv, Focus tv, Rtv, Kanal D, Prima tv., Leon, Emilia, Ramona, Anton şi Remus Cîrcu, Konstantin Stoyanov, Corrado Riccio, Pavel Bachurin, Sergey Kashelot, Serap Kus, Marcello Mohren, Hector Matos, Filip von Feigenblatt, Charles Chow, Farzin Assayesch, Amadeo Turello, Monty Shadow, Klaus Peter Stoll, Anne – soţia prietenului meu răpit, lectorilor şi traducătorilor acestei cărţi, precum şi tuturor colaboratorilor, mandanţilor şi tuturor participanţilor la prelegerile şi seminariile mele.

Bineînțeles că vă mulțumesc și dumneavoastră, stimați cititori, pentru timpul investit în lectura acestei cărți. E de la sine înțeles că nu am intenționat niciodată să vă schimb părerile.

Eu însumi am greșit prea des de-a lungul vieții, pentru a avea pretenția ca toate ideile emise de mine să fie corecte. Am vrut doar să vă prezint lucrurile dintr-o altă perspectivă, care nu are nimic de-a face cu psihologia, de care, după cum știți, mă distanțez în mod explicit.

Aș fi tare bucuros dacă v-ați lua timpul să testați și să aplicați unele dintre posibilitățile prezentate în această carte.

Sunt sigur că făcând acest lucru, veți identifica în timp propriile dvs. căi individuale de a vă pune ideile în practică...

...pentru a obține ceea ce vă propuneți.

Părerile și în special experiențele dvs. îmi sunt foarte importante, motiv pentru care m-aș bucura tare mult dacă mi-ați putea transmite comentariile dumneavoastră. Puteți scrie un simplu e-mail, prin intermediul paginii mele personale de internet: www.demicco.de. Bineînțeles că aștept cu nerăbdare recenziile dvs. pe amazon.com.

**Visele pot schimba lumea –
am văzut de nenumărate ori acest lucru
a crede nu este de ajuns
trebuie să acționăm.**

Luigi Carlo De Micco

Autorul

Dr. Luigi Carlo De Micco s-a născut pe 29.04.1964 într-o familie de origine germano-italiană, este căsătorit și a studiat economia la Bonn și în Elveția. În 1996 promovează în științe economice, specializarea marketing și comunicare, obținând titlul dr.rer.oec.[*]. Antreprenorul și autorul trăiește din 2001 în Monte Carlo, Monaco.

Diverse școlarizări de management (cu accent pe marketing, comunicare): Anthony Robbins (USA), Löhner (Basel), Prof. Ganter (St. Gallen), Prof. Paul Watzlawick (Mental Research Institute, Palo Alto, California) etc.

Specializări: Diverse traininguri și seminarii pentru personal de conducere, studiul științelor comunicării, instructaj de Trainer EKS la Frankfurter Allgemeine Zeitung,

Limbi cunoscute: germană, engleză, spaniolă, italiană, (franceză – cunoștințe de bază).

1985-1998: Fondator și co-fondator al diferitor firme, cum ar fi școli private, edituri, unități de prelucrare informatizată a datelor și consultanță antreprenorială. Experiențe aprofundate în calitate de consultant pentru soluții software comerciale (Sage, KHK Software, SAP) și aplicații internet. Începând cu 1996, consultant de marketing liber-profesionist (accent pe internet și medii noi) pentru mari firme de software și din domeniu media. Consultant strategic a unor agenții de PR și publicitate de renume.

Fondarea firmei de software INTERNOLIX AG, în calitate de acționar majoritar și președinte al consiliului de administrație, cu participări ulterioare la 3i Venture Capital, Londra (firma de software s-a dezvoltat în 3 ani la mai multe sute de

---

[*] titlu academic acordat în Elveția, echivalent cu „doctor în economie", dr.ec. (n.t.).

angajați și era prezentă în 12 țări. INTERNOLIX este considerată un pionier a internetului în domeniul comerțului electronic).

Cotarea la bursă (IPO) în Germania (Neuer Markt) a firmei sale de software INTERNOLIX AG, cu băncile inițiatoare West LB Panmure și BHF Bank (ING). Listarea la New York Stock Exchange prin intermediul programului ADR al Bank of New York.

Dezvoltarea firmei într-un concern internațional de software, prezent în
Europa: Germania, Elveția, Suedia, Spania, Anglia, Italia, Franța, Tunisia
SUA: New York, Dalas, Silicon Valey (Palo Alto)
Asia: Singapore, Hongkong

Dezvoltarea unor parteneriate pe plan mondial, atât parteneriate strategice cât și de vânzări, cu firme puternice precum Microsoft, Sun, IBM, Computer 2000, INGRAM Micro, Thyssen-Krupp, SIEMENS, Singapur Technologies, NASDAQ, METRO, Walmart, Karstadt-Quelle, El Corte Inglés, SEAT, Mercedes-Benz, Volkswagen, Porsche, General Motors, Bayer, Merck Group, General Electric, GUCCI Group, LVMA, Richemont Group etc.

Cooperare și participare la investiții cu reprezentanți ai pieții de capital și cu investitori instituționali, precum West LB Panmure, Deutsche Bank, Credit Swiss, First Boston, Pictet Bank, Fidelity Investments London, Julius Baer, DG Bank, Commerzbank, Dresdner Bank, Bank of New York, Bank of America, Deutsche Börse AG, New York Stock Exchange, NASDAQ, Allianz, Morgan Stanley, GM Capital, Goldman Sachs...

DE MICCO & FRIENDS

Luigi Carlo De Micco activează astăzi în calitate de consultant pentru investitori privați și publici. Partea principală a activității sale gravitează în jurul tranzacțiilor M&A (achiziție și vânzare de firme private și cotate la bursă, precum și fuziuni). De Micco & Friends este un grup de antreprenori privați, internaționali și cu mare experiență, orientați către investiții și tranzacții pe piața de capital în diferite segmente.
De Micco & Friends investește pe plan internațional în cele mai diferite domenii. În centrul fiecărei decizii de investiție se află întotdeauna – pe lângă un produs viabil, o bună strategie de comunicare și o piață interesantă – antreprenorul și echipa managerială.

Pe lângă propriile investiții, De Micco & Friends asistă și investitori particulari și publici. Printre mandanți se numără atât antreprenori de nivel mediu, prezenți pe piața internațională de IT sau cea a industriei articolelor de lux, precum și antreprenori și membri din conducerea unor concerne internaționale din Europa, SUA, Asia și America Latină.

De Micco & Friends nu este un investitor instituționalizat. Mai degrabă este vorba despre angajamente pur private ale unui grup de investitori privați independenți. Acest grup administrează în exclusivitate mijloace financiare proprii, private, capitalul străin fiind exclus. Aproape toate investițiile sunt asistate și pe plan operativ.

CONSULTANȚĂ ÎN INVESTIȚII ȘI DERULAREA TRANZACȚIILOR

Investitorii instituționali, precum fonduri de pe piața de capital sau firme specializate în capital de risc, beneficiază de experiența îndelungată a lui De Micco și a echipei sale la evaluarea unor noi investiții potențiale, dar și în cadrul măsurilor de restructurare sau de curățare a portofoliului.

FUZIUNI ȘI ACHIZIȚII

În calitate de consultant principal, De Micco & Friends conduce și organizează în numele investitorilor instituționali și al firmelor (atât în numele cumpărătorului, cât și în numele vânzătorului) tranzacții internaționale în domeniile Fuziuni & Achiziții. Pentru cumpărători interesați de anumite societăți și pentru ofertanți de participații strategice sau joint-venture-uri, se identifică, se analizează și se achiziționează candidații cei mai potriviți.

Vânzătorii firmelor sau ofertanții de participații obțin un concept individual, personalizat de vânzare și de comunicare. În măsura în care nu există deja, De Micco & Friends concepe un prospect puternic de vânzare sau de participare. După aceea se caută pe plan internațional posibilii cumpărători și investitori, prin intermediul rețelei De Micco & Friends, precum și a partenerilor acestora. Durata unui proiect este de 4–6 luni.

INVESTIȚII, PARTENERI STRATEGICI ȘI CLIENȚI

SUA
Price Waterhouse Coopers, Microsoft Corporation, IBM, SUN, Adobe Systems, EMC, New York Stock Exchange, NASDAQ, Boston Business Group, Hewlett Packard, Bank of New York, Credit Suisse

Investiții: capital privat, societăți cotate la bursa (tehnologie informațională), clădiri industriale

Europa
Richemont Group, Gucci Group, LVMH, Deutsche Boerse, Mercedes AMG, Ferrari, SIEMENS, Karstadt/Quelle, Fininvest (Berlusconi Group), FIAT, Benetton, NOKIA, Deutsche Telekom, ARMANI Group, Deutsche Bank, Credit Swiss, UBS, El Corte Ingles, KPMG, Camera Nazionale della Moda, Milán, World Fashion Forum etc.

Investiții: capital privat, societăți cotate la bursa (tehnologie informațională), clădiri industriale

America Latină

Bogota Investment Group, Grupo Santo Domingo, AVIANCA Airlines, Bolsa de valores de Colombia, Petrominerales LTD., Latin American Mining, Panama Brokers, Panama Investment Group, Panama stock exchange etc.

Investiții: capital privat, societăți cotate la bursa, capital de risc
Asia

Singapore Technologies, EMC, Thyssen Krupp, Hong Kong Brokers, HSBC Bank, ASIA Investment Trust, Asia Luxury Group Hong Kong etc.

Investiții: infrastructură tehnologică, industria bunurilor de consum, industria articolelor de lux, capital privat, societăți cotate la bursă

CONSULTING SERVICES

„Lider pe perioadă determinată"

Conceptul de consultanță puternic personalizată oferit de către De Micco & Friends nu se îndreaptă către conceperea de instrucțiuni teoretice voluminoase sau jocuri planificate, ci mai degrabă către dezvoltarea și aplicarea unor măsuri practice în scopul atingerii obiectivelor societății. În contractele sale de consultant, De Micco stă la dispoziție în calitate de „Lider pe perioadă determinată", pentru a pune în aplicare obiectivele dorite în cel mai scurt timp. În funcție de misiune, este disponibilă o echipă completă, cu vastă experiență managerială. Așadar, nu este vorba numai de consultanță, analiză, concept sau planificare, ci și de „a face".

Printre clienți se numără atât antreprenori prezenți pe piața internațională de IT sau în cea a industriei bunurilor de lux, precum și antreprenori și membri din conducerea unor concerne internaționale din Europa, SUA, Asia și America Latină.

Investitori instituționali, precum bănci de investiții, firme cu capital privat, fonduri de pe piața de capital sau firme specializate în capital de risc, beneficiază de experiența antreprenorială îndelungată a lui De Micco la evaluarea unor investiții noi, potențiale, dar și în cadrul măsurilor de restructurare sau de curățare a portofoliului sau în cadrul tranzacțiilor de Fuziuni & Achiziții. Vânzătorilor de firme sau ofertanților de participații le este oferit un concept individual de vânzare și de comunicare.

CONSULTANT PENTRU GUVERNE ȘI INSTITUȚII

În calitate de consultant pentru guverne și instituții publice, Luigi Carlo De Micco stă la dispoziție pentru dezvoltarea de concepte tactice și strategice sau companii electorale, precum și în calitate de diplomat împuternicit și negociator în relații bilaterale și în misiuni speciale.

În cazul investițiilor internaționale și a intrărilor pe piața internațională, De Micco oferă interfața între firme și factorii de decizie ai guvernelor și instituțiilor publice. În cadrul proiectelor internaționale de investiții, el activează întotdeauna în calitate de consultant, niciodată ca mijlocitor. Nici firmelor sau instituțiilor investitoare, nici guvernelor sau reprezentanților acestora nu li se facturează comisioane de succes pentru proiectele derulate.

Informații suplimentare actuale puteți găsi pe www.demicco.ch.

Listă bibliografică

1 Luigi Carlo De Micco, Kommunikationsmarketing (germ.), München, 2001
2 Paul Watzlawick, Münchhausens Zopf (germ.), München, 1994
3 Paul Watzlawick, Vom Unsinn des Sinns oder vom Sinn des Unsinns (germ.), în „Wiener Vorlesungen im Rathaus" (germ.), München, 2003
4 Dr. Thomas Röder, Die Männer hinter Hitler (germ.), Malters, 1994
5 Janusz Piekalkiewicz, Der Erste Weltkrieg (germ.), Düsseldorf, 1998
6 vezi United Nations Regional Information Centre (eng.), www.unric.org
Chronik der Weltgeschichte (germ.), München, 2000
Helmut M. Müller, Schlaglichter der deutschen Geschichte (germ.), Bonn, 1990
Janusz Piekalkiewicz, Der Zweite Weltkrieg (germ.), Düsseldorf, 1998
Meilensteine der Weltgeschichte Band 19, Der erste Weltkrieg (germ.), Augsburg 1999
Meilensteine der Weltgeschichte Band 20, Der zweite Weltkrieg (germ.), Augsburg 1999
7 vezi Frank Fabian, Macht und Magie der Public Relations (germ.), Clearwater, 2008
8 în: V&M GmbH, Microsoft Germania, octombrie 2001, www.vm-marketing.de, Konstanz
9 Brockhaus Enzyklopädie (germ.), Gütersloh, 2002
10 vezi Brockhaus Band 14 (germ.), precum și Wikipedia, Enciclopedia liberă și www.br-online.de, articol de Matthias Fink, în cadrul emisiunii: Aus der Geschichte der Mafia (germ.)
11 Luigi Carlo De Micco, Kommunkationsmarketing (germ.), München, 2001
12 vezi Frank Fabian, die Größten Lügen der Geschichte (germ.), Güllesheim, 2007
13 din: Jakob Wassermann, Christoph Kolumbus, eine Biographie (germ.), München 1992^3, p. 41
14 vezi Frank Fabian, die Kunst des Regierens (germ.), Suhl, 2009
15 vezi Manfred Kunz, Wie Profis motivieren (germ.), Landsberg, 1987
16 Lee Iacocca, Eine amerikanische Karriere (germ.), Düsseldorf, 1985

17 Alan și Barbara Pease, Warum Männer nicht zuhören und Frauen schlecht einparken (germ.), Berlin, 2003
18 Frank Fabian, Die geheim gehaltene Geschichte Deutschlands (germ.), Düsseldorf, 2009
19 Frank Fabian, idem, Düsseldorf, 2009
20 Daisetz T. Suzuki, Die große Befreiung (germ.), Frankfurt, 2003
21 vezi articolul din Brockhaus-Infothek (germ.), www.thebiographychannel.de, precum și
http://www.whoswho.de/Wikipedia, Enciclopedia liberă
22 Richard Ned Lebow, Janice Gross Stein, We all lost the Cold War (eng.), Princeton, 1994
23 vezi Frank Fabian, Geschichte Deutschlands (germ.), Düsseldorf, 2009
24 International Herald Tribune (eng.), marți, 19 decembrie 2000
25 Max Planck, Scheinprobleme der Wissenschaft, Vorträge und Erinnerungen (germ.), Darmstadt, 1969
26 vezi Wikipedia, Enciclopedia liberă, precum și Chronik der McCarthy-Ära (germ.), articol publicat pe www.arte.tv
27 vezi Will Durant, Das Vermächtnis des Ostens, Lausanne (germ.), fără an, pag. 244 și urm., precum și Frank Fabian, Die Kunst des Regierens (germ.), idem
28 Mujeres en Rojo, website:
www.masciudadania.es/cmonton/2010/01/13/la-violencia-de-genero-en-2009